刑侦心理战

来自一线的办案经验

叶松青 著

中国政法大学出版社

2022·北京

图书在版编目（ＣＩＰ）数据

刑侦心理战/叶松青著.—北京：中国政法大学出版社，2022.7
ISBN 978-7-5764-0565-1

Ⅰ.①刑… Ⅱ.①叶… Ⅲ.①犯罪心理学－研究 Ⅳ.①D917.2

中国版本图书馆CIP数据核字(2022)第118522号

出　版　者　　中国政法大学出版社

地　　　址　　北京市海淀区西土城路25号

邮寄地址　　　北京100088 信箱8034分箱　　邮编100088

网　　　址　　http://www.cuplpress.com (网络实名：中国政法大学出版社)

电　　　话　　010-58908586(编辑部) 58908334(邮购部)

编辑邮箱　　　zhengfadch@126.com

承　　　印　　北京中科印刷有限公司

开　　　本　　720mm×960mm　　1/16

印　　　张　　25

字　　　数　　300千字

版　　　次　　2022年7月第1版

印　　　次　　2022年7月第1次印刷

定　　　价　　88.00元

序

在松青兄《刑侦心理战》即将付梓之际，我应邀作序，荣幸之至。

偶然的机会，与松青兄相识，虽素未谋面，但读过书稿已然心灵相通。松青兄长期战斗在派出所、刑警队，对于一线干警需要什么了然于胸。实际工作中，能够将破案、抓捕、审讯这些非常不易的工作全部做好的人是稀缺的，但松青兄做到了。更难能可贵的是，他在繁忙的工作中又将这些宝贵经验编撰成书，与众人分享。

本书提出了当前一线侦查人员亟须解决的重点与难点问题，不仅具有一定理论深度，更具有很强的实用性与可操作性。从破案的细致，到抓捕的勇敢，再到审讯的智慧，一气呵成。其中穿插大量松青兄亲历的实战案例，更是让人百读不厌，启发颇多！

《刑侦心理战》一书记载了松青兄从警三十余年的宝贵经验，让我们感受到侦查是一种技巧、是一项科学、是一门艺术；侦查是感性的，又是理性的；侦查中充满法律，又饱含人情。我非常愿意将此书推荐给大家，相信它对于广大一线干警会有非常大的启示和帮助。

中国刑事警察学院　王峥

前　言

我于1990年参加公安工作，在江城公安分局办公室工作了1年，又调到法制大队工作了4年多，工作中接触与运用的都是各种法律知识，这为我后来的公安侦查工作打下了良好的法律基础。

1996年5月，我调任到基层派出所担任领导工作，开始接触到具体的案件，印象最深的是我刚上班不到一个星期就接到了一个群众报案。这个案件的侦破激发了我对破案的浓厚兴趣，也让我对破案有了更深层次的理解：为受害者主持公道正义，让罪犯得到应有的惩罚！

记得那天，有个50多岁的大叔到派出所来报案，称其在半年时间里收到了多达37张交警大队寄来的违章罚款单，但他自认为遵纪守法，觉得是交警部门搞错了。

我说："那你去找交警部门了解清楚呀，这种案件不在我们的受理范围之内。"

大叔说已去过交警大队了，交警查询了公安违章系统，显示是他名字登记的摩托车产生的违章行为。

我说："那你为什么来派出所报案？"

大叔说公安部门是一个为民申冤的地方，所以就来派出所报案申冤。

群众总是有个误区，认为戴白色帽子的交警不是警察，在公安局、派出所工作的才是警察。好吧，既然大叔相信我们派出所是为民申冤的地方，我也就认真地受理了该案件。

我向市区交警大队了解了这位大叔的违章情况，发现违章车辆登记的虽然是他的名字，但违章的摩托车却不是他的。我心里一下子就明白了：应该是有人冒用他的身份证，登记入户了另一辆摩托车，然后肆无忌惮地驾车违章。

了解到大叔只是在半年前办理新车入户时，让卖车的中介使用过他的身份证，其余的时候都没有用过身份证。于是，我找到了那个车中介，对于一证多用办理车辆入户一事，那个中介先是矢口否认，后来在我严厉的法治教育下，他终于承认用大叔的身份证给同村人李某办理过一辆摩托车的入户。

车辆违章的事情解决了，但我心里总有个疑问：李某为什么要用他人的身份证办理新车入户？

于是，我在晚饭时候带着几个民警找到李某，并在他家里找到了那辆摩托车。一检查，我发现摩托车的发动机与车架的号码都有磨改过的痕迹，我便果断地将人带回派出所审讯。李某承认车是半年前在一个工棚偷的，害怕被交警在路上拦车，于是便凿改了车架和发动机的号码，再找到同村的卖车中介，编了个理由让中介利用别人的身份证件为他办理了摩托车入户。

只因为我多想了一步，便由一件不属于派出所受理的事情出发，侦破了一宗盗窃案，抓获了犯罪嫌疑人。

交警大队根据实际情况撤销了大叔的违章记录，大叔万分感谢地送了一面锦旗到派出所。后来，我还看到那个被盗车主高高兴兴地领回了失车。当时，我不仅感受到了帮助别人的喜悦，也感受到了作为警察的神圣使命就是要为民申冤、惩治犯罪！

从那时起，我就开始研究犯罪心理学，凡事总爱多问几个"为什么"；喜欢研究一切与案件有关联的因果关系，研究各类案件侦查破案、抓捕和审讯的方式方法。

"不积跬步，无以至千里；不积小流，无以成江海。"在参与侦破的每一个案件、每一次抓捕行动、每一次审讯中，我都会对当中的做法进行总结：失败、成功的原因是什么，还有哪些需要改进的地方。为以后的办案不断积累经验。

不同的时期，犯罪的表现形式也不同，从以前高频率发案的飞车抢夺发展到现在的电信诈骗，但无论犯罪的形式如何变化，肩负在人民警察头上的责任始终没有变。面对日益"精明"的犯罪分子，破案、抓捕、审讯也将会变得越来越难。

由于科技的进步，大多数民警都注重利用技术手段去破案、抓捕，或将案件转呈上一级技术侦查支队，而忽略了传统手段如侦查、推理与侦破的重要性，大大降低了侦破案件的效率。

诚然，现在的科技手段的确能使我们更容易获取许多案件的线索，如人脸抓拍识别、手机号码追踪、网络监控等。我们要依靠科技，但不能放弃传统的侦查手段，因为在具体的破案、现场抓捕的过程中，人的心理、推理与判断能力往往是侦破的关键一环，审讯也是如此。

从警三十余年，我接触到了形形色色的案件，有难有易。下面，我仅从我个人的公安生涯参与的众多案件里挑选一些具有代表性的，著成《刑侦心理战——来自一线的办案经验》一书，供大家参考学习。希望大家能从中学到有用的知识，举一反三，共同进步。

目 录

CONTENTS

审讯篇 //

破 案 篇

破案中的灵光一闪是我们平时对生活智慧的积累及破案后刑侦的经验的总结与反思。

案件就像魔术，未公布手法时，会让人觉得百思不解，揭秘了才知原来如此。我们要总结每一个案件的手法并积累经验。这是相当重要的，因为我们要为破解下一个难题而做准备。

破案，像找东西一样，一次找不到，只要我们再找一遍，就会发现一些之前疏忽的细节。

破案，我们一定要有信心，无论多么缜密的案件都会留下如草蛇灰线般隐约可寻的线索和迹象！

破案，我们一定要保持对案件的"新鲜感"，保持激情，保持对未解之谜的好奇心，只有秉持不依不饶的态度才能将"魔术"破解！

|第一节|　惯性思维

惯性思维指心理上的"定向趋势"，它是由一定的心理活动形成的准备状态，对以后的感知、记忆、思维、情感等心理活动和行为活动起正向或反向的推动作用。在环境不变的条件下，惯性思维能够使人应用已掌握的方法迅速解决问题，而在情境发生变化时，它则会妨碍人采用新的方法。

惯性思维有以下特点：

第一，既定的思维模式，即通过各种思维内容体现出来的既定的思维程序、模式，既与具体内容有联系，却又不是具体内容，而是通过许多具体的思维活动逐渐定型的路线、方式、程序、模式。

第二，强大的惯性或顽固性，不仅会逐渐成为思维习惯，甚至会深入潜意识，成为不自觉的、类似于本能的反应。

我在刑警技术中队开会时曾提过，在经过长期的通勤后，每个人都会知道哪条路不堵车、哪里红灯最少、哪里的路少坑洼。犯罪分子也一样，以窃贼为例，从往年破获的盗窃案来分析，案犯基本是惯犯，大部分窃贼在刑满释放后都会重操旧业，他们也会从失败中吸取教训，不断寻找他们自认为的最佳、最安全的盗窃方法。

每个窃贼的心理都不一样。如分别分析白天和夜间行窃的盗贼心理就会发现：日窃者认为白天没人时最安全，可以发出很大动静去翻箱倒柜地找值钱的东西，认为夜间屋主虽然在熟睡，但一听到有动静就会醒来；夜窃者则认为夜间只要小心就行了，白天偷窃说不定屋主什么时候会回来，而且白天入室也容易被邻居发现或观察到他的体貌特征。

总结了许多在已破案件中的经验，从串并案的角度出发，我认为：在各种类型的盗窃犯罪行为中，罪犯的心理都不相同，有喜欢偷政府部门的、偷商铺的、尾随入出租屋的、攀爬装修排栅的；有用锡纸开锁的、撬门的；有白天入屋的、晚上入屋的；有在公交车上扒窃的、偷小车汽油的、偷小车后视镜的、偷车内财物的；等等。这些不会是同一个人干的。正是因为他们每个人都认为自己所选择的目标和手法才是最安全的、最好的，所以每个人选择的犯罪行为方式也不同。

盗窃犯大多数都是之前抓获过的惯犯，抢劫犯、猥亵犯、诈骗犯等也是。所以，我们在遇到一些疑难案件，用常规侦查方法得不到有效的信息时，通过比对一些曾因同类犯案手法而入狱的已刑满释放的人员，还是会发现"惊喜"的。

一般侦查人员都会从盗窃的入室方式来进行串案、并案侦查，但往往忽略了通过在盗窃现场翻找的行为习惯来进行串案、并案。行窃者的习惯是很难改变的，就像我上班的派出所的食堂里面的消毒碗柜从一侧移到了另一侧摆放，但民警们很长一段时间都还是会走到原来的地方拿碗筷。安全第一，是盗贼的首要信条，他们会尽量在最短的时间内完成盗窃行为并从犯罪现场出来，所以他们每个人在犯罪现场都有各自的习惯，这是窃贼的惯性思维之一。只要窃贼曾经在某个场所的米缸里找到过钱，那么他去不同的地方偷窃时都会去翻动米缸，就像我曾经把私房钱藏到音箱的隔层里，每一次我去犯罪嫌疑人家里搜查毒品时，也都会将他家的音箱拆开来检查一样。

如在公园里发生的强奸杀人案件，某些办案民警想到的往往只是围绕这类型的积案去调查，但却忽视了罪犯在"公园"这种地点作案的意义。一些罪犯习惯在他认为隐秘、安全的地方作案，所以我们在侦查时就要去寻找以往涉"公园"的刑事案件或治安案件，调查范围可以包括调戏妇女、强奸未遂、寻衅滋事、抢劫等。

| 第二节 |　推理的重要性

推理是由一个或几个已知的判断，推出一个新的判断的思维形式，其作用是从已知的知识中得到未知的知识，特别是得到不能通过感觉经验掌握的未知知识。

在刑事案件中，若侦查人员缺乏必要的逻辑推理能力，不仅难以侦破案件，还会使刑事侦查工作走上弯路。在案发后，侦查人员要根据在案发现场掌握的有限线索去推断、复原犯罪的手段、过

程，根据经验认识去推断未知情况和案情。所以，我们不仅要掌握刑事专业所需掌握技术和手段，还要注重培养逻辑思维能力，并善于运用逻辑推理，使刑侦工作顺利进行。下面，我将列举几个利用推理侦破的案件，希望对大家的工作有所帮助。

案例一

公安部五局编著的《命案案例评析》中，有一案例比较成功地运用了推理来破案。

2007年2月4日2时，一演唱厅老板胡XX（女）在其演唱厅内被杀害，现场勘验后，初步确定此案为抢劫杀人案。对此，当地刑警加强了对二手手机市场的控制，注意从被害人丢失的2台手机的销售渠道发现案件线索。

2月6日，刑侦大队在市内一个二手手机市场找到了案发现场丢失的2部被盗手机，并查到了犯罪嫌疑人销赃时登记使用的姓名为"张杰"。经核查，犯罪嫌疑人是用假的机动车驾驶证进行的登记，而假的机动车驾驶证上记载的住址为黑龙江省哈尔滨市宾县胜利镇东风街三委五组（身份证号：232130×××× 03152241），刑侦大队对此驾驶证进行了大量的分析研究。

经调查，销赃手机的人和假驾驶证上的照片为同一个人，但查询此身份证号码结果为"无此人"。由此，可以确定犯罪嫌疑人使用了假证件，但用的却是真照片。由此推理：此人很可能长期使用假证件，结合追逃经验，判断此人有可能为网上在逃犯。

犯罪嫌疑人登记地址在黑龙江省宾县，而身份证号前6位数字232130表示为黑龙江省方正县，与假证上的宾县为相邻县，假证上的0315数字表示出生的月日（即生日）。根据人的潜意识，生日不会忘记，而且这里应该为真实日期。据此，侦查人员查询了黑龙江省全部网上在逃人员信息，并与户籍人员为3月15日出生的人员进行碰撞查询，发现了一名重点人员"王某峰"。

经过照片比对，及将王某峰亲属的DNA样本与现场犯罪嫌疑人遗留的DNA检材进行比对鉴定，我们最终认定王某峰为本案的犯罪嫌疑人。后王某峰于2007年6月1日被专案组抓捕归案。

实践中，我们遇到假身份证等假证件往往会不重视或束手无策。通过此案，我学到了侦查员的认真细致，学到了如何从案中线索找出内在规律与联系，从已知事实推理出未知事实。

的确，世间万物都有其固定的规律性，只要你在实践中做个有心的人，不断摸索，积累经验，定会成为一名侦查好手！

案例二

2014年，某市城西辖区发生了一宗入室盗窃转化为抢劫杀人的案件，刑警在勘查现场时发现：女死者的双手被犯罪嫌疑人齐腕砍下并带走了。

这是一个不寻常的犯罪举动，犯罪嫌疑人的意图究竟是什么？

我们根据犯罪嫌疑人这个不寻常的行为推断：犯罪嫌疑人在案发当时应该与被害人发生了打斗，而且应该被被害人抓伤，所以犯罪嫌疑人害怕被害人的手指甲中留有他的皮肤组织，从而将被害人杀害，并将她的双手砍下带走。

进一步推断出来的结果是：犯罪嫌疑人身上甚至脸上有多处抓痕。我们根据这个明显的特征点，去走访案发地周边群众。后来根据群众提供的情况，很快抓获了犯罪嫌疑人。果然，如我们推断的一样，犯罪嫌疑人的身上、四肢、脸上有多处被被害人抓伤的痕迹。

案例三

我认识一位做生意的朋友，家里比较有钱，有一天晚上他约我去酒吧坐坐，说有件事想听听我的建议。他说几天前他将45万元货款放回家中一房间的保险柜里，准备第二天用。谁知当晚就被人偷了。过了两天，他听当地派出所的民警说，在他家附近有间厂被人偷走了一个保险柜，派出所准备并案侦查。

我听他说完后，对他说："这根本不是同一个人干的。"

朋友一脸疑惑，让我给他好好分析分析。

我说："其一，从心理学上来说，窃贼偷了几十万元现金，当然去潇洒花钱享受一番，怎会过两天又去偷东西？因为若是后来这次盗窃被抓了，所有盗窃的赃款都会被收缴回来，那他不是什么都没有享受到？其二，若那窃贼真的因为需要钱而继续去偷的话，从心理学上来说，也不会选择相隔这么近的作案地点。其三，你是在家里被盗的，有人在家睡觉，而你附近被盗的是半夜没有人看管的厂，不符合作案人的惯性思维。其四，你的保险柜是被人用钥匙打开的，而那间厂的保险柜是整个被偷走的，作案手法不同。"

朋友叹了一声："那该怎么办？"

我说："有谁知道你回了货款而又有你家里大门钥匙，你叫派出所办案民警去调查他。"

朋友说："我老婆的表弟唐某知道，他在广州读大学，现在放暑假，我家被盗当晚他在我家里吃饭，放假这些天都在我家的客房住，但他没有我的保险柜钥匙呀。"

我说："现在保险柜的锁是非常复杂的，没有钥匙是很难打开的，唐某可以偷偷配你保险柜的钥匙呀。这几天，他的行为怎样？"

朋友说："据我老婆说他去云南探望同学了。"

我说："这样就没错了，从心理学上来说，初次犯罪的犯罪嫌疑人面对作案现场心里是非常不安的，尤其是熟人作案，更不想面对你们，到外省去玩，符合作案人的心理特征。"

朋友说："不会是他吧，大门和房间门都有撬过的痕迹呀。"

我说："这就更证明了他才是窃贼。"

朋友问："为什么？"

我说："保险柜那么复杂的锁都打得开，大门和房门居然还要撬？这恰恰证实了他在制造假现场，对不对？"

朋友恍然大悟地点点头。

后来，在我的建议下，朋友向辖区派出所的办案民警提供了犯罪嫌疑人唐某的身份。不久后，办案民警将唐某传唤回所，经过审讯，唐某对在表姐家的盗窃行为供认不讳，朋友也领回了大部分的被盗现金。

| 第三节 | 刑侦推理源自生活体验

生活体验是我们在生活中获得的经验教训，是从多次实践中得到的知识、技能，以及从错误或挫折中得到的经验，而刑侦推理源自生活体验，因为在侦破案件中，一个人对案件进行刑侦推理的灵感，往往来自现实世界而非书本。

我喜欢看一些侦探推理小说，从中也学到不少知识。如从《金田一少年事件簿》中学到要总结一些生活经验。比如说，从书房里的台灯摆在右边这一现象，可以推断出当事人是左撇子。为什么？因为只有左手写字才不会受到右侧阴影的影响。当事人右手戴手表的话也意味着他是左撇子，为了方便，手表通常是不戴在惯用手上。

又如男主右手是常用手，电脑桌的台灯也是正常地摆在左边，但若电脑鼠标也摆在左边的话，那么可以判断这是一个宅男。用不常用的左手来拖动鼠标，就是在看色情电影。

现在摘录《名侦探柯南》中一些对我们在破案过程中进行判断有帮助的知识：

1. 有练过高低杠的人，大腿上都会长出独特的茧。

2. 衣服前面淋湿，后面却没有，这是在雨中跑步的证据。

3. 外科医生的手指上有一条斜斜的痕迹，因为外科医生在手术时通常会边用两手的食指固定细细的线边打结，所以在食指的前端才会留下斜斜的痕迹。

4．练习日本剑道的人左手会有细细的伤痕，位于手掌与拇指、食指的中间，因为他们把刀收起来的时候，这个部位常常会受伤。

5．在开枪的时候，子弹会同一股高温的热风一起从枪口喷出，如果枪口抵着头部的话，头上会有烧伤的痕迹。

6．长毛品种的猫害怕高温，如果它住在炎热的城区，那么它住的环境一定有空调。

7．溺死的人鼻子和嘴巴里都可以看到泡沫，耳朵里有少量的出血，这是从鼻子和嘴巴里进去的水对内耳造成压迫的关系。

8．用石头的回声来判断前方的路，如果回声变大的话就表示前面是条死路，变小的话就代表前面还有路。

9．如果每天都碰到染料的话，不只是人的手指，就连他的指甲里面也都会染上颜料，很难洗掉。

10．红玫瑰代表热情，金盏花代表绝望，半边莲代表恶意，大理花代表背叛。

11．体温很高，皮肤又干，汗也排不出来，而且瞳孔有一点缩小，脸色有点红，但脉搏却跳得很快，这是标准的中暑现象。

12．降血糖剂是糖尿病患者服用的药，身体健康的人喝了的话，血糖会突然下降，可能会导致死亡。

13．100瓦灯泡的表面温度在200℃左右。

14．拔牙之后的一段时间内不能吃刺激性的食物。

15．戴隐形眼镜的人骑摩托车不戴防风镜是相当难受的，风吹到眼睛很痛而且还会流泪。

16．发现纸上的字被撕掉，可以在下一页涂上一层铅笔粉。

17．人的小臂长度，从手肘到手腕，刚好和脚掌长度相同。

18．花露水可以去除如超市小票、电影票、快递单等上面的字迹。

19．猫不能喝牛奶的原因是体内缺乏可以分解乳糖的酶，喝了会拉肚子。

20．在雪上撒盐的话，会导致雪的凝固点，也就是冻结的温度变低，撒上盐的部分会冻起来，在融化前会吸收周围的热量，没有撒盐的雪就会被冻住变硬。

21．如果有人特意去拿离自己远的东西就一定有猫腻。

22．美发师一般右手无名指第二个关节会长茧，是因为握剪刀环形柄的缘故，另外他们的指甲通常呈茶色，是长时间接触染发洗发所用药剂使然。

23．割脉后把手臂放在热水里，会阻止血液凝固，加速失血。

24．膝盖上有瘀青的女性，多是幼教工作者。

25．美人尖这种发际线属于遗传，没有美人尖的父母生不出有美人尖的孩子。

还有一些在各类刑侦类书籍中总结出来的经验：

1．脚印的后跟凹印很深，前掌浅，说明走路的人挺胸收腹，身子比较直。

2．尸体软组织完全消失：3年至5年。

3．从汽车水箱中洒出的水，尾巴方向就是汽车行驶方向。

4．头发中镉含量很高，说明此人烟瘾很大。

5．同卵双胞胎的DNA是相同的。

6．有时候发现的密信如果是两种语言或元素混合的话，就可能要用摩斯电码破解。

7．绑架某人后，若罪犯没有拉上窗帘的话，虽然这种做法不寻常，但同时也可以说明，窗户玻璃有可能是毛玻璃，我们可以观察外部的窗子，确定凶手位置。

8．已经决定自杀的人是不会再订购任何东西的，这个可以用来判断是自杀还是他杀。

9．冻死的人一般会是裸体，因为在死前会感到身体发热，不自主地脱掉衣服，而且会面露微笑。冻死后又复温的尸体的尸斑会由红变紫，且胃黏膜上会有红色斑点。

10．文件和护照上伪造的痕迹会在紫外线与红外线下显现出来。在红外线下会看到铅笔线条，在紫外线下可以看到刮痕。

11．说谎的人会省略掉主语"我"，因为他不想把自己牵扯进来，这是大脑的不自主的活动。比如"我的车抛锚了"，说谎的人会说"车抛锚了"。

12．将红茶水洒在纸上，接着用熨斗小心熨平，可以把纸张变旧。

13．先在路上留下脚印，再撒上盐，下雪后，脚印中的雪会融化，这会让人以为案件是下雪后发生的。

14．不会留下指纹的物品有石头、石材和砖头。

15．在森林里听到某人呼喊的声音不可能从一个方向传来，而是从四面八方传来的。

16．通常我们用钥匙开门时，使用的是拇指和食指，不过食指并不是用指尖部分，而是用关节旁边部分，贴于钥匙的把柄，这样才能转动钥匙，因此钥匙的把柄处，留下的应该是拇指指纹，而不是食指指纹。

我们要懂破案常识，掌握侦查知识，对生活中的细节要留意，要不断积累各种工作中、生活中有用的经验，这对我们在实战中探讨、判断、处理和分析各种案情有非常大的帮助。

|第四节| 勘查现场的蛛丝马迹

现场勘查通常指刑事犯罪现场的勘查。刑事案件发生后，侦查人员为了查明犯罪事实，收集犯罪证据，揭露证实犯罪人罪行，会依法对与犯罪有关的人和事以及场所、物品、人身、尸体等进行现场访问和勘验检查。

大家都知道，以前的作案手法发展到今时今日，大部分有预谋的罪犯都会戴着口罩、手套作案。任何案件都是以犯罪现场为中心展开勘查，我们要有信心，作案人无论多么小心，总会留下蛛丝马迹。

我们要对发生犯罪事件的场所以及遗留有痕迹、物品的处所进行勘验，包括当场对事主以及有关群众进行调查访问。通过对犯罪现场的勘查，我们可以了解犯罪行为在客观环境中造成的种种变化，并根据犯罪事件的有关情况作出初步判断，为侦查工作提供一定的客观依据，这些是侦查破案的重要环节。

值得一提的是，有些案件是在农村发生的。我们在对群众进行调查访问的同时，也要深入了解当地的风俗习惯、风土人情，这对我们侦破案件有非常大的帮助。

现场勘查是刑事案件侦查的起点和基础，是获取案件线索和证据的源泉，犯罪行为的实施必然和一定的时间、地点、人和物发生联系。所有这一切，都可能在犯罪现场反映出来。如：

1. 根据现场情况，若罪犯在房间里留下了很多脚印，却没有重叠的，这不一定意味着他在房间里活动了很久，脚印可能是他刻意伪装的。

2. 房间的柜子上有血手套印，而旁边的地板上却没有脚印（刷掉了），这种情况下伪装的成分非常明显，通常意味着是内部人所为。

3. 案发现场的卫生间里有重叠的凌乱鞋印、尿液和烟蒂，可见罪犯在卫生间有较长时间的停留，极有可能事先潜伏在室内。

4. 案发后，现场大门的锁孔被塞住，这反映出罪犯有预谋且老练，并非初犯，那么我们应考虑调查有作案经验的惯犯。

5. 发现烟盒遗落在案发现场，我们可以利用烟盒的机台号（标志香烟生产地的号段）划定作案人的落脚点。

案例一

2011年夏天，有一个朋友打电话跟我说，他在山上的一处养鸡场被人偷了三四十只刚出生不久的小鸡，我赶到养鸡场后对现场的环境做了初步了解。

被偷的地方是一处温室棚，棚里面的空间是用约30厘米高的木板一栏栏相隔开，共有八个木栏，其中靠门处的七个栏都饲养了一窝窝小鸡，每个栏里有30多只小鸡，最里面右边的木栏空荡荡的，一只小鸡都没有，被偷的就是这一栏的小鸡。朋友说这里平时也不关门，有许多邻村的小孩子经常在山上玩，肯定是他们偷的。

我仔细勘查了现场后问朋友："这八个栏中所有的小鸡都是一样大的吗？"

朋友说："是一样大的，都是刚出生几天的小鸡。"

于是我十分肯定地对朋友说："不是小孩子干的，是山上的动物将这几十只小鸡叼走了。"

朋友不相信地说："若是动物干的，它应该当场就吃掉小鸡呀。这一栏里并没有发现血迹。"

我向他解释：

第一，将一栏几十只小鸡全部偷走，一只不留，这是平常人几乎不能一次性做到的事。

第二，我刚才尝试去其他的栏里捉了只小鸡，发现栏内的小鸡都往最里面躲，想要捉走一个栏内全部的小鸡，必须要进入栏内，而栏内地面全都是鸡屎，一般人是不会进去的。

第三，贼偷的是最里面的那栏小鸡，而门口处的几个栏里都有同样大的小鸡，为什么这个贼会舍近求远呢？

第四，这个贼为什么只偷光一栏小鸡，而其他栏的小鸡却一只都不偷呢?

唯一解释：这个"贼"不是人类。

后来，朋友在我的建议下在温室棚里装了监控，过了几天，在监控中发现这个"贼"原来是一条大蟒蛇。

点评:

在这个案件中，我从现场发现了几点不合常理之处，于是认定了该失窃案件非人类所为。我们在案件的勘查现场也要善于发现当中是否有不合常理的地方，为我们的侦查推断提供依据。

案例二

2018年12月的一天晚上，派出所接到一男子报警：当晚他和一个女网友初次见面，就相约去了他的出租屋里，三言两语后，女网友就去洗澡了。该男子就在床上，边玩手机边等。该男子等了约半个小时，还未见女网友出来，于是下床去看，发现冲凉房的水已向客厅漫出了，叫喊她却无人应答，于是急忙撞开冲凉房门一看，女网友在冲凉房里早已气绝身亡。

我们出警赶到现场，在出租屋的冲凉房里，发现女死者全身赤裸，双膝跪在一个洗衣服用的塑料水桶旁，双手下垂，整个头部浸泡在装满水的水桶里。

我的第一反应是：人在水桶里是不能淹死自己的。

而在场民警的第一反应是：男子与女网友发生纠纷，将女网友的头按在水桶里使她窒息死亡。

我对民警说："从现场来看，可以排除他杀的可能性。原因是：第一，现场没有打斗的痕迹。第二，若是他杀，女网友的头在水桶里肯定会挣扎，水桶里的水则会漫出来，那么水桶里的水是不会像现在这样满的。"

民警问："死者的头浸在水桶里的死法非常奇特，你认为女网友是意外死亡？"

我回答说："有这种可能，你看这个冲凉房的门口放着煤气罐，热水器却在冲凉房里面，我推测应该是女网友在冲凉房里洗澡时一氧化碳中毒，然后其在无知觉的情况下，身体往旁边的水桶中倒下并晕过去了。"

后来局里的法医到了，根据死者的脸上、眼睑处没有一点点的红斑点的窒息症状，且尸斑呈樱桃色，证实系一氧化碳中毒症状，符合我的推断。

点评：

许多线索就是从现场观察是否有反常的地方而得来的，有案件发生的话肯定会有和平时不一样的地方。我们首先要通过仔细观察把这些地方找出来，就算是谁都会做的事，或者是平时一直发生的小事，只要和平时不一样就是大问题。除去不可能的，剩下的即使多么不可思议，那也是真相！

案例三

2004年1月12日，河南省新乡市公安局民警在获嘉县人民胜利渠9号桥下发现一具无头女尸。经现场勘查，该地点是第二现场，犯罪嫌疑人犯案后将尸体用车运送到这个偏僻的地方抛尸，但在侦查走访中却并未有群众反映有可疑车辆在抛尸地点附近出现。

后来当地刑警侦破了此案，抓获了犯罪嫌疑人王某义。原来王某义是当地某派出所的线人，与派出所的领导关系密切，经常自由出入派出所。王某义强奸杀人后就是用派出所的警车运尸体并抛尸的。没有群众认为警车是可疑车辆，所以当时警方在走访周边群众时，没有收到有效线索。目前已经查实，王某义在给郑州市一派出所充当线人时，强奸杀人后驾驶该派出所的三辆不同车号的警车去抛尸。

不仅仅是群众，就连我们民警在侦查破案时也往往会忽略一些自认为是正常的情况，会忽略案发时段曾经出现在案件现场里的一些人，如警察、治安巡查员、税务员这些穿制服的人；物流快递员、邮递员、外卖送餐员这些服务行业的人；流动的小摊档人员等。因为这些人由于职业特点，平日里出现在你眼前是非常自然的事情，像是海洋中的一滴水，丝毫不觉得特别，所以我们才会在案件现场中忽略他们的存在。

点评：

《东方列车谋杀案》中的英国大侦探波洛曾说过："我的眼里只容得下真实的世界，即使是很小的瑕疵都会变得特别显眼。"

我们侦查案件要从事物的内部探寻真相，而不是看表象。我本人对案件的侦查有敏锐的触觉和较强的洞察力。我会更好奇与案件有关的问题。譬如，一些物品为什么会被留在案发现场？现场内外的环境如何？案发当时的天气等因素与案件是否有关联性？对犯罪

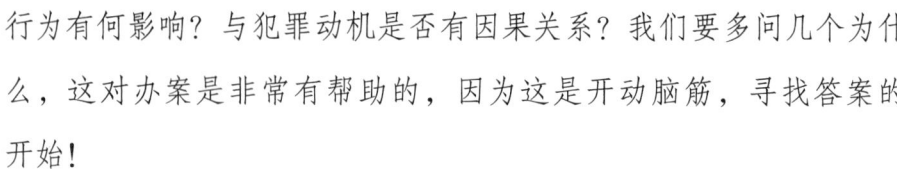

行为有何影响？与犯罪动机是否有因果关系？我们要多问几个为什么，这对办案是非常有帮助的，因为这是开动脑筋，寻找答案的开始！

| 第五节 |　侦查思维需要张力

侦查活动是侦查人员在案件侦查过程中所进行的判断、推理、假设、论证等复杂的心理活动。而思维的张力使侦查人员不仅可以认识正在发生着的客观事物，还可以推断事物发生的原因和过程，预见事物将来发展的趋势。

思维张力源于生活经验，透过经验来扩展问题的情景，由个人的需要所推动，并能预见未来。思维张力使我们能够仔细审视过去，并构建可假设的未来情景。

2015年6月的一天，18时许，市区一高中生回到狮子山的家中，发现他母亲倒在卧室里，身中80多刀，早已没有了呼吸。凶手行凶用的菜刀和剪刀还遗留在现场。接到报警后，刑警大队民警通过现场勘查和走访侦查，马上锁定死者的丈夫贺某是犯罪嫌疑人。

民警通过大量的物证、视频和走访结果还原该案：当天中午约11时，51岁的贺某因为怀疑妻子出轨，于是在家中用菜刀和剪刀疯狂地将妻子杀死，然后驾驶家中的摩托车出去了。

刑警大队马上成立专案组，立即对贺某展开追捕。经过对案件的侦查，有如下情况：

第一，通过调取贺某的银行账单，民警发现他在案发后将自己在建设银行的存款共8000多元全部提了出来，用于偿还他之前在广发银行欠下的债务。

第二，民警调取了贺某的电话通话清单，清单显示他在案发后曾打电话给在校上课的儿子，随后民警调查了他的儿子，他儿子说他和父亲像以往一样正常通话，话语中也没有发现什么特别之处。

第三，市局技术部门追踪到贺某的手机信号曾到过阳江汽车总站，通过调查，贺某已于案发当晚23时坐汽车到了江门，手机的信号也在江门市区的江门大桥附近中断。

专案组随后派出一组力量赶赴江门，并联系了江门市刑警大队一起对江门大桥附近的商店、小旅馆、出租屋等公共场所进行调查走访。但4天过去了，还是没有发现贺某的行踪。

当时我任江城分局刑警大队教导员，刚好出差回来，马上就对此案的一系列侦查情况及案件发展情况进行了了解。

我觉得犯罪嫌疑人贺某在案发后的行为极不正常。于是我打电话给驻江门的专案组长说出我的见解："贺某案发后的举动是非常反常的，一般人的做法是把银行的钱取出来，甚至向银行透支大量的现金用作逃跑经费，而不是将有限的钱取出来再偿还另一家银行的债务。这么做明显是不想在死后背负一个不守信用的罪名，所以我认为贺某已经畏罪自杀了。"

专案组长在电话的那头回应说："若是自杀，那为什么会跑到江门而不选择在当地呢？"

我说："贺某很有可能是想静悄悄地自杀。一是因为他杀了他儿子的母亲，所以应该是没脸见儿子；二是远离当地，是不想让他儿子知道他也即将要自杀了吧。"

专案组长说："你为什么会这么认为呢？"

我说："案发后，犯罪嫌疑人贺某曾打电话给他儿子，但他的儿子说他父亲和他像以往一样正常地通话，没有提到他对不起他儿子的话，也没有告别的话语，这是一个非常反常的情况，说明贺某不想让儿子感受到失去母亲的悲痛后，接着又失去他，受双重打击的折磨。"

专案组长说："综合来看，贺某应该是畏罪自杀了。"

我接着建议："手机信号在大桥附近消失，是不是可以考虑他投河自杀了呢？"

专案组长说："在大桥的两岸河边我们都实地走访过，没有发现疑似贺某的遗留物品，且这两天我也叫江门市区的刑警留意警情，但都回复说在大桥附近没有发现浮尸。因此我们将在江门市区继续调查他有可能的落脚点。"

我说："我没有去过江门大桥，但这座大桥非常出名，我猜测大桥下面必定是河道宽阔、水流湍急的，若贺某投河自杀，尸体极有可能会随水流流向另外的县区，你再问问与你们一起工作的江门市区刑警，河道的最下游是哪个县区，叫他们了解一下这几天是否有身份不明的浮尸。"

电话挂断的十分钟后，我接到了专案组长的电话。电话那头兴奋地说，三天前河道最下游的县公安局民警的确在管辖区发现一具身份不明的浮尸，结合衣着、脸上黑痣等特征来判断，估计就是犯罪嫌疑人贺某。

后来，刑警通过DNA比对，认定浮尸就是犯罪嫌疑人贺某。尸体身上有一封用塑料薄膜包着的遗书，上面简单地写着几行字，大概意思是犯了大错无脸面见儿子。这封遗书印证了我对贺某为何要远在江门自杀的分析。

我的一通电话、一个想法就查清了专案组多天未能查清的案件。所以说，侦破案件要靠我们丰富的经验与广阔的思维张力。但现在许多民警都不会扩张性地思考问题，思维都局限于事情的表面。

点评：

1.我们要善于认识、思考案件不寻常的事物，然后做出相关的判断。在这个案件中，犯罪嫌疑人有以下不寻常的举动：

（1）犯罪嫌疑人贺某在案发后还清债款就是一个违背常理的行为，这使我认为他的做法就是想在自杀前救赎，不想带着负罪之身到另一个世界。

（2）贺某在案发后曾打过电话给他儿子，但只是像往常一样平静地聊了几句，没透露他犯了罪，也没透露出离别的意思，这也是一个违背常理的举动。这些一是说明贺某对杀害出轨的妻子没有内疚之心；二是推断他远离阳江自杀的目的，就是不想他儿子因看见他的尸体而伤心。

理解人与人之间的心理或是亲人之间的心理，的确要通过平日生活的观察与积累，这样我们在关键时候才能有着不一般的判断力。

2.专案组4天都没查清的事，我一通电话就查清了案件，弄清了尸源，使专案组和江门刑警免于继续奔波劳累地工作，为什么？

我认为是源自我丰富的思维张力，当大家都局限于犯罪嫌疑人出现的地点范围时，我则在想若是他在大桥处自杀，事情的过程与结果又会朝什么方向发展？由此推断尸体可能会出现在河道的最下游。这种推断源于以事物的因果关系为基础的思维张力。

我们在侦查案件的时候，要扩展思维，不要只看到眼前，局限于犯罪现场。如在女厕所发生恶性猥亵、强奸案件，我们在勘查现场时要怎么做？我们必须勘查相连的男厕所（或周边建筑物、树木等隐蔽处），因为罪犯往往在男厕所伺机作案。

再如，在盗窃案件中，一商铺深夜被盗，现场缺乏监控和指纹，但有人看见当时三个年轻人在附近溜达，此时如何借助思维张力去破案？按以往侦破的大多数案例可知，三个盗贼中，必有一人望风→焦急不安→扮自然不被路人发现→抽烟→结合望风最佳地点→地上多个同牌子香烟蒂→唾液DNA检验→破案。这也是思维张力的一种，不能局限于表面。

｜第六节｜　细节决定成败

　　什么是细节？就是那些看似普普通通，却十分重要的事物。一件事的成败，往往取决于一些小的事物，小事往往发挥着重大的作用。每一个事物都由无数个细节组成，每一个细节都很重要。就像一条铁链，无论哪个环坏了，整条铁链都会废掉。

　　在侦查案件时，我们要时刻注意并善于发现一些不合常理的细节。因为细节不会摆在你眼前，它需要我们去寻找并发现它们，只有抓住每一个细节，才能把握机会，才会成功！

　　案件发生在2015年11月某日的15时20分。有一个名为冯某的中年男子，驾驶一辆灰色的汽车从市区的家里出去办事，临走时还应允小儿子回家陪他吃晚饭。17时50分，冯某的老婆打电话催他回家吃饭时，他的手机却关机了。这可是从来没有发生过的事，因为冯某答应小孩的承诺，从来没失约过。

　　于是，冯某的老婆就打电话给冯某的几个好友说起此事，其中一个名为张某的好友刚好曾在那天下午4点给冯某打电话说请他吃晚饭一事，当时冯某还回答说要回家陪小孩吃饭不能参加饭局，还提到他正开车去阳东县塘坪镇，找一个以养殖山羊为业，叫曾叔的果园主收点钱。

　　晚饭过后，几个好友聚在一起商议这事都觉得不对劲，后来大家决定一起驾车去阳东县塘坪镇找曾叔了解情况。由于是夜晚，果园的小路又非常偏僻，大家找到曾叔房子时已是23点左右了，曾叔说当天下午冯某的确来讨要过债务利息，他给了冯某8000元利息，冯某也没下车，在车上和他闲聊了几句，然后就驾车离开了。

冯某老婆向辖区派出所报案后，办案民警查询路面交通抓拍监控，发现在冯某失踪当晚22时，一名戴白口罩、白手套的男子驾驶冯某的汽车沿592县道向阳春方向驶去。

后来办案民警在离曾叔果园20多公里的阳春汽车站旁边的一空置停车场内找到了冯某的汽车，分局技术中队对车身内外进行了细致的指纹、DNA勘验，却没有发现任何痕迹和线索。

该车停放的位置对面是一排商铺，其中一家商铺有一个监控对准停车场，但由于监控比较老旧，录影效果很差，当时又是漆黑的夜晚，能见度低，视频中只能见到一个黑影从车上走下来，然后往阳春市区方向走去。民警查看了沿途的视频，也没有发现新的情况。

时间已过去七八天了，冯某还是杳无音信，办案民警推断冯某已经遭遇不测了，于是向刑侦局长汇报，局长听后认为案情重大，马上在刑警大队里成立专案组介入调查，由我负责。

我将案件材料与前期侦查的线索重新梳理了一遍，发觉曾叔的口供有不合常理之处。曾叔的口供记录上写着：冯某失踪当日下午，曾叔说冯某要了他给的8000元利息后，还在果园里停留了一会儿，然后于16时23分驾车离开了。冯某的好朋友张某等人的口供也记录了当晚他们找到曾叔时，曾叔也是这么对他们说的。

我对专案组民警说："曾叔的口供恰恰证明了曾叔就是凶手！"

民警不解，问："为什么？"

我对民警分析：

"一、对于冯某几时几分离开，精确到分钟的时间细节，有谁会记得清楚？除非那一个时间点有重大事件，比如杀人，或是为了掩盖犯罪事实而故意编造的谎言，如果我问你什么时候进来我办公室的，你能回答准确到分钟吗？

"二、失踪者冯某的汽车停放在阳春市汽车站旁边的一空置停车场，该地方比较隐蔽，常有汽车停放在那里一年半载都没有人管的，是个理想的弃车地点，犯罪嫌疑人若不是本地人，这种地方是很难找得到的，而曾叔正是阳春市区人。

"三、派出所民警查看路面交通抓拍监控，冯某失踪当晚22时，在曾叔果园至阳春汽车站的路段，发现犯罪嫌疑人驾驶冯某的汽车沿592县道向阳春方向驶去。这向我们透露了什么信息呢？

"592县道是塘坪镇通往阳春市的唯一道路，即塘坪镇至曾叔果园至阳春市，全程有两个路面交通抓拍监控点，而在塘坪镇至曾叔果园这一段路的交通抓拍监控视频中，当晚却没有发现冯某汽车经过的踪迹。这说明犯罪嫌疑人驾驶冯某的汽车很有可能是从曾叔的果园驶出，然后往阳春方向驶去的。"

民警前期侦查的情况还反映了一个线索：在冯某失踪当晚19时许，曾叔的几个朋友没有事先告知曾叔就径自去他果园的鱼塘钓鱼。但奇怪的是，曾叔得知朋友来了，并没有像往常一样去看他们钓鱼，和他们聊天，而是一直待在住处没有出去。20时30分左右，朋友们见没有鱼上钩，就准备离开。在经过曾叔住处时，曾叔还站在住处的门口和他们挥手打招呼。

我与办案民警分析这一反常的举动，推断几个朋友突然进入果

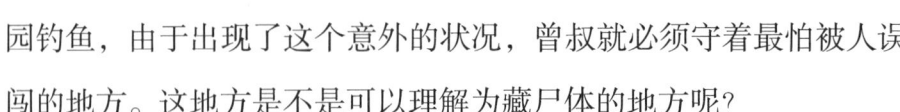

园钓鱼，由于出现了这个意外的状况，曾叔就必须守着最怕被人误闯的地方。这地方是不是可以理解为藏尸体的地方呢？

过了两天，我们和案发那天到曾叔果园钓鱼的一个人约好，以钓鱼之名去果园查探地形。果然，曾叔见到我们来果园，打个招呼就马上回住处了，再也没有出来。在对果园里面及周边连绵的几座大山查探完，且没发现任何情况后，我们装作对买羊感兴趣，来到了曾叔的住处。

曾叔的住处在果园前30多米处，四周有围墙，门口是一道铁栏门，一进去就是一片宰羊的空地，空地旁边是房间，房间前面是一个鱼塘，鱼塘的后面是一大片果林。

一进门，一股浓烈的羊臊味从正前方的屠宰场飘来，侦查人员小声说，在这里埋藏尸体是一个很好的选择，因为就算是腐尸的恶臭，也会被这种浓烈的气味所掩盖。

曾叔看见我们来了，拿水壶的手有点发抖，声音也在发抖。看到这种紧张的表现，我十分肯定，冯某的尸体应该就埋藏在这里。

我们以各种理由将四周查探了一番后，没有发现可疑的地方，只好暂时打道回府，重新对案件做有针对性的侦查。

我们在继续围绕曾叔调查了一段时间，核准了相关的证据，与专案组民警研判分析后，觉得再侦查下去也不会有新的证据和线索，于是我们将曾叔作为案件的重大犯罪嫌疑人传唤回刑警大队。

审讯期间，曾叔面对我的推断，一度焦虑不安。当我告知他的住处已有大批警察及警犬正在搜寻被害人尸体时，曾叔终于对因无法承担高利贷，而有预谋地将冯某骗到果园里杀害，并将他埋在住处门前的小水塘旁一事供认不讳！

点评：

1.失踪案中，失踪者最后见到的人很可能是加害人。大量的案例都可以证实这一点。因此，只要对失踪者最后的行踪进行调查，认真侦查，就可以圈定某些犯罪嫌疑人。

2.犯罪嫌疑人实施犯罪后，会有深深的不安和恐惧情绪，总觉得事情会暴露。由于怕外来人打扰或查探，就必须守着最怕被人误闯的地方，这样他就可以获得心理上的安全感。这个地方可能为藏尸体的地方。

3.在未有确定犯罪嫌疑人证据的情况下，我们有必要到可疑的现场与犯罪嫌疑人核实、求证。一方面，我们可以通过对可疑现场进行实地搜寻来判断埋尸地点；另一方面，因为犯罪嫌疑人实施犯罪后的心理是非常惶恐、焦虑不安的，而我们的到访侦查会更加让他心中慌乱，通过对他察言观色，我们可以证实自己的推断。

4.在案件的侦查过程中，我们要善于发现一些不合常理的情况。这些"细小"的信息会为我们的侦查破案指明方向。在这个案件中，曾叔能精确讲出日常发生的事情发生在几时几分，反而证明了他就是犯罪嫌疑人。因为在正常情况下，一般人是不会记得这些细节的。从犯罪心理学来分析，犯罪嫌疑人由于犯了罪，自然会惶恐不安，每时每刻都会不由自主地想起那些令人颤抖的画面，那么他就会下意识地编造脱罪的谎言并牢牢记住。

我之前看过一个案例，警察接到群众报案后发现河边有一具尸体，经现场勘查，确定为他杀。警方立即对凶杀案展开侦查，并马上找到死者的关系人了解相关情况。警方向死者的好朋友巩某询问了解，巩某一一回答后并问办案民警死者是在哪里死亡的。后来，该案由于线索缺乏，无法侦破。一办案民警想起侦查时的各种细节，认为死者的好友巩某非常可疑。因为一般人在被告知好友死亡时，第一反应应该会问"是怎么死亡的"或"几时死亡的"，而巩某问的却是"在哪里死亡的"。根据这种不合常理的反应，民警判断巩某已经知道死者是如何死亡的了。办案民警遂将巩某列为重大犯罪嫌疑人进行调查并成功侦破了该命案。原来，巩某在杀死好友后，将尸体运送到邻县某条河的上游抛弃。所以他的心结就是，警察是在什么地方发现尸体的，这才导致了反常的表现。

犯罪嫌疑人实施犯罪后的心理与正常人不同，由于害怕可能受到惩罚，他会不停地对犯罪行为进行回忆、思考总结，以及思考逃避惩罚的方式方法，那么其思维便会陷入混乱状态，他的行为就会变得反常。

所以说，我们在侦查案件时，要留意、善于发现一些不合常理的细节。有时候，当我们为没有线索而困扰时，正是这些细小的信息为我们指明了方向，打开了侦破之门。

失踪者的排查：

首先排除被拘留或车祸。曾有一真实案例，当事人因嫖娼被拘留，其怕丢脸谎报家庭地址及家人联系电话，导致家人报失踪。

1．查其住处环境。

2．查其住处邻居、附近群众、工作同事。

3．排查家族关系、社会关系，了解其生活规律、人际交往、经济状况、平时矛盾、重大事件等。

4．调查其失踪前的活动情况、轨迹。

5．调查其手机通话清单及手机、电脑中的聊天记录。

6. 监控其手机落地轨迹。

7. 监控其交通工具轨迹。

8. 对其手机及贵重物品进行控赃。

9. 调查其银行交易及提款录像情况。

10. 对家属采血样，与无名尸体数据库比对。

| 第七节 | 　认真细致会使破案变得简单

认真是一种工作态度，细致是对事物细节的在乎。我们必须认真对待每一个案件，只有将案件放在心上，才会对案件认真细致地侦查，也更容易获取案件的线索。这也是我们刑侦民警履职尽责的基本态度。

2012年夏天的一个夜晚，已是2时35分，市区一个上夜班的女孩独自一人走在回家的路上，她转入马南垌一条黑暗的巷子时，眼看就快到家了。这时，巷子里的一辆汽车拦住了她，车上的歹徒用刀将她劫持上了车，然后开离现场。歹徒一边开车兜圈一边对女事主进行猥亵，好一段时间后才将女事主的头套上黑胶袋，并将女事主赶下车，然后开车逃跑了。

接到报警后，我和办案民警将附近的监控翻了个底朝天，才找

到一段比较模糊的视频。经过对女事主的回忆与该时间段、路段过往车辆进行反复比对，我们认定了犯罪嫌疑人开的是一辆灰色的天津一汽夏利，但奇怪的是，车头的车标与车轮毂盖却是本田的。

我走访了几位汽车专家，他们对视频中的作案车辆进行分析后认为，这款夏利车的车型、外观与本田差不多，再加上可能是犯罪嫌疑人的虚荣心作祟，所以将车标及车轮毂盖换成本田的了。

这辆作案车是没有悬挂车牌的，但车的后玻璃窗上贴着一大幅黄色贴纸，仔细观察，是一幅标有西藏各地路线的赛车坐标地图。这是个非常明显的特征。

面对少量的线索信息，办案民警摇着头说："这个案件中，没有其他线索，只有作案车辆后面玻璃窗有贴纸这一个特征，怎样才能查找到犯罪嫌疑人？"

我对办案民警说："虽然作案车辆是没有悬挂号牌的，但犯罪嫌疑人在平日里驾驶汽车时，为避免路面的交警拦车处罚，肯定是上了车牌的，只是深夜作案时怕被发现才拆下了车牌。"

办案民警还是不明白我的侦查思路。

我对民警解释："因为作案车辆后窗有贴纸这一明显特征，只要我们查看、比对路面交通抓拍监控中的所有灰色夏利汽车，就能侦破这个案件。阳江市有多少辆灰色夏利汽车，我们就查多少辆，绝对要找出这个色狼，否则会有更多女性受到侵害！"

民警到交警支队车管所了解到，全市的灰色夏利小车共有700多辆。

于是，我开始布置查找任务：

三个民警将这700多辆车的车牌号进行分段、分工，每人负责排查200多辆汽车，通过查看路面交通抓拍监控来查找与作案车辆特征相同的车。

两个多小时后，民警终于找到了和嫌疑车辆后面玻璃窗黄色地图特征一模一样的夏利车。然后，我们根据该车平日悬挂的车牌号，很快就查找出并抓获了犯罪嫌疑人卢某。

卢某供认，因为当时他已拆下了车牌，车标及车轮毂盖也换了另一种品牌，认为公安机关绝对查找不到他，所以他才色胆包天，在外面寻找独自行走的女性进行猥亵。

好笑的是，卢某在接受审讯时还问审讯民警是怎样查出是他犯的案。

点评：

1.对涉案车辆进行认真细致的比对，认定是何种车辆品牌是破案的关键。我带着涉案车辆的照片走访了几家车行的汽车专家，从车的车型、车轮毂盖等细节进行辨别讨论，最终得出了车标及车轮毂盖是改装的结论，为下一步查找犯罪嫌疑人提供了决定性的依据。

2.通过分析，涉案车辆作案时没有悬挂车牌，但在平日里，汽车作为交通工具，在市区内行驶必定是悬挂车牌的，否则容易被路面的交警查处，所以我认为只要抓住该车辆的特征，就可以通过翻查以往的路面交通抓拍监控，找到该车的车牌号码。

对涉及车辆的案件，我们都是通过细心比对全市的路面交通抓拍监控，确认涉案车辆的特征而破案的。例如，2011年6月的一天晚上，体育路有一宗由交通事故引发的命案。当时一辆无牌汽车与

一辆摩托车发生轻微碰撞引发双方口角，汽车驾驶员下车一脚向摩托车驾驶员的头部踢去，致使摩托车驾驶员头部着地死亡，汽车驾驶员驾车逃逸。刑警们通过路面视频监控，找出了汽车的7处特征，从而查找出了作案车辆的车主，成功将案件侦破。

｜第八节｜　锲而不舍是疑难案件侦破的关键

有些民警遇到一些疑难案件，在多次侦查没有进展之后，会变得毫无信心，甚至半途而废。疑难案件就是考验我们的毅力与信心，我们要克服厌倦情绪，要有锲而不舍、不破不休的精神才能成功。当我们付出百分百的努力与汗水，在最后侦破案件时，才会获得最大的喜悦感与胜利感。

2015年12月，市区南恩路边的一幢出租屋四楼，一名湖南女性方某（40岁）死在她的房间内，报案人是两名同层租住的女性。她们称当时正在阳台洗衣服，突然听到一声凄惨的救命声。由于四楼租住的只有她们三人，因此这两名女性马上赶到方某的房间门口敲门呼喊，但无人应答，于是就通知房东开门，发现方某已被人杀害在房间内。这两名女性马上报警。

死者浑身赤裸，趴在床上，身上有多处刀伤，房内的物品摆放有点凌乱，有翻找过的痕迹，地上有一个类似洞洞鞋的血鞋印。

我和刑警在勘查完现场并了解了报案人及相关人员后分析：

1.据调查，受害人是一名卖淫女，那么我们判断凶手是以嫖妓为理由进入她房间的。

2.从房内女死者的衣服放置整齐来看，女死者并没有被强逼，应该是自己脱的衣服。

3.查询死者的身份时发现，死者的身份证和暂住证都没在房间里。这些是在外打工时证明身份的必需证件，一般都放在钱包里随身携带。所以我们仔细一查找，发现钱包也不在现场，那么可判断这就是一宗典型的抢劫杀人案件。

我们一边做好相关侦查工作，一边和两名报案女性反复做了多次现场侦查实验，从她们听到女死者喊救命，到她们急忙洗完衣服，快速将衣服晾到晒衣竿上，再小跑到女死者房间门口的时间，求证出她们听到方某喊救命的相对准确时间，即凶手行凶的时间。

凶案现场的出租楼楼况比较复杂，除了三楼、四楼是住人的，二楼还有一个小型电影播放厅。

我们从这幢出租楼出口的监控视频中发现犯罪嫌疑人行凶后的时间段里从楼内出去的共有6个人，其中三辆摩托车出去，两辆都是一名男性载了一名女性，一辆是单独一名男性，还有一名男子双手护在胸前像是抱着什么东西一样小跑出去。

我们对现场的血鞋印与案发时间段从楼内出去的这6个人穿的鞋子进行对比，由于视频比较模糊，只能初步判断小跑出去的男子穿的鞋最像。

我们通过翻查现场附近沿途商场的监控，发现该男子走路来

时上身似乎穿着长袖纯黑T恤，下身穿牛仔裤，脚上穿着一双洞洞鞋。这种鞋的鞋底与现场留下的血鞋印相似，我推断这6个人中，该男子最为可疑。

但该男子跑出出租楼时，监控显示他穿的衣服双袖是黑色的，胸前却是白灰色的，与他来时穿全身黑色的衣服不同。这是怎么回事？不是同一个人吗，或者逃跑时换了衣服？

根据布置，我们专案组在全市范围内的大街小巷去找与小跑男子同款的洞洞鞋，还在淘宝等购物网站上搜寻。皇天不负有心人，3天后，我们终于在市区金鸡路旁一偏僻小巷中的商铺找到了。我们买了几双不同码数的鞋回来，与现场的血鞋印进行比对，鞋底特征完全一样，由此确定那个小跑男子就是凶案犯罪嫌疑人。

确定了犯罪嫌疑人后，我们通过查看路面监控视频，发现犯罪嫌疑人案发后搭了一辆营运摩托车从南恩路由西往东离开，由于是晚上，光线比较暗，且路面上的公安监控视频大多数是第一、第二期的，影像十分模糊。专案组成员只能从摩托车的特征和犯罪嫌疑人的坐姿来判断、寻找犯罪嫌疑人逃跑的轨迹。每每在视频中找到犯罪嫌疑人的身影，大家都激动万分。我们一连多天白天晚上加班加点，终于确认犯罪嫌疑人是往阳东方向逃去。

阳东区的路面监控绝大部分是坏的，根本不能确认犯罪嫌疑人是在哪个地方下的车。这样一来，找到当时载客的摩托车营运员便成了关键。但阳江的摩托车营运员登记情况十分混乱，在交通登记系统上根本查询不到，当晚的营运摩托车又被车主故意用纸遮挡了车牌号码。

怎么办？我们商量了一番，觉得只有用土办法，根据摩托车的几个特征，大海捞针般地寻找。

经过数日的走访与等候，办案民警终于找到了当天晚上搭载犯罪嫌疑人的摩托车营运员，了解到犯罪嫌疑人讲普通话，在阳东的工业大道路口下车等信息。由此可以判断，犯罪嫌疑人应该在下车地点附近居住，于是我们又将战场移至阳东。

经过数天的侦查，我带领专案组民警终于在阳东区一出租屋将犯罪嫌疑人付某抓获。

据付某供述，他觉得在之前的工厂里打工劳累，工资又不多，于是辞工，但在找到新工作之前已花光了积蓄，于是他想到去打劫，并在网上购买了电击棍。

案发那天晚上他搭车去到一年前去过的一处卖淫场所，进入房间后叫卖淫女脱光衣服并背对着他。付某拿出预先准备的电击棍电击卖淫女的背部，谁料卖淫女并不像他预期的那般晕倒，而是大声叫喊起来。于是他掏出小刀对卖淫女捅了多刀，然后慌乱中将抽屉里的现金和钱包都抱走了，并在南恩路边搭了一辆摩托车逃回了处于阳东区的出租屋。

点评：

1.我们通过多次侦查实验，确定了这个案件案发的时间点，为后面的侦查研判打下了良好的基础。这说明了在侦破案件中侦查实验的重要性。有时候，对于一些重大疑难的案件，我们也会根据勘查现场掌握的线索与侦查的信息去推断、复原犯罪的过程与手段。这样可以全面审视整个案件，我们还遗漏了什么？还需侦查的方面有哪些？这些会使案件的侦查方向更加明晰。

2.一个外省打工者能证明身份的必需证件是身份证及暂住证。这两样证件均没有在房间里，那就是行凶者将钱包带走了，从而推断这是一宗抢劫杀人案件。这也有赖于我们对平时生活经验的积累。

3.通过将买回的鞋与现场的血鞋印进行对比，我们确定了小跑男子就是凶案犯罪嫌疑人。由于在网上没能找到相同的款式，于是我们专案组的刑警花了2天时间，走遍了全市的大街小巷才找到那款鞋，只有执着于案件细节，不懈追查案件线索，才能更有效地侦破案件。

4.在侦查案件的过程中，我们对犯罪嫌疑人穿衣服有变化这件事一直都疑惑不解，民警们也反反复复地对比着视频中的影像，不知是谁说了一句：唉，这个黑白视频模糊不清的，看久了眼睛都酸涩了。

真是一言惊醒梦中人！对呀，两段视频一个是彩色的、一个是黑白的，黑色的皮革外套搭配黑色的衣服在彩色视频中同样显出是黑色的，而在黑白视频中由于衣服材质不同，则显示出了不同的颜色！

后来我们抓获了犯罪嫌疑人，在他的房间内搜出了案发当晚所穿的衣服，果然印证了我们的推断。

这个视频中衣服"变色"一事，又为我们在以后的办案研判提供了新的经验！

5.为了侦破这个案件，我们连续二十多天加班加点，尤其是前期查看、比对案件现场的监控视频、沿途的监控视频，走访了大量周边的群众，最终确定了犯罪嫌疑人来时与逃跑的路线。在繁华的南恩路段查找线索的确不易，每每找到了犯罪嫌疑人的踪迹，大家都会不知疲倦地兴奋起来，鼓掌欢呼，我们正是依靠这种孜孜不倦追求真相的精神，才能侦破疑难的案件。

｜第九节｜　破案源自生活经验的积累

生活经验是指人在生活实践中通过观察、感受、体验而积累并丰富起来的印象库藏和知识总量，是一个人对在社会生活及各种社会实践活动中所遇到的问题，能够及时作出正确决策的能力，或有解决问题的意识和能力。

丰富的生活经验能让我们在侦查中从多角度认识事物，全面地了解事物的内部与外部之间、某事物同其他事物之间的多种多样的联系，可以在侦查破案中发挥非常大的作用。

我在2018年5月份侦破了一宗盗窃案。一位女事主晚上在市区仙踪路一家卖衣服的店铺内被人偷了一个手提包，里面装有手机、身份证、银行卡、现金等物品。事主当时觉得财物无法追回了，就没有去报案，第二天买了新手机并继续使用原来的手机号码。过了两天，事主的手机收到了银行卡在京东商城消费的信息，看后大吃一惊，原来窃贼当晚利用被盗事主的银行卡、身份证在京东商城注册了一个新的购物账号，并且用事主的手机号码来接收信息并更改了银行卡支付密码，然后在京东商城购买了金器、手机等贵重物品，金额高达6万元。事主这才焦急起来，当天16时赶来派出所报案。

接报后，我马上开始调查，通过京东总部了解到案犯在京东商城购物时留下了一个提取货物的电话号码，我与运营商联系，运营商表示该电话号码卡属于一种网上购买的无记名卡，也没有其他通话记录，应该是新买的。

于是我争分夺秒地赶到本市的京东提货点来了解网购及发货的流程。我了解到，如果要获取京东商城的购物信息，需要办案部门向市公安局申请相关证明报送到广东省公安厅，然后再由广东省公安厅联系北京公安局，才能到京东总部去查询。这样一来，估计没有一个月时间是查询不了购物客户资料的，看到查询手续如此烦琐，与我一起调查的民警已经气馁了，认为以后就算破了案抓到了案犯，也挽回不了事主的经济损失了。

但我并不气馁，第二天8时30分，我又跑到本地的京东提货点对负责人说明案件的重要性与紧迫性。负责人表示没办法，对我说，他们只有查询送货单号才能知道送货地点，而电话号码是查询不了送货单号的。

怎么办？

难道真的要按照常规手续一层一层上报至北京去查询相关资料？

我有点焦急，却灵机一动，想出了一个主意。我对负责人说，你对总部编造谎言，说有一件货物在运送途中被雨水淋湿了，只有电话号码能看见，而货物必须要送达，请总部帮忙查询单号。提货点的负责人按照我的说法联系了京东总部。

果然，我的"善意谎言"奏效了，京东总部很快就给出了送货的单号，通过单号查询，我们发现那窃贼共在京东商城网购了5单货物，其中属于京东公司送货的4单都已被领走了。经询问送货师傅，送货要求注明货物都须送到市区三环路大润发超市面前的广场处，待送货师傅到了广场后再通过电话联系领取。超市广场人来人往，不易被人发现。

这样一来，没有固定的收货地点，只剩下一种能抓捕这个窃贼的可能了，就是通过那件还未被领取的货物，但我们不知道这件货物是由哪一家快递公司负责运送的。

要是一家一家对快递公司走访查询，估计没几天时间是查找不出最后一件货物所属的快递公司的。但到了那个时候，货物可能早被窃贼领走了，到那时再侦破这个盗窃案件就非常困难了。

我的大脑在飞速换位思考着，若我是盗贼会怎么做？

对了！所有的盗贼心理都是一样的，都是以安全为首位的。

什么是安全的？

最快取走赃物就是最安全的！

那么最快的快递公司是哪一家？

没错，顺丰快递是全国送货最快速的快递公司！

时间越来越紧迫，我马上赶到市内的顺丰快递公司总部，到时已经是11时40分了，我马上向公司经理说明案件情况。经理核对了相关资料后说："该货物已经到了，幸亏你们警察赶来得及时，我们已经和货主联系了，正准备将货物送去。"于是我们在顺丰快递员的协助下，顺利将盗窃犯罪嫌疑人何某抓获了。

据犯罪嫌疑人何某供述，他用被盗事主的银行卡、身份证在京东商城注册了一个新账号后，最初只买了4件商品。但第二天他的贪念又起，又在京东商城挑选了一件商品，心想再用京东公司送货怕因送货时间慢了一天而被警察循线索追踪抓获，从而选用送货速度最快的顺丰快递，想不到还是被抓了。

在这起案件中，我从接到报警到抓获犯罪嫌疑人用了不到20小时，及时为事主挽回了经济损失，真正做到了为民所急，靠的是我从警以来一直都不曾磨灭的为民初心！

点评：

1.侦破这宗盗窃案，首先要通过手机号码查找出货物运单号，因为我明白快递行业的特殊性，灵活编造出因下雨模糊了货物上的送货地址的理由，从总部"骗"到了送货单号。这是一个关键的突破点。

的确有时，为了侦破案件，为群众挽回损失，不按常规办事又何尝不可呢？

2.在这个案件中，若是照常规手续去查询线索资料是需要很长一段时间的，工作中总会有些民警不会为民所急，按章办事，只要不出问题，不被批评或追责就行了。

这个案件很特殊，若不能在短时间内利用犯罪嫌疑人提取货物这唯一的线索来破案，那么以后再想侦破这个案件就非常困难了，所以我在该案侦查线索过程中一直都是快速思考，快速找到问题症结，快速行动，才能赶在犯罪嫌疑人提走赃物之前，在不到20小时之内侦破了这个盗窃案件。

3.还有一件货物在某一家快递公司里，但全市有那么多家快递公司，会是在哪一家呢？从犯罪心理来分析，犯罪分子想最安全，就应该会选送货最快的公司。许多案件的侦破靠的是灵光一闪，但这些火花都是源于生活经验的积累，源于平日对犯罪心理的钻研。

|第十节|　有时候别想复杂了

许多案件，民警一接触，就想当然地认为这个案件有难度，将案件放在一边不加理会。其实一些案件真就不一定那么玄乎，通过"实实在在"地侦查，也能破案！

2013年8月的一天晚上，110指挥中心接到一个姓陈的群众报警，称其老婆林某被人劫持，对方要他将50万元赎金存入一个建行账号才肯放人。我们接触报警人陈某，了解到他和他老婆都没有在外面欠下债务，也与人无矛盾纠纷，他老婆林某每天20时准时驾驶一辆白色的本田车到青年宫广场跳舞，当晚也是。之后，陈某就接到他老婆的电话说被人劫持了。

我和刑警队民警马上赶到青年宫广场开展调查。但那里没有监控，无法从视频中得知当晚的情况。我们又在现场附近调查了平时

与林某一起跳舞的朋友，她们说以往林某都会准时到的，但当晚没有见到她。

我们一边将警情通报给巡警，请他们在路面巡逻时，注意事主的车辆，一边通知陈某继续给他老婆打电话。电话那头已是绑匪接听，陈某按我们的意思，以晚上筹钱比较困难为理由同绑匪讨价还价，50万元的赎金已降到了5万元。但与绑匪几通电话联系后，市局技术侦查支队也未能准确地测定绑匪的位置。

大约过了一个小时，奇怪的事发生了，陈某接到了他老婆林某用陌生号码打来的报平安的电话。得知林某的位置，我们马上赶了过去，惊魂未定的林某讲述了被劫持的经过：约20时，林某开车到青年宫广场，刚停车熄火，一个男青年就上了汽车的副驾驶座，并用刀威胁她，要她驶离该地，她只好按照绑匪的指令来到了附近体育馆的一偏僻处停了下来。

林某按照绑匪的意思，给她老公陈某打了电话，要他将50万元存入绑匪提供的一张银行卡中。之后绑匪就用事先准备的绳子将林某绑了起来，在绑匪与她老公陈某通电话的过程中，林某偷偷挣开绳子，乘其不备拉开车门，从车上跳了下来，一路狂奔，一路上喊救命，那绑匪见状也不敢追。林某在奔跑的路上遇到一个朋友，就用朋友的手机打电话给她老公报平安。

我们也马上赶到林某所说的地点，林某的汽车还在，车上的绳索也还在，而绑匪早就逃跑了，我们只好通知技术中队来勘查现场。

由于事主林某没有受到损失，现场有些刑警劝说事主回去，但她老公陈某提出，希望可以通过绑匪提供的银行卡号查清这个案件，因为陈某认为这可能不是绑架案，而是他老婆在外面得罪了什么人。

在场的刑警们都认为，有哪个绑匪会这么傻，用自己的银行卡犯案？这个银行卡肯定是没记名的，应该是在网上购买的卡，那样也查询不到什么，并且认为既然没有损失，也没有其他线索可查找，就敷衍地劝说林某了事。

但我不这么认为，案件的侦破，就算只有万分之一的可能性，我都会去调查清楚。

第二天上午，我通过银行查明了该银行卡的卡主叫易某。于是，我通过公安警综系统查出易某的照片给事主林某辨认，林某指认照片上的人就是绑匪。出乎刑警们的意料，犯罪嫌疑人居然真的是用自己实名登记的银行卡来让事主交赎金！

用本人的银行卡来作案，可见这是一个毫无防备的人，据此判断犯罪嫌疑人易某应为初次犯罪。因为是犯罪未遂，易某事后思想上的防范也不会太谨慎，行踪应该容易寻找。

由于易某是外省人，我认为，外地人在本市都必须有一个落脚点，于是我查询全市的治安旅馆业住宿登记系统，发现易某在市区的一家宾馆里登记住宿。

于是，我马上带着几个刑警到宾馆的客房里将犯罪嫌疑人易某抓获。易某也很快就供认了刚从外地来阳江，本来是想找老乡安排去工厂工作的，却和老乡失去联系，于是就心存歹意在市区随机绑架作案的事实。

点评:

1.寻找案件侦破的线索,即使只有万分之一的可能性都要去侦查;有些案件现场,地面上摆放的物品杂乱无章,究竟哪些物品是屋主本人的,哪些才是犯罪嫌疑人留下的,只要有一丁点儿疑惑,我们都要弄清楚。侦查破案,就是要实在,容不得半点虚假,不能因想当然而错过重要的线索。

2.除了流窜犯外,外地人作案,总是要有个落脚点,或住出租屋或住旅店。尤其是这种并未得逞的犯罪嫌疑人,心理上比较放松,认为没有造成严重后果,警察也不会追查,通过查询相关的住宿登记系统或出租屋管理系统,往往就会有"惊喜"的!

3.值得一提的是,在所有绑架案的调查过程中,我们都要注重收集绑匪的每个犯罪细节,比如从罪犯威胁受害人的语气、用词、口音可推断出他的职业习惯、生活地域,甚至从罪犯控制受害人的手法中也会暴露出某些值得我们注意的信息。

|第十一节| 重视社会线索

对于社会上反映的一些犯罪线索,我们应当引起重视,因为有些事情是不会空穴来风的。但现状是,有些民警会把社会线索当故事听，没有给予足够的重视，不去查证是否存在违法犯罪行为，这样的思想等于纵容了罪犯。

2014年11月，我收到一个在快递公司上班的朋友提供的一条线索。他说自己近期收发过同一个人的几个包裹，包裹内物品疑似是网上购买的枪支配件。于是我嘱托他若再次收到类似的包裹，一定要先通知我。

签收快递单的是一个叫陈生的人，留下的电话号码通过运营商去查询，是一个无记名的号码。

过了几天，那个人又有包裹寄来，于是我带刑警过去开包检验，果然是枪的枪管和枪托部分。我想，若要加工成成品枪支，必须还要有枪的其他配件，这个人是不是还用别的快递公司运送其他配件？

在我的安排下，快递公司的朋友给陈生打电话说货物刚到，但无人送货，于是那个男子在当晚21时来快递公司领取了包裹，开的是一辆黑色的汽车。

有了车牌号码，我们马上就查到了他的名字叫邓某，28岁，平冈人。

刑警到各大快递公司一查，邓某用那个无记名电话在另外两家快递公司也收取过货物，通过布控检查，我们发现包裹内装的是类似枪的弹匣与弹簧部件。通过综合分析，邓某在网上购买枪支配件，必定要在某个地方加工组装成成品枪支。而组装这么大量的枪支，应该是用于贩卖。我向刑侦局长汇报后，马上立案侦查。

有刑警提出将某抓捕回队审讯，再对他的家进行搜查，应该会有所发现。

我不同意这么草率的方案。我对办案民警说，若邓某加工枪支的地方不在他的家里，且在审讯过程中邓某否认他的所作所为，我们是很难找出他加工枪支的场所的。而且，我们也没有足够的证据对他采取刑事强制措施。

必须要找出他组装枪支的场所！

于是，我授意快递公司的朋友以他的电话经常没信号、打不通为由加了他的微信。我翻阅了邓某以往的微信内容，发现他从这三个快递公司领取货物回去的路上遇到塞车时，偶尔会拍照发朋友圈抱怨一下。我初步判断，他的加工场所位于城郊的麻演街道附近。

以邓某实名登记的电话号码的通话清单来判断，他早上的第一通电话与深夜最后一通电话的手机基站位置通常是重叠的，都在麻演街道附近。由于邓某的家在平冈镇，我推断邓某的加工场所是麻演街道的一间出租屋，且他为了加工枪支，很有可能彻夜不眠。即便如此，我们的侦查人员也仍未能掌握邓某枪支加工场所的具体地点。

刑警与几大快递公司的负责人协调好，掌握了邓某的包裹到公司的情况，并在他取走包裹后进行了几次跟踪，但都因为路况比较拥挤而跟丢。

办案刑警向我汇报案件的进展。

我也在想：怎么办？怎样才能找到邓某组装枪支的加工场所的准确地点？

我想了好多种方法，但均被自己一一否定，又想了好久，终于想出了一个可行办法。于是，我打电话给快递公司的朋友，嘱托他等邓某再次有包裹时先行通知我。

过了几天，邓某的货物到了，朋友马上通知了我，在我赶到公司后，邓某过了一会儿也到了。朋友按我的吩咐在公司里找个理由拖着他，随后我偷偷地在邓某那辆黑色汽车的底盘上放置了一个强磁吸附的跟踪定位器。

根据定位器发送的精准位置，第二天清晨，我就带领侦查人员在一个废旧的农村两层屋里将邓某和一些成品、半成品枪支及一批冲床机械设备人赃并获！

点评：

总结这个制造枪支案件的侦破，除了我们重视社会上反映的犯罪线索外，也离不开我们对案件孜孜不倦的追击，更离不开我们在侦破抓捕当中的开动脑筋。

1.通过犯罪嫌疑人的微信可以掌握他的生活规律、兴趣爱好、经常去的地方。如有些人喜欢将吃的东西拍下来，有些人则喜欢将夜场活动发到朋友圈。

2.犯罪嫌疑人使用手机的话，我们通过手机基站，可以得知犯罪嫌疑人的大概位置。我们结合掌握的其他线索，就可以推断出对破案有价值的信息。

3.在无法得知犯罪嫌疑人的具体位置时，汽车的跟踪定位器就派上用场了，这种电子定位器在抓捕中是非常有用的。

2017年4月，我们侦办了一宗寻衅滋事案件。当时一伙犯罪嫌疑人将几个在校学生打伤了，那伙人打完架后将小车开到一个偏僻的地方，并用帆布盖上小车隐藏起来。而我们已经根据沿途路面的监控追踪到了小车的位置。由于车上没人，扣押小车对案件没有大的作用，但派民警长期守着这辆车因警力问题又不现实。

于是，我将小车保留现状，在小车的底盘放置了一个强磁吸附的跟踪定位器。果然，过了几天，那伙人见没有什么动静，就来将车取走去夜总会饮酒狂欢。我们根据电子设备的定位，在小车附近守株待兔，将这伙人一个不漏地全部抓获归案。

| 第十二节 | 　如何看监控

在案件发生后，我们会通过现场附近的监控发现犯罪嫌疑人的活动轨迹、特征等，也试过通过监控视频追踪发现犯罪嫌疑人案发前在现场附近抽烟，通过将烟头捡回提取DNA从而破案。

有一次，在一个命案现场附近，我们一组人去周边提取监控，回到刑警办公室后大家综合核查视频，通过视频来追踪犯罪嫌疑人逃跑的踪迹。查看后，民警发现犯罪嫌疑人逃至某条巷子里面就再也没有出来，而巷子四周的几个出逃方向已经被监控锁定了，难道犯罪嫌疑人就居住在巷子里面？

我们组织警力对巷子里的住户排查了一天一夜，并没有发现犯罪嫌疑人的踪影，难道犯罪嫌疑人飞上天了？后来我们重新核对视频时才发觉其中一个民警在提取视频时忘记核对北京时间了，提回的视频比北京时间慢了大半个小时。所以说，干刑警这行，对工作上的任何事都一定要专心、细心。

2015年6月某日清晨6时10分，在市区狮子山附近的一条巷子里，晨练的路人发现有一女子卧躺在巷边的垃圾堆旁，衣服上有被雨水淋过留下的血痕，于是报警。经120救护车的医生确认，女子已无生命体征。

接报后，我和刑警赶到现场，现场的水泥地湿漉漉的，应该是不久前刚下完了一场小雨，也正是这场雨，把现场的许多痕迹都冲走了。

尸体的位置在巷子的中段，中段两边各有一片凹进去的小区，小区后面是没有出路的。整个地形结构如一个"中"字，如果说长巷是"中"字的中间那竖笔，两边的"口"字便是小区，尸体则在"中"字右边的小区与巷子交界的左下角位置。

尸体倒卧在一堆垃圾旁，头朝巷里脚朝外，旁边有一个女式挎包，衣服穿着整齐，但脚上没有鞋，脚的后方不远处有一辆停靠在巷子边的小货车。在小货车的车顶上，勘查人员发现了一双高跟鞋。

据挎包里面的身份证显示：死者叫唐某，35岁，海陵人。

我们刑警分头开展工作，一部分人去附近敲门走访目击者，一部分人去看巷子里的监控视频。不久，侦查信息反馈回来：

1.走访组的民警反映，有两夫妻卖完夜宵路经巷子回家时刚好下起了小雨。因为下雨赶着回家，巷子的中段又没有路灯，没有注意到旁边是否有女子躺在那里。开始下小雨的时间大概是早上5时20分。

2.监控视频组的民警反映，巷子的两头有监控，但尸体附近却没有监控。民警把巷子两头的监控从报警时间清晨的6时10分返回查看到了5时，一个多小时里除了卖夜宵的两夫妻外，没有发现有可疑的人进出，也没有发现有交通工具进出。

3.勘查法医组反映，死者身中多刀，且颈部有被人用手扼过的痕迹，死亡时间不会超过2个小时，由于尸体被雨水淋过，未能找到更多的线索。

4.挎包里的钱包、身份证、化妆品等物件都在。

综合各种信息，我和刑警们进行分析：

1.经勘查，现场没有打斗的痕迹，说明行凶的第一现场不在这里。

2.钱包等物品都在，可以排除劫财。

3.从死者衣着装扮清新雅丽、搭配得体来看，死者像是职场女性，不像是卖淫女。从刀口的深度与力度来看，凶手应该是男性，死者颈部有被人用手紧扼过的痕迹，且身中多刀，说明凶手是一心想置她于死地。这种泄愤式的杀人，证明凶手认识死者。深夜，男女两个人还在一起，关系只有一种，那就是"爱之深、恨之切"，我推断凶手与死者为情人关系。

4.5时20分开始下小雨，雨下得并不大，下的时间也不长，但姿势呈躺卧状的尸体紧贴着的地面却湿透了。这说明凶手是在下雨后即5时20分后抛尸于此的，因为若是在下雨前抛尸，尸体紧贴着的地面至少应该有一部分是干的。

5.巷子两头的监控显示：5时至6时10分尸体被发现的这段时间，巷子里没有车辆和人进出。这说明巷子里的某一户就是凶案的第一现场，也说明凶手抛尸后并没有逃跑，还躲在巷子里某处，很有可能就躲在凶案第一现场的住宅里。

然后，我向在场刑警布置工作，计划来个瓮中捉鳖，分三个小组对视频范围内巷子里的每一家每一户进行入屋检查，查看屋内是否有与案件有关的异常情况，并登记好住户的姓名、电话、籍贯及当晚行踪等信息。

视频范围内的房子共有22间，其中有些房子有五六层高，做出租用途，内里有不少房间。民警们一家家敲门叫醒屋主，一直检查到了11时，都没有发现可疑情况，只剩下最靠近尸体位置的一栋三层楼的出租屋，也是巷子边上的一家。大门是从里面锁上的，应该有人在屋内，但任凭怎么拍门都不开门。

我们请屋主到现场，了解到这是一个40岁左右的中年男子林某租住的房。我叫屋主打通林某的电话通知他开门接受检查，电话的那头听完了也没回复就直接挂掉了。

经屋主同意，正当我们准备器械破门时，110指挥中心打来电话：凶手通过电话向警方自首，位置就是你们现在包围着的出租屋。凶手自称林某，已婚，昨天夜里和他的女友吵架，对方要求他离婚，于是他心生歹意……

抓获犯罪嫌疑人林某后，他供认之所以将尸体搬到门口旁的巷子边上，是因为怕搬得太远，会被邻居或路人看见。回到屋后，发现死者的鞋还在屋内，于是从屋里的窗户将鞋扔了出去，却不知竟扔到了屋旁停着的货车顶处。

点评：

1.每一次出警至案件现场，我们都要组织好三方面的侦查：勘查现场、走访群众、查看周围监控，然后再综合各种信息，做出精准判断。尤其是对命案现场，要根据现场环境、各种勘查信息、视频信息确定是第一现场还是抛尸的第二现场，从而提出下一步侦查措施。

2.对死者的尸体勘验相当重要，就像这个案件一样，从衣着、刀口等就可推断出凶手的动机、与死者的关系。记得外国有个命案，死者已死去多日，尸体已经腐烂，但法医在对尸体勘验时，在尸体里发现了虫卵，法医正是根据当时那几天的气温与在尸体上产生虫卵的种类及生长期推断出受害人死亡的时间，从而确定了凶手。

3.在破案侦查中，也要充分考虑天气带来的影响，雨水可以冲洗去一些证据痕迹，但有时也为案件的侦查提供了很有用的时间参考。从这个案件来看，尸体躺卧的地面湿透了，说明尸体是在下雨后被抛尸于此的。

有些在下雪地方发生的案件，雪地里露出的足迹与车迹十分明显，以及尸体上雪花融化的速度与尸体的湿润程度都可作为探案的依据。

4.本案中的监控视频锁定了下雨前至路人报警的这个时间段人与车的出入情况，为凶手还在现场周边匿藏的结论提供了决定性的依据。之后，只要布置好警力分工合理地去排查，做到进入每一家、每一个房间里细致检查，那么犯罪嫌疑人就插翅难逃！

| 第十三节 | 抓住人性的特点

　　人性是指人普遍所具有的心理属性，表现在思维能力、认识能力、行为能力、情绪反应、态度、信仰等方面。我们在侦查案件中则要善于抓住人性的特点，因为人性特点会体现在犯罪嫌疑人的行为特征中，不仅表现在做什么上，而且表现在会怎么做上，这对我们的侦查思路非常有帮助。

　　2017年6月某日20时30分，有人报警，称仙踪路一家名叫花厨海鲜的餐厅被人砸了。民警出警到现场调查，了解到有五个蒙面青年进入店铺内，用棒球棍把电脑、桌子、椅子、大门等物品砸了个稀巴烂，然后乘坐一辆红色的无牌小车逃跑了。

　　值班民警侦查发现，原来这家海鲜餐厅的女铺主林某与她丈夫黄某长期不和，正处于法院协议离婚阶段。早一个小时前，林某曾去几条街外黄某开的餐馆里砸了几个茶杯。由此很容易判断应该是其丈夫叫人去报复她的。

　　报案的林某对办案民警说，若派出所破不了案、抓不了人就到市里、省里投诉。

　　办案民警由于没有证据，不敢轻易传唤犯罪嫌疑人黄某回来，因为若黄某矢口否认，没有任何证据支撑，到时候被迫放黄某回去，会使林某做出更过激的举动。

　　民警的侦查没有进展，也不知如何是好，只好向我汇报这个案件的情况。

我对主办民警分析："结伙去打人的或结伙去犯罪的情形，大家大多都会事先聚在一个地方商量，计划一番后再去。花厨海鲜被砸一案中，林某老公黄某自己的铺被砸了后，黄某最有可能叫朋友去哪里集中商量报复一事？"

民警摇摇头说猜测不了。

我说："当然是集中在自己被砸的铺里面啊，因为让朋友们现场看到、感受到被砸后的损坏情况，一来说明自己是多么气愤，二来也能激起朋友们高涨的报复情绪。"

于是，我安排一组办案民警到黄某的餐馆里及餐馆外面调取监控。通过视频，与砸花厨海鲜餐馆的犯罪嫌疑人及其车辆逐一比对，马上就知道了是哪些人参与了报复行为。

另一组民警调取黄某的通话记录，通过通话记录里面那段时间有嫌疑的通话人与视频中的犯罪嫌疑人相互印证确认。

做完了这一系列的前期侦查工作后，民警再传唤黄某到派出所讯问，面对我摆出的证据，犯罪嫌疑人黄某对喊来朋友砸他妻子林某的餐厅一事供认不讳。

点评：

侦破这个案件的关键是了解人的脾性，并通过以往案件中积累的经验得出：

1.在做一件事前，一伙人总是先纠集在一起，商量如何去做：用哪些工具、是否戴口罩、是否拆车牌、去时的路线和结束时逃跑的路线、当中应该注意的问题等等。从许多侦破的案件中总结出，这是团伙有预谋作案的基本"套路"。

2.这个案件的犯罪起因是犯罪嫌疑人的店铺刚刚被对方砸了，有什么能比被砸现场更具煽动性？我由此推断出了这个团伙犯罪前聚集的地点。

在这个案件中，我抓住了人性的特点，叫办案民警去她丈夫的餐馆调取监控视频，有了铁一般的视频证据，才能将犯罪分子绳之以法！

| 第十四节 |　确定侦查方向至关重要

确定命案的类型是抢劫杀人、情杀，还是报复杀人，需要我们根据现场勘查中的细节，结合调查走访中的信息去判断，使侦查工作有明确的方向。对于行为人实施犯罪的心理，我认为有三种：

1.偶发性犯罪，也被称为"机会犯罪"，是指行为人在有利于犯罪的偶然情境或条件的诱惑下实施犯罪行为。这类犯罪人犯罪时非常慌张，意志力弱，有明显的侥幸和恐惧心理。这种犯罪能侦查的线索少，现场遗留的痕迹不多，侦破较难。

2.激情犯罪，是指行为人在某种外界因素刺激下因心理失衡、情绪失控而产生的犯罪行为。这种犯罪人犯案时激情冲动，情绪稳定性差，不在乎后果，会留下大量的线索、破绽。

3.预谋犯罪，是指行为人在实施犯罪之前，经过深思熟虑形成的实施故意犯罪的一种心态，或者行为人决意犯罪后又经过反复策划实施犯罪。这种犯罪相对来说线索少，侦破有一定的难度。但罪犯也不会像电影那般天衣无缝，毕竟是现实犯案，人的心理及实施犯罪的过程也会受到各种因素的影响，肯定会留下痕迹。

2013年6月某日3时左右，天空下着阵雨，有一个疑似醉酒的中年男人倒在市区金鸡路中段的路墙边。后来路人发现，他身上有血流出，医院的救护车赶到时，他已经没有呼吸了。经法医勘查现场发现：死者身上散发出很大酒气，心脏处被刀捅伤致死，这也是死者身上唯一的刀伤。

经调查，死者杨某（男，43岁，阳江本地人）。已婚，住处离现场隔了好几条大街。老婆及在农村的家属都不清楚他平时的去向，也无法得知他与谁结怨，朋友更是极少联系。

这条金鸡路是一条夜宵路，平时好多人去那儿吃夜宵。但案发当晚曾下过大雨，雨水把许多露天的粥档赶走了，也把现场周边的痕迹破坏了，死者倒地的位置还刚好是个没监控的盲区。

死者衣着朴素，比较陈旧，身上的钱财只有20多元。结合其他侦查情况，我分析后认为：

1.死者的衣着打扮比较破旧，招来抢劫的可能性较低。

2.死者的外观潦倒颓废，应该也不会是因情人引发的凶杀，所以初步排除了抢劫杀人和情杀这两种预谋犯罪。

因为各家消夜档入夜才开始经营，于是我们专案组民警从每晚22时开始对沿街的档铺进行走访调查，但一连四晚，都没有调查走访到有价值的案件线索。

怎么办?

虽然案发当夜下着大雨,往来人少,但案发现场平时夜里是一条非常热闹的街道,应该有人看见案发经过或知道与案件有关的线索。于是我向局领导汇报案件进展时提议,面向社会悬赏1万元,以获得有价值的线索。同时,我还提出,由于检测到死者血液中酒精含量很高,推理为死者酒后偶发性与人发生争吵被杀更为合理,局领导听取汇报后完全同意我的观点和建议。

当晚我组织专案组民警沿街继续走访,以案发时段是否曾听见、看见"吵架""打架"这个方向去调查。

当我们在街上走访到一家小卖部时,铺主反映他铺里一个店员曾说过几天前的夜晚金鸡路有人打架。

于是,我们马上找到了那个店员,店员说有个经常会在小卖部里坐的朋友叫阿雄,几天前的深夜,浑身湿透的阿雄走到铺子里对他说,刚才碰到了一个之前欺负过他的人,见他醉得厉害,于是就上前教训了他,说完还亮出一把小刀。

说来也巧,调查过程中我们接到了110指挥中心的电话,说有群众看了悬赏通告,要举报金鸡路命案的犯罪嫌疑人,于是我们也马上联系了举报人,并承诺了保密和悬赏一事。

举报人说案发当天凌晨在金鸡路案发地点,他看见旁边一男子与那个死者厮打过,犯罪嫌疑人的特征与小卖部员工说的阿雄吻合。他一直没有向公安部门举报是因为不想惹事上身。

根据线索,第二天中午我们就将犯罪嫌疑人张某雄抓获了。据张某雄交代,他当晚经过金鸡路时刚好碰到喝醉酒的杨某,由于之前杨某曾欺负过他,他便上前和杨某对骂了几句。后来双方动起手来，张某雄就掏出小刀向杨某刺了一刀，马上就跑开了，由于不知道杨某已死亡，张某雄后来还去小卖部里向店员炫耀该事。

点评：

1.在这个案件中，死者衣着破旧，我认为死者的打扮招来抢劫的可能性较低。同样，也不像是因情人引发的，所以初步排除了抢劫杀人和情杀。死者身上的刀伤只有一处，不像是被人泄愤报复而杀，且检测到死者血液中酒精含量较高，推断为醉酒后偶发性与人争吵被杀更为合理。正是由于确定了侦查方向，案件更易被侦破。

在一起凶杀案中，如果凶手的犯罪动机已排除了情杀、财杀、报复性杀人等可能性，无法确定侦查方向，我们就应考虑凶手是否是想通过杀人来满足自己特殊的情绪需要，即连环杀人。这样的话，我们就要调查之前是否有类似未侦破的案例，分析它们之间的关联性，以此确定侦查方向。

2.现在的侦查太过依赖科技了，往往忽略传统的摸排手段。在这个案件中，监控视频无法起作用，我们用最传统的侦查手段一连多晚在现场周边深入走访排查，最终还是得到了关键性线索。

3.当案件的侦查遇到瓶颈时，向社会悬赏征集线索无疑是很有效的一招。尤其是通过网络发的悬赏公告，传播速度快、范围广。

如2018年9月的一天夜晚，市区发生了一宗凶杀案，凶手在市区里接连砍伤了5个人，其中2人死亡。我们在连夜追捕凶手时失去了他的踪迹。我们认为凶手是极度危险的人物，如果不及时抓获，恐怕还会造成其他伤亡。于是我们在早上6时，在网络上发出悬赏5万元的征集线索公告，并将凶手的近照和相关特征发布。

过了不久就有群众反映在阳东区尖山附近，有个特征相似的人有大路不走，却在田基上的小路走的可疑情况。后来，阳东区雅绍镇一居民报案称有个特征相似的人到他家里要水喝。公安局专案组根据群众反映的情况，及时将犯罪嫌疑人抓获了。

┃第十五节┃ 找准犯罪的因果关系

我们在案件侦查的过程中，要善于思考犯罪嫌疑人行为的因果关系。为什么会产生这种"结果"？究竟是什么样的"因"造成的？只有找出这种规律，案件侦查才会有所突破。

2015年4月的一天早上7时46分，110指挥中心接到群众报警，在市区三环路一幢出租屋里发生了一宗命案。接报后，我匆匆忙忙赶到现场，公安分局刑警大队的技术人员已经在现场开始勘查了。

现场是一幢五层的出租屋，是市区华×建筑工地的工人住宿楼。在四楼的一个房间门口，死者趴在门沿上，头部朝外脸朝下，右手掌张开伸向前，胸口中了一刀，也是致命的一刀。

经调查，死者名叫张某（男，48岁，贵州人），是一名建筑工人，当天因身体不适请假，独自一人在家休息。凶器是犯罪嫌疑人从一楼厨房拿的水果刀，行凶后被扔在三楼的转角处。房间是一个二十多平方米的单间，房内的摆设有点杂乱，但没有明显被翻动过的痕迹。

由于命案发生在商业区，不及时破案会引发群众的恐慌。

是情杀、仇杀，还是谋财害命？

侦查方向非常重要，在临时成立的专案组里，大家各抒己见。有的说一刀致命，肯定是想置他于死地，是仇杀；有的说能叫他开门再杀他，也有可能是情杀；有的说现场没有被翻动过的痕迹，不太可能是谋财害命。

听完他们的猜测推理后，我分析："根据凶案的现场勘查情况，刀是犯罪嫌疑人随手在一楼厨房拿的，从他事前并没有准备作案工具的行为来分析，这是一宗没有预谋的犯罪，首先排除是仇杀和情杀这类报复性杀人。那么最大的可能性是犯罪嫌疑人因盗窃被事主发现转化而成的杀人案件。"

有民警问："那为什么现场房间里没有明显被翻动过的痕迹呢？"

我对民警分析："案发时应该是下面两种情况之一：

"一、犯罪嫌疑人已进入房间内，但由于死者当时在房间里睡觉，犯罪嫌疑人不能大动作翻动房内物品。

"二、死者在犯罪嫌疑人刚进房间时就发现了他，从而和犯罪嫌疑人打斗导致死亡，犯罪嫌疑人在作案中发生了意外的严重情况，当然是以逃离现场为主。"

这时现场勘查组的民警回报，经对整幢出租屋的现场勘查，二楼、三楼的其他房间都有被盗的痕迹，这印证了我的推断。

我接着对民警们说："不知大家注意到没有，这个案件当中有一个非常不合常理的地方，但这也恰恰为我们指明了案件侦查的方向。"

民警们都摇摇头，问什么地方不合常理了。

我说："这个案件最重要的一点是案发的时间不合常理，早上7点多，一般人屋中都有人，犯罪嫌疑人又怎么敢进屋入房偷东西？"

民警们都点头说："对呀！这个时间段偷东西的确不合常理，但他为什么会这么冒险呢？"

我说："只有一种情形，就是犯罪嫌疑人非常熟悉这间出租屋人员的作息时间，知道这个时间段大家都去上班了。所以我建议先去华×建筑工地调查熟悉这幢楼的人。"

这时，视频组负责人回来说找到了凶手逃跑的视频了，但由于跑得飞快，视频中的脸部特征比较模糊，难以做辨认用途。

我对他们说："逃跑的视频辨认不了，那就从他来时的路去找。从犯罪心理来分析，犯罪嫌疑人从一开始就准备作案，也必定想好了从哪一条路来最不引人注意，但发生意外杀人逃跑时，心意已乱，通常会挑最熟悉的路来逃窜，也就是他来时的路。来的时候应该没料到会杀人，必定是从容行走，应该容易捕捉到他清晰的面容。"

一会儿，视频组的刑警果然从逃跑的路线上找到了犯罪嫌疑人来时慢悠悠走路的视频。

侦查人员按照我的建议，在建筑工地上把犯罪嫌疑人的视频给工人们辨认，得知该人叫元某，四川人，半年前在工地工作过，也曾在案发现场的出租屋里短暂居住过。专案组民警通过多方侦查了解，犯罪嫌疑人元某居无定所，但喜欢上网，经常在网吧里过夜。据一个熟悉元某的工人说，他昨天晚上还看见元某在市区二环路一家飞×网吧上网。

我们已调查了一天一夜，但在得知元某犯案后曾在网吧上网这个消息后，我们还是不知疲倦地赶到飞×这家网吧，想查询元某用过哪一台电脑上网，由此得知他犯案后联系的是哪一个网友、浏览过哪些网站，以便掌握他的心理及逃跑方向。当我们赶到这家网吧时，却"幸运"地发现犯罪嫌疑人元某正在一张电脑桌前呼呼大睡，于是顺利将他抓获，抓获时元某随身携带着一个大旅行袋。

元某交代，睡醒就准备离开阳江，为防止追踪，手机已经在今天中午时扔了。果然，他的身上和行李里都没有发现手机，专案组民警长吁一口气，幸亏一系列的判断准确、及时，否则不知何时才能将他绳之以法！

据犯罪嫌疑人元某供述，当天早上他想趁着工人们都去上班，进入员工宿舍楼偷点值钱的东西。他先是从一楼厨房里拿了一把水果刀防身，然后从二楼开始使用开锁工具逐层逐个房间偷东西，在开了四楼的一个房间后，想不到里面还有一个工人在睡觉，还没有偷到东西，就被那工人发现并抓住了他的衣服，于是他就用刀向该工人身上刺了一刀。

点评：

1.把握犯罪行为的因果关系。早上7点多，一般人还在床上睡觉或是在洗脸刷牙穿衣中，犯罪嫌疑人又如何敢进屋去偷东西？除非是非常熟悉这间出租屋人员居住的情况。这是一种心理上的逻辑推理，几乎所有案件的发生与结果都存在着因果关系，我们需要做的就是从各种调查信息中把它找出来。

对犯罪嫌疑人行为的推理在办案过程中也是相当重要的，它可以帮助理清犯罪嫌疑人的作案心理，从而推断出我们的侦查方向。如在侦查过程中，如何认定犯罪嫌疑人曾到过某些与案件有关的地方：

（1）面对已上门锁的房屋，在偶然得到一大串钥匙后，他能马上找到对应钥匙的这种行为。

（2）开门后，屋里的狗表现出摇头摆尾，对他非常亲热的样子。

（3）在复杂的场所，他能熟悉自如地到达目的地或在别人家中不用询问而能马上准确地找到卫生间。

（4）到了目的地后，他的手机会自动连接上Wi-Fi。

2.从犯罪心理来分析，犯罪嫌疑人作案前走路来的时候应该是没料到会杀人的，必定是从容行走，从监控视频中应该容易捕捉到他清晰的面容。杀人逃跑时，犯罪嫌疑人心意已乱，通常会挑最熟悉的路来逃窜，该路线即是来时的路线。

3.破案中的"幸运"一词，其实包含了我们扎实、不知疲倦的侦查。若是我们的侦查方向、判断有偏差的话，很有可能就与犯罪嫌疑人擦肩而过了。有时候对一些案件的侦破，民警觉得就差那么一点点就错过了，然而这一点点的好运气，其实就是工作成效的一种反映啊！

| 第十六节 |　琢磨犯罪嫌疑人的心理规律

在我接触的众多案件中，有一些是犯罪嫌疑人连续犯案的案件，是犯罪嫌疑人基于同一个犯罪故意，连续实施同一类独立的犯罪行为，从着手实行到由于某种原因终止以前，一直处于持续状态的犯罪。我们只要找出犯罪嫌疑人的心理规律，就容易侦破这种案件。

2017年1月的一天早上，市区一派出所接到多宗警情，在某个住宅小区里面和小区门口附近有多辆汽车的轮胎被人刺穿。

由于发案的小区位置在市区中心，局领导非常重视，刑警大队接到派出所的报告后，我马上带着相关警员对现场进行了勘查。

一到寒冬，小区门口值班的保安员在深夜时候总是在床上休息，对进入小区的人也没有登记查问。

我从小区有限的监控视频中看到，当天2时48分，一个高瘦的男子提着一袋东西从小区门口往里面行走，一边走一边沿途用小刀刺停在路边的汽车的轮胎。过了半个小时，该男子又从小区里走了出去，手里却没有提任何东西。

民警走访了小区的值班门卫及一些住客，他们对视频中的男子没有印象，应该不是住在小区里的住客。

我沿着被损毁汽车停放的位置实地走了一遍，这也是重复犯罪嫌疑人行走的路线。经核实，由于住宅小区年久楼旧，小车停车位严重不足，一到晚上，一些住户将汽车从小区门口沿路一直停放到小区最里面。但最后一辆被损毁汽车停放的位置是在小区中段的一幢四层楼前。据保安介绍，这幢楼里住的全部都是外来的租客。

于是，我推测，犯罪嫌疑人一路上边走边对停放在路边的汽车进行损毁，但在这幢楼前停了下来，应该是走入了这幢楼，否则不会无缘无故地停止犯罪行为。

过了半个小时空手再出去，手里提的袋子应该就是夜宵了。这么寒冷的深夜，只为送一个夜宵？

推断：

1.犯罪嫌疑人从小区外面一直走进小区里面，我推断他应该是没有驾驶自己的车辆，否则在这么寒冷的冬天，任何有车的人都会开车到目的地。

2.从心理学上来分析，心理决定行为，行为是心理的体现。犯罪嫌疑人打包好夜宵后，一路走一路泄愤。这是无奈又愤恨的心情。推断犯罪嫌疑人从温暖的家里出来这种行为可能性较大。而他对生活不满的心理导致了他刺汽车轮胎泄愤的行为。由此可推断，犯罪嫌疑人应该是在冷天里搭营运摩托车，一路上冒着刺骨寒风而来的，所以妒忌有汽车的人。他的这种犯罪行为就是仇富心理的体现。

3.犯罪嫌疑人与吃夜宵的人关系不简单，当然不会是普通朋友了，也不会是打包给父母，因为就算再孝顺，深夜时老人都已入睡了。最有可能的应该是女朋友，只有女朋友才值得他在深夜里冒着严寒送夜宵。

小区外不远处是一条小街，平时晚上有几处宵夜档在摆摊，犯罪嫌疑人有可能在那里打包夜宵，结合案情的推理分析，我布置

了三组民警展开调查工作：

第一组民警对小区里那幢四层出租楼的住客进行调查。尤其是对单独居住的年轻女子，调查时注意屋内外的垃圾桶里是否有打包夜宵的袋子。

第二组民警对小区外面小街的消夜档进行走访，拿着视频一家一家地查问，在案发前的时间段有没有视频中的高瘦男子来打过包。

第三组民警调查走访摩托车营运员，看看案发当晚是否载客到小区。

到了20时30分左右，前两个调查组都反馈了信息：

第一组民警在小区出租楼401房里排查出一个年轻女子陈某，说是当晚深夜她饿了，曾打电话给男朋友徐某，徐某将夜宵拿来后在屋里坐了一会儿就走了。

第二组民警在小区附近的街上走访到一家粥档，老板说2点左右有一个青年人来打包夜宵，身材发型都像视频里的男青年，这个男青年是用支付宝结账的，民警通过粥档老板提供的支付宝信息，一查询，也是一个叫徐某的男青年。

通过将从对汽车上提取的指纹与陈某提供的男友的物件加以比对，我们确认徐某就是寻衅滋事的犯罪嫌疑人。

可能是徐某女朋友告知了徐某警察来她住处调查他一事，案发过后两天，犯罪嫌疑人徐某就到刑警大队自首了。

徐某供认案发当天夜里，因为女友说要吃夜宵，他便在家中出来搭一辆营运摩托车，到小区附近的粥档处打包，冻了个半死。在走去小区途中，看见汽车就想起自己的窘境，心理不平衡，便用随身携带的小刀刺穿汽车的轮胎进行泄愤。

点评:

1.从犯罪嫌疑人的心理来说,连续性的犯罪行为,不会无缘无故地中断,必定有其原因。像这个案件,犯罪嫌疑人行走时一路上对所经过的汽车都进行了损毁,根据嫌疑人对这幢楼后面的汽车没有继续实施损毁行为,我推断他在小区的行程就应该到此止步了。换句话说,他应该是进入这幢楼了。

对于一些案件现场中出现的不同情况,我们要做的是潜入犯罪嫌疑人的思想,他这么做的原因会是什么?然后把犯罪嫌疑人行为的心理规律找出来。

如在2019年1月的一天早上,住宅小区的住户发现自己停在小区里的小车被人用锐器划花了。沿着这条长路一走,发觉有一段路中,停在路边的所有小车都被划花了,受损的有十多辆小车。

我赶到现场,发现这条路的下半段没有小车受损情况,但路中的左边岔路中的一幢商品楼门前也有小车被划损,而这幢商品楼在这条岔路的尽头。根据这种行为,我马上判断这个犯罪行为的实施者应该居住在这一幢楼中。

至于为什么会一路上划损小车,我认为,既然是随意性地破坏财物,没有专门的目标,且划痕的形状飘逸凌乱,那么便应该是深夜喝醉了酒才会做出的行为。后来查看了小区内的监控,完全印证了我的推断。

这幢楼有12层,每层有4户。再进一步查看这幢楼电梯里的监控,看到犯罪嫌疑人按下了四楼的电梯按键,过了一会儿,他出了

电梯往右转。经核查，电梯的右边只有一户：404房。根据侦查情况，我们第二天顺利地抓获了犯罪嫌疑人。

2.从心理上来说，寒冷的深夜，你愿意为其买夜宵的人，在你心中必定是非常重要的人。例如，是你非常爱的人，对于爱，有一股盲目的力量，就好像有句话是这么说的：爱你的人想送你回家，东南西北都顺路，想你的人白天黑夜都有空。

3.犯罪嫌疑人是走路进入小区的，那么旁边的消夜档就是最好的打包地点。因为天气寒冷，在小区附近打包，夜宵送到女友处还会是温热的。

还有一种情形就是，犯罪嫌疑人本来就和朋友吃夜宵，接到女友的电话，然后打包好再搭车去小区。但不管哪种情形，小区附近的消夜档都是必须去调查的。

|第十七节|　捕捉不寻常的行为心理

心理决定行为，行为是心理的体现，这句话可以被解为：人的心理支配行为，又通过行为表现出来。所以，我们在侦查案件时，要善于捕捉犯罪嫌疑人不寻常的行为，并由此推断出他作案时的犯罪心理，以及做出不寻常犯罪行为的目的是什么。掌握了他的犯罪心理，我们就可以明确案件的侦查方向。

2019年12月初，派出所值班民警接到辖区内的职业技术学院宿舍楼有盗窃发生的警情，民警经现场勘查发现：

现场是校内一座独幢的男生宿舍楼，周边是操场，有11层高，内有77间宿舍，住有800多名大学二年级的学生。为了方便夜归的舍友们出入，各个宿舍的房门都是虚掩着的。学校的保卫科长反映在星期六凌晨与星期日凌晨分别有4间不同楼层的宿舍被偷了4台平板电脑。

由于是高校内失窃，案情比较敏感，办案民警迅速会同江城分局刑警调查取证：

1.调取宿舍楼周边的监控，但经查看作案时段的监控视频，并没发现有可疑情况。

2.调查失窃宿舍内的学生及宿舍楼的值班员，没有人能提供对侦破案件有用的线索。

3.现场也没有能够提取的可疑指纹。

这个案件的侦查工作陷入了困境，且办案民警在整理这宗案件的侦查思路时感到困惑，对犯罪嫌疑人的犯罪行为百思不解：

犯罪嫌疑人在两天的凌晨趁着学生熟睡时，分4次在不同楼层的4个宿舍里偷了4台平板电脑，而楼内每间宿舍均住有10个学生，每个学生都将电脑摆放在桌面上，但犯罪嫌疑人每次都只挑一台偷。按以往的盗窃案，犯罪嫌疑人每次作案都是能偷多少就偷多少，但他并没有这么做。这究竟是为什么呢？像他这样多次去偷窃，岂不是更容易暴露自己？

侦查思路决定侦查方向，若无法把握犯罪嫌疑人犯案时的心

理，侦破案件就变得困难。办案民警对犯罪嫌疑人的作案心理不理解，于是向我汇报。

我了解案件后对民警说："每个人的每种行为都有其原因，你要代入犯罪嫌疑人的思维去想，他为什么会这么做？"

民警说："实在是想不透才来请教的。"

我说："不论是什么案件，犯罪嫌疑人不寻常的行为只会使我们更易捕捉到他的心理，从而明确案件的侦查方向。像这宗案件中这种有违'盗贼常规'的盗窃手法恰恰暴露了犯罪嫌疑人就是在这幢宿舍楼住宿的一名学生。"

民警不解地问："为什么？"

我说："你知道盗贼的第一原则是什么吗？"

民警说："犯罪行为的安全性？但他这么做，我觉得更容易被发现呀。"

我说："对！犯罪行为的安全性是盗贼的第一原则，偷到物品的价值只是第二原则。从这个盗贼犯罪的心理来分析，倘若他一次性偷太多电脑的话，他会害怕在返回的路上碰到认识的同学看到他手捧着大堆物件从而会暴露他；若他每次只偷一台，他便可将平板电脑放在胸前，用身上厚厚的外套裹住它，在这么寒冷的冬天里，是不会被人注意到的。这样做对他来说反而更安全！"

民警佩服地说："你这么一分析，的确有道理，但在800多个学生中，要怎么才能找出这个隐藏在当中的盗贼？我已看过了作案时段宿舍楼周边的视频监控，并没有发现有可疑情况。"

我说："我判断犯罪嫌疑人是在宿舍楼住宿的一名学生，那么作案后他是不会冒险马上将赃物转移的，因为在深夜至凌晨时段，校警会登记出入校门的每一个人。我推测他会将赃物匿藏在他宿舍内的隐蔽处，等待时机再去将赃物转移。你查看的监控视频是凌晨作案时段的，当然没有发现可疑情况。"

民警说："那要怎么做呢？"

我说："我们要学会分析事物之间相互的联系，才能推断出我们想要的结果。这名学生利用周末放假的这两天偷东西，所以他也必须趁着放假的空当，来将赃物转移或销赃，因为他害怕校方会在星期一搜查各个宿舍，你再去查看星期天一天宿舍楼大门出口的视频，肯定有收获。"

民警根据我的思路，果然在视频监控里发现了星期天傍晚一个在八楼住宿的学生手提一大袋电脑包走出宿舍楼的可疑行踪。

后来传唤他回派出所，经审讯，该学生对盗窃平板电脑一事供认不讳。再问及他的作案手法与过程、他供认犯罪行为的心理和我推断的完全一致！

点评：

1.案件中不寻常的犯罪行为，往往会暴露犯罪嫌疑人的作案心理，任何案件，我们都要代入犯罪嫌疑人的心理，他这么做的原因是什么？

像这个案件，犯罪嫌疑人在宿舍里面对大量平板电脑，但他每次只偷窃1台，分4次偷了4台。这就是一个有违"盗贼常规"的盗窃手法。多次的盗窃行为将使他的犯罪风险增大，但他为什么还会这么做呢？

所以，我推断犯罪嫌疑人就是在宿舍楼住宿的学生，他所顾忌的是他偷电脑返回途中碰到认识的同学，这就是他的作案心理。后来，民警查看作案时段宿舍楼周边的视频监控，没有发现有可疑情况，这样也证实了窃贼就是躲藏在宿舍楼内的学生。

我们在侦查、勘查犯罪现场时，要善于发现案件当中不合常理的犯罪行为。这种不寻常的行为往往可以为我们的侦查破案指明方向。

在2019年报道的一宗妇女杨某被绑架案中，民警对杨某家属收到的"绑架视频"进行分析：

（1）拍摄视频的镜头异常平稳，极有可能是利用支架将手机固定后拍摄的。

（2）杨某的表情虽然惊恐，但视线却从没有看向镜头以外的其他区域，仿佛整个房间内就没有绑匪，这是极不合常理的。

通过这些细微的异常情况，民警认为杨某极有可能是在自导自演，这就为破案指明了方向。后来经过一系列侦查，案情果然和民警之前的判断吻合。

2.我们在侦查破案时要综合分析案件的发生与经过，从而推断出侦查的方向。我们要分析当中的规律是什么，这种规律会导致的犯罪嫌疑人的行为、结果又是什么。

在这个案件中，这名学生在周末实施犯罪行为。这样容易推断出，他是想在放假可以外出的时间里转移或销卖赃物，因为星期一至星期五都要上课，他请假去销赃容易被人怀疑，而且也害怕校方会检查宿舍，所以他必须在星期一前将赃物转移。我们只需翻看星期天一天的监控视频就可发现犯罪嫌疑人的行踪。

|第十八节| 与犯罪嫌疑人换位思考

换位思考是对他人心理的一种体验过程，它客观上要求我们将自己的内心世界（如情感体验、思维方式等）与对方联系起来，站在对方的立场上体验和思考问题。

而这种换位思考在侦查破案中尤其重要，当我们遇到一些难题时，可以代入犯罪嫌疑人的思想。站在他的角度来思考问题，往往能收到意想不到的效果。

2013年7月的一天下午，有一个姓沙的中年男子在村中自己的家门口和朋友打麻将娱乐时，被5个蒙面男子持刀棍砍至重伤，后来在医院治疗了20多天，由于伤势严重引发肺部感染，抢救无效死亡。

由于是命案，刑警大队成立专案组来调查此案。死者的家位于城郊马路旁的一条小路边上，门口有一个监控摄像头。视频显示，当时有一辆无牌的白色本田思域车经过，车上的犯罪嫌疑人应该是发现沙某在家门前和朋友正打麻将，于是在小路转弯处掉头，到了沙某家门前停下，5个蒙面男青年下车分别持刀、棍对沙某进行追打，打完后，这5个人就上车一溜烟地离开了。

这是非常明显的有预谋的报复行为。经调查，沙某近期在本村与一个姓莫的同村青年为争夺一块土地的开发权而发生过激烈争吵，对方曾扬言要教训沙某。

由于该案发在下午，马路上的车流量非常大，视频组民警通过

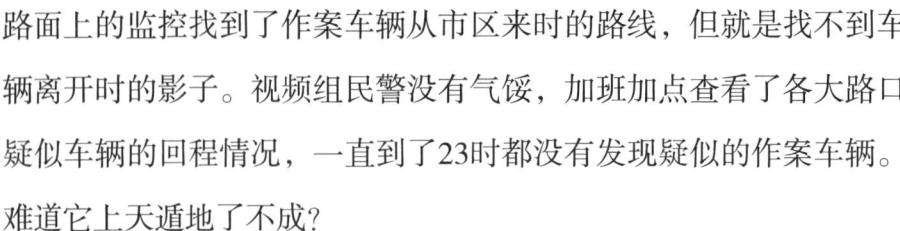

路面上的监控找到了作案车辆从市区来时的路线，但就是找不到车辆离开时的影子。视频组民警没有气馁，加班加点查看了各大路口疑似车辆的回程情况，一直到了23时都没有发现疑似的作案车辆。难道它上天遁地了不成？

市公安局技侦部门对作案车辆来时的整个行车路线进行了技术数据分析，但没有监测到哪一部手机的活动轨迹符合作案路线及时间点。按照往常的经验，若有几部手机的运行轨迹完全相同，马上就能查到这几部手机的号码，从而侦破案件。

将莫某传唤回来调查情况。他承认因土地一事和沙某不和，但对报复沙某一事却矢口否认。

总结这个案情，有如下特点：

1.犯罪嫌疑人驾驶无牌的车辆作案。

2.所有犯罪嫌疑人蒙面作案，不给别人辨认的机会，是有预谋的犯罪行为。

3.犯罪嫌疑人作案后避开所有路面监控，是有计划的逃跑路线。

4.作案过程中，所有犯罪嫌疑人都没有携带手机（或关机状态），避开了公安的技术追踪。

以上的种种反侦查手段使我感觉到这次报复行为的策划者是一个颇具反侦查能力的人。专案组的民警已经用上了一切的侦查手段，但案件还是毫无进展！

常规的侦查已不起作用，于是我对这个案件中这伙犯罪嫌疑人的犯罪心理进行了分析。对呀！任何有预谋的犯罪为求万无一失，必定会提前去现场踩点的！

于是，我带着专案组重新查看了一遍现场的视频，果然发现有一辆可疑的红色马自达小车在案发前一天中午在沙某家的附近绕了两圈，但这辆小车也是没悬挂车牌的。民警针对这辆可疑小车进行了一系列侦查，也没找到新的线索。至此，案件的侦查工作陷入了僵局。

当我和专案组民警在研判室研讨案情，对案件一筹莫展的时候，刑侦局长走过来说："这个案件犯罪行为的策划者对公安技术如此熟悉，计划如此缜密，的确是我们以往没有遇到的。但世上是没有完美犯罪的，必定有我们侦查疏忽的一面。"是的，世上是没有完美犯罪的！既然案件的策划人追求完美无瑕的犯罪，那么完美，也许就是他本身最大的弱点。这个案件还有什么细节是要完美的呢？

当晚，我想了一夜这个案件的犯罪细节，突然灵光一闪。对啊！若是要完美地犯罪，作案车辆也应当不是犯罪嫌疑人自己的！

我猜想犯罪嫌疑人问朋友借车，然后拆卸车辆号牌，好去报复别人。这是方法之一。但我觉得精明的犯罪嫌疑人不会这么做，因为这样做会引起朋友的猜疑，而且案件被侦破后也会连累朋友。那么，他会怎么做呢？对了！最稳妥的做法是去租赁一辆小车！因为租赁车被拆卸号牌是常有的事，租赁车行老板也不会介意。

第二大一早，我组织专案组民警对全市的租赁车行进行走访。终于在其中一家租赁车行中找到了一辆白色本田思域车当天的租赁记录，经比对当天的出租记录及租赁车必备的GPS行车轨迹，我们确定当天的作案车辆就是这辆白色的本田思域车。

找到了租车人，这个"完美罪案"就迎刃而解了。在审讯犯罪

嫌疑人后我们得知了整个案情：

策划者正是与死者有仇的莫某，他们作案前租了一辆小车（拆下车牌）到沙某家查看地点及拟好逃跑路线。作案当天换租了另一辆小车（同样也拆下车牌），然后大家将手机关掉，作案后沿着一条没有监控的小路到了阳春市的一个小镇。为了避开我们对作案车辆的追查，这伙犯罪嫌疑人还在小镇里住了一夜后，第二天中午再装上车牌回到市区。

点评：

1.通过这个案件，我树立起了一种信心，就是世界上没有真正完美的犯罪，太完美的犯罪行为本身就是一个破绽，正所谓"百密一疏"。所有的有预谋的案件总会留下蛛丝马迹，只要用心去思考，去寻找，就一定会有一些漏洞被找到！

2.通过这个案件，我建立了一种喜欢钻研的思维，对一些事情总喜欢问为什么，对疑难的案件我会代入犯罪嫌疑人的角色问自己，假若我是犯罪嫌疑人、案件策划人，我会怎么做？

3.通过这个案件，我学习到了一些人与事必然存在的方式及其因果关系，这个案件使我在其他的侦破案件中也受益匪浅。

如2017年10月的一天晚上，在市区东风三路鸳鸯湖段，交警支队市区大队设卡查酒驾，当时阳江电视台随警作战，直播查处酒驾现场。一辆无牌的红色本田思域车被交警拦停后，驾驶员没有下车，而是加速疯狂向前冲卡，一连撞损前面几辆待检小车，逃之夭夭。

市局领导非常重视，指示交警部门一定要抓住犯罪嫌疑人，消除影响！

而东风三路几个路口的路面监控设备都已经坏了，未能拍到无牌小车逃窜的方向，市区大队民警折腾了一夜，把全市的车辆维修点翻了个遍，但还是未能找到这辆冲卡车辆。

由于我在公安系统内部因破案已小有名气，而在前段时间，阳江电视台播出了半个小时的专题警讯《破案能手叶松青》，交警支队的一位领导就叫大队长来找我帮忙。

我仔细听了案件的事发经过，这是一个信息量极少的案件：

（1）冲卡车辆的号牌没有。

（2）车辆来时及逃逸的路线没有。

（3）车辆的明显特征没有。

（4）车辆驾驶员的身份信息没有。

交警方给出的信息就只有冲卡车辆的品牌，其他信息全无，要怎样才能侦破这个案件？

我回想了近两年一些年轻人驾驶无牌小车所犯的案件，绝大多数使用的都是租赁车辆，于是我判断冲卡的无牌红色本田思域应为租赁车。后来我在市区某家租车行里找到了一辆红色本田思域的租车记录，通过比对租赁车辆必备的GPS行车轨迹，确定其为冲卡车辆。

从我帮忙调查该起案件，至我找到冲卡车辆并通知交警将车拖走，只用了不到一个小时。我还为交警大队找到了租车人（通过辨认，确认为驾车冲卡犯罪嫌疑人）的相片、视频、身份证号、手机号码、微信号、家庭地址等信息。

事后交警大队长问我："就算是断定了冲卡车辆为租赁车辆，但全市那么多租赁车行，每个车行又有那么多红色本田思域车，你是如何这么快查找到这辆车的？"

我解释给他听："一般租车在市区活动的年轻人，为方便归还或更换车辆，绝大多数都在本区域租车，所以我认为租赁车行就是在市区内的。而犯罪嫌疑人在冲卡后的心理是急于要将租赁车辆还回去，然后潜逃，躲避公安机关的追捕。所以我打电话给市区所有的租车行，在租赁的红色汽车中，只问两个特征就找到那辆涉案车辆了：

"一、冲卡当天晚上或第二天归还车辆的。

"二、车辆有撞损痕迹的。"

在这个案件中，交警认为冲卡车辆为逃逸已撞损了，只是派人去查找全市的车辆维修厂，是受到了思维局限性的影响，看到的只是事物的表象。而我则是从案件的本质通过经验来分析问题，看到的是事物的深层次，认为冲卡车辆：

一是拆卸了悬挂的车辆号牌。

二是年轻人驾驶。

三是不担心车辆受损而冒险冲卡。

因此推断冲卡车辆应该是租赁的车辆，并由此入手查找出冲卡车辆的信息。

所以说要不断学习，不断总结，吸收好的做法、好的经验，在侦破案件的路上才能不断地进步！

抓 捕 篇

　　许多人认为抓捕是一项比较简单的工作，知道人在哪个地方，谁还不会抓？其实不然。猎物就算被困住，如果没有好的猎人，依然有可能抓不到它！

　　抓捕更重要的是考验警察对犯罪嫌疑人的行为判断、临场经验、现场应变能力与脑力作战。

　　抓捕，带有很高的危险性，在逃犯为了逃避法律责任的追究，往往会铤而走险。

　　抓捕，讲求的是团队合作精神，但个人要有强健的体魄、敏捷的身手、敏锐的反应、机智的头脑以及过硬的心理素质。

| 第一节 | 判断力的重要性

判断力，是人们分析、决断的能力，是人的综合能力的体现，是人对现实表现出什么样的态度和行为方式的决定因素。判断力是人通过选择和抉择的形式，将其价值观加诸在客观事物上而体现出的能力。

当遇到事情时，我们利用大脑已知的知识和经验，进行鉴别和决策的过程，叫判断力。由此可知，判断力是人们对事物的认识、鉴别、决断的过程，判断力是一个人的知识面、聪明度的综合反映。我认为，判断力包含有三方面：一是已知的知识和经验；二是鉴别的过程；三是决策的能力。

一、判断力是逻辑思维能力的一种表现

逻辑思维能力是指正确、合理思考的能力，即对事物进行观察、比较、分析、综合、抽象、概括、判断、推理的能力，采用科学的逻辑方法，准确而有条理地表达自己思维过程的能力。

面对不同条件的抓捕行动，我们该用什么样的方法才能达到最好的效果？判断力在抓捕中具有非同一般的重要性。而且它不仅仅

表现在抓捕行动上，有时候我们优异的逻辑思维能力也可以帮助人，那种帮助别人的喜悦是抓捕犯罪嫌疑人所不能比拟的。

（1）2016年的一天，我的一个同学找到我说，三十多年前其父母离婚后，他就再也没见到他的父亲了，只听说他父亲多年前已移居香港，他央求我帮他找到他父亲。

同学父亲在香港居住的地址不详，新的家庭情况不详，工作单位不详，手机号码不详，只知道他的名字和年龄。

香港与内地的制度不同，我不能查阅香港相关的居民资料，怎么能找到他？尤其是在这么少的信息量之下，谈何容易？

但我第一时间想到他在香港居住，这么多年，应该不论是工作、经商或是旅游，他都必定会经过深圳海关到内地来！于是我委托出入境的同事查阅港澳通行的相关资料，同名的香港籍居民有好几个，但对得上年龄的就只有一个，按照办理证件时登记的电话打过去核实，就是同学的父亲，现在父子俩已在香港见了面。

（2）还有一个助人的事是在2019年5月。有一天，有个朋友对我说，他表妹的父亲在二十多年前就与母亲分开了，但当时他表妹的母亲已怀上了他表妹，并在他表妹很小的时候就已去世，现在他表妹长大了想找亲生父亲。

表妹曾听亲人提起过，她亲生父亲姓谢，叫"阿翻"，是阳西人。但偌大的阳西县，只有一个名字，这信息量的确非常少。

但助人的事我是义不容辞的。经查阅公安户籍系统，却找不到一个名叫谢×翻或谢翻×的阳西人，怎么办？

我没有气馁，心想一定会有种方法找到他。

若公安户籍系统上都查找不到这个名字，我推断，会不会

"阿翻"只是他的绰号，而身份证上却是另有其名？但即便是这样，依然不知从何查找。

我想了好久，脑子灵光一动，阳江话的"番"字，好多人会读成"翻"字，就像有些人会将广东省的"番禺市"读成"翻藕市"而闹出过笑话。在二十多年前的农村，人们的文化水平普遍不高，给别人起绰号的事也经常会发生，会不会她父亲就是叫"阿番"呢？

于是我在公安户籍系统上查找到了有一个岁数相近的叫谢×番的阳西程村人。然后委托程村派出所的民警到那个村里找到村支部书记了解情况。经核查，谢×番的确在村里被大家叫作"阿翻"，在二十多年前和一女子谈恋爱，后来那女子的家里嫌弃谢×番贫穷，不顾那女子怀有身孕，将那女子嫁给了别人。

后来，我给"阿翻"打电话核实了二十多年前只有朋友表妹一家才知道的隐私事情，终于证实了谢×番是朋友表妹的亲生父亲。听朋友说，他表妹经常到她亲生父亲家吃饭，一家人其乐融融，他表妹的父亲还常常提到一定要多谢我帮他们父女团聚。

二、判断的重要性

判断是对思维对象是否存在、是否具有某种属性以及事物之间是否具有某种关系的肯定或否定。其有两种含义：一种是指人的大脑产生判断的思维过程；另一种是指人的大脑经过判断过程所产生的思想形式。

我们对事情的判断不能只看它的表面，就像我的一个长辈，多次被人骗投资可以有大回报。我质疑他怎么可以相信骗子，长辈却

认为他不像骗子，衣着光鲜，坐的汽车一次比一次高档……我语重心长地对长辈说，这还不是用骗了你们的钱买的？

判断要综合分析事物的内在原因，是根据人在现场环境中行为的心理活动而作出的。如对于在列车上不吃不喝却频繁如厕的男子，乘警应警惕他是不是藏毒；幼童在寒冬里冷得发抖或饿得大声哭喊，身旁的大人却不理不睬，我们应警惕其是否为被拐儿童。

我曾看过一个推理：在森林里有一座终年积雪的监狱，警卫不多、监管不严，因为从来没有人能逃出这茫茫的茂密森林。有两个狱中好友每天早上放风时，都去跑步锻炼身体。有一天，天气如常，两个好友却同时停止跑步了，可以断定他们是在为第二天的越狱而保留体力。

我们在抓捕时的判断相当重要，它左右着行动的成功与否，以及为下一步采取什么样的抓捕方法提供了最好的依据。

在2018年9月的一天夜晚，市区发生了一宗凶杀案。凶手在一幢住宅楼里连砍了4个人，其中2个因伤势过重死亡。凶手行凶后又到市政府值班门岗处将一个门卫砍伤后潜逃。我出警后根据现场血迹判断凶手受了伤，然后和刑侦局长沿着血迹一路上细心追踪，稀稀疏疏的暗红血迹穿过鸳鸯湖、放飞场、环湖路、恒隆工地后，在与阳东区交界的新江南路上消失了。这时候，天已经亮了，刑侦局长布置了大规模的警力在江城区与阳东区开展排查。

当时我通过凶手的逃跑路线，分析凶手行凶后的两个特点：一是他的走向是远离行凶地点，往东南方向走；二是他故意避开大路，专挑隐蔽的路段走。

而符合这两个特征的地方就是阳东区的尖山、雅绍镇一带，我也不顾疲累，独自开车去查探。虽然我未能找到凶手，但在当天晚上，凶手在雅绍镇落网，这证实了我的推理。后来，经过审讯，凶手交代天亮时躲藏在雅绍镇的某个山头上睡觉，这也是我未能抓捕他的原因。

三、判断力，是在不断积累的生活经验中获得的

判断力中的知识面，指记忆和使用各个方面的知识、智力成果的范围，是从我们在日常生活中不断积累的各种经验中获得的。

比如，如果你在等待抓捕时机，觉得有人在盯着你看，那么你可以看下手表或是手腕，如果那人确定是在看你，他也会下意识看向自己的手表或手腕。还有一种判断对方有没有在看你的方法是打哈欠，如果他也打了，那么就是了。因为打哈欠会使对方的神经模仿，即人们常说的打哈欠会传染。

判断，对我们的抓捕工作非常重要。准确的判断，有利于我们掌握事物的发展趋势，并作出正确决策。当我们对自己的生活、工作、学习等各方面的事情都有了准确的判断后，我们就拥有了一双慧眼，可以透过一切扑朔迷离的迷雾，清晰地看到事物的真实本质，并因此而做到明察秋毫。

2015年4月，城西郊区发生一宗命案，一个中年人因与别人发生交通事故而被对方用刀捅死了。通过侦查，我们很快就锁定了年轻的犯罪嫌疑人刘某，为了防止犯罪嫌疑人逃跑，我连夜带队到他家实施抓捕。由于农村的房屋都是红砖屋，且没有门牌号，我们进入小巷里一下子分不清刘某居住的准确地点。我回想起一宗警情，刘某曾经于2013年为房屋加盖一事与邻居打架，于是我根据房屋墙

上的水泥砂浆及红砖的新旧程度，马上找出了刘某所住的房屋。当时大门是虚掩着的，我们冲进里面，大厅里有七八个赤膊的年轻人在喝酒，这伙人迷糊地看着我们。他们的特征都非常相近，暖色暗灯下，我也弄不清刘某是哪一个。若不尽快知道这伙人当中哪个是抓捕对象刘某，恐怕会有变故。刹那间，我心念一转，对他们吼了一声："刘某，发生这么大的事，你居然还有心情喝酒？"只见另外的几个年轻人同时转脸望向其中一人，我马上就明白，这个人就是我们要抓捕的对象刘某了。于是我们表明身份，顺利将犯罪嫌疑人刘某抓获了。

为了在工作中更好地判断，我们必须增加自己的智慧，多去训练，从细微处观察生活，学会洞察事物背后的本质和根源。同时，我们也要借鉴别人的经验去分析问题，多思考和观察。

| 第二节 |　决策的重要性

决策是指领导者为了解决重大的现实问题，通过采用科学的决策方法和技术，从若干个有价值的方案中选择一个最佳方案，并在实施中加以完善和修正，以实现领导目标的活动过程。

决策一般由决策者、决策目标、决策方案、决策环境和决策后果五个要素组成：

（1）决策者是决策活动的主体，是决策系统中最积极能动的因素，是决策系统的驾驭者和操纵者，决策者的素质、能力、水平如何直接影响着决策活动的成败。

（2）决策目标是指决策所要达到的目的，决策目标的确立是科学决策的起点，它为决策指明了方向，为选择行动方案提供了衡量标准，也为决策实施的控制提供了依据。

（3）决策实际是一种选择方案的活动，选择的目的是追求优化。客观情况的复杂性决定着决策目标和行动方案的多样性。因此，对决策方案的选择就要进行比较、鉴别，选择出可行性方案。

（4）决策环境。一个决策是否正确，能否顺利实施，它的影响效果如何，不仅取决于决策者和决策方案，还取决于决策所处的环境和条件。

（5）决策后果是指一项决策实施后所产生的效果和影响。

我将通过一个用"引蛇出洞"的方法抓获犯罪嫌疑人的案例来说明决策的重要性。

2015年7月的一天，某市区发生一宗命案。犯罪嫌疑人利某犯案后弃用他原来的手机号码潜逃，专案组民警一直未能掌握他的行踪。后来根据侦查情况，利某应该在家里人的帮助下窝藏在某处，于是我们以涉嫌窝藏罪为由将利某的大哥利某民传唤回来。

但利某民一直不肯供认小弟利某的去向，这样下去，我们短时间内很难掌握犯罪嫌疑人利某的躲藏地点，必须要利用有限的信息想出一个好的策略。

我心想，既然利某是在家里人的帮助下藏身在某处，那么他

的母亲也应该知道他的藏身点或联系方式。该如何让利某母亲透露他儿子的藏身之处呢？

想了一会儿，我心念一转，利用利某民被我们传唤回来问话、与外断开联系的契机，想出一个计策。

在向市局技术侦查支队确认了对犯罪嫌疑人利某一家人的电话号码的监控后，我采用了"引蛇出洞"的方法。我用路边的公共电话打给利某的母亲，自称是大哥利某民的朋友，说利某民已被公安局抓了，但他传话说公安已知道了弟弟利某的下落，要他母亲马上通知利某转换躲藏地方。

利某母亲爱子心切，不知是计，急忙联系了利某。我们根据市局技术侦查支队提供的信息，顺利地抓获了犯罪嫌疑人利某。

做一件事是否会达到预期的效果，要看决策与思维综合能力。对抓捕任务来说也是一样，带队领导一定要综合分析各种数据，再根据现场的环境作出决定：

究竟在什么时候动手才最好？

在哪个位置实施抓捕最有利？

队友们是否都到位？

抓捕对象所犯的案件、前科如何？

抓捕对象的性格特征如何？

抓捕对象身上是否藏有凶器或爆炸物等危险品？

抓捕对象是否已完全进入了包围圈？

抓捕对象的周边是否有可劫持的人质？

应该采取什么样的方式去抓捕？

抓捕中的安全指数如何？

抓捕中可能会出现什么意外？

⋯⋯⋯⋯⋯

|第三节|　抓捕的策略与方法

一、策略

策略是指可以实现目标的方案集合，即为了实现某一个目标，首先根据可能出现的问题制订的若干对应的方案。并且，在实现抓捕目标的过程中，根据形势的发展和变化来制订新的方案，或者根据形势的发展和变化来选择相应的方案，最终实现目标。

这是一个真实的例子：我的朋友小倪是单位里年轻能干的后备干部，平日里和三个同事比较要好，既是同事又是好友，无话不说。有传言说他将会被提拔重用，但他的领导近期却屡屡批评他的私生活。这些私事只有三个要好的同事才知道，小倪怀疑他们三个人其中一人为了某种利益对领导说了他的坏话。

于是，小倪有一天找到我，希望我能帮他找出那个说他坏话的人，但要怎么样才能知道是谁在他背后说了他的坏话呢？这种事，当然不能直接问他的领导啦。我想了想，很快就想出了一个可行的方法。

此后，小倪按照我提议的方法，晚上通过微信小号将当晚的动态发到朋友圈，当然是屏蔽了其他人，只让他们三人分别看到：一个发当晚他在某酒店喝洋酒吃高价海鲜，一个发当晚他和一名女性在夜总会喝红酒，一个发他当晚在某娱乐场所桑拿按摩。这三个朋友圈动态中的图片虽然没有自拍到他本人，但现场气氛感极强，还配上他在开心玩乐的文字。

第二天领导又批评小倪去夜总会这种复杂场所玩对他影响不好时，小倪便知道是谁告的密了。

其实，当天晚上小倪按照我的建议故意和另外几位同事一直在单位加班，后来那几位同事也向领导汇报了当晚小倪在加班的情况。这是我实施的一箭三雕的策略：

（1）通过这个方法知道了是谁在背后向领导说小倪的坏话。

（2）利用这个方法并故意在单位加班，通过其他加班的同事证明了那个同事说的是谎话，化解了领导对小倪的坏印象。

（3）利用这个方法，使领导知道了那个同事是一个为了升官而污蔑小倪的卑鄙小人，狠狠地报复了这个心存恶意的"好友"。

我们在生活中、工作中遇到难题时，要谋划一个好的策略来化解它。抓捕行动也是如此，没有条件的，我们要创造条件；有条件的，我们要评估出最优质的方案，运用最好的策略来确保完成任务。

二、方法

策略是在不同的条件下，为达到不同的结果所采用的方式、方法的总和。

方法则是为了完成一定的目的和任务，在活动中采取的途径、步骤、方式、手段。

不同的方法会得出截然不同的结果。就像外国一个综艺节目，两支团队需要克服种种困难，越过种种障碍，最后看谁先完成任务，到达终点。纪律严明、分工合理、有计划、有智慧、合作无间的队伍往往就是成功的队伍。

不同的方法得出不同的效果。抓捕行动也一样，好的方法是安全完成任务，不好的方法则是充满了危险的不可预见的情况。方法一定要根据现场的各种条件而定，要充分评估，择优而从。

抓捕的方法有许多种，要视当时的情况而采取最好、最稳妥的措施。

我举一个用"声东击西"的方法抓获犯罪嫌疑人的案例：

2017年9月的一天晚上，我接到线报称，在辖区内一居民屋里有一名贩、吸毒人员庞某在家贩毒。我通过观察发现，他家一楼的大木门紧闭着，大门外面的铁栏拉闸也锁着。当有吸毒人员来买毒品时，他就打开里面的木门透过铁栏拉闸的缝隙来交易，整座房子犹如一座防守坚固、密不透风的堡垒，所以对他的抓捕非常难。

要怎样才能将他赶出这座"堡垒"，实施抓捕呢？

我观察四周，这座房子共有4层高，其楼顶与旁边几户邻居的楼顶都是相通的，其中相邻的一户是老人娱乐中心，长期有老年人在娱乐，楼顶的阳台门因为有消防通道的作用，从来没有关过。我马上想到：这是一条抓捕对象可以逃跑的路线。

于是，我心生一计，采取"声东击西"的方法，让庞某以为我们在一楼对他实施抓捕，其实我们已经悄悄地通过娱乐中心上了楼

顶，将主要的警力布置在他家楼顶的阳台门旁边。

果不其然，穿警服的民警在一楼大力拍门，装作要破门的架势，庞某见状马上窜上四楼，打开阳台门想穿过邻居的楼顶逃跑，却被我们守候的民警抓个正着。

再举一个利用时机"请君入瓮"的方法抓获犯罪嫌疑人的案例：

有一在逃卖淫组织者，女，外地人，居无定所，办案单位屡次抓捕未果。只知她的电话号码，其余不详，怎么才能抓到她呢？

2021年夏，利用全民打新冠疫苗之机，我冒充卫生局工作人员以回访打疫苗为由致电她，先是确认她的身份，编造我们要核实外地人是否去过风险地区，并问她打疫苗后的身体反应。她自述接种后不舒服，我灵机一动，说这种针后反应与个人体质有关，严重的会危及生命，在阳江也有几例，现在都在抢救中（将后果说严重些，使她害怕，从而引诱猎物出笼）。要她下午3点到××卫生院一楼某室做检查，费用全免。

当天下午，我提前到达卫生院，换上白大褂（因为打疫苗人多，且都戴上口罩，难以辨认逃犯，但扮作医生盘查则方便得多），并用该院的固定电话再次致电她，这次的电话通话中会显示卫生院的名字。纵使是这样，她还是非常谨慎，心存疑惑。过了一会儿，该逃犯又致电卫生院，我接了，这才使逃犯深信不疑，依约进入我布置的陷阱中。

| 第四节 |　抓捕的特别注意事项

1.抓捕行动要确保民警自身的安全，这就要求我们在整个抓捕过程中不可以有丝毫麻痹、松懈和侥幸心理。要对抓捕现场环境进行安全评估，要充分了解抓捕对象的性格特征、所涉及的案件、身上可能会携带的物品，从而作出最安全的抓捕方案。

2.把握抓捕的时机。时机不是指你驾车进入商场的停车场里刚好碰到空车位，而是指特定时间的特殊机会。

如对人数众多的犯罪团伙成员统一收网，我们都会分别确认他们在家或宾馆时再展开抓捕行动。科学研究表明，人的深度睡眠的时间是3点至5点，除非抓捕对象有深夜泡吧的习惯，否则这就是我们抓捕的最好时机。

抓捕对象在房间里的抓捕行动，我们必须要注意：

（1）安排民警守好抓捕对象可能的逃跑路线。

（2）行动前我们必须把手机调静音，否则在夜里一些细小的响声都会使抓捕对象察觉，从而造成抓捕对象有准备地对抗或逃跑。

（3）行动时要将房门外的猫眼用纸封上，不让房里面的人有机会看到我们。

我们对抓捕的判断一定要准确才能把握时机。何时动手？何时守候？何种方式抓捕？这些完全是基于抓捕现场的各种信息数据。而这种临判的能力是任何技术手段都不能代替的，这是人的智慧。

抓捕篇

3.抓捕前我们一定要充分了解抓捕对象的相貌、身高、体重、口音及身体上的特征，如身上是否有文身、是否有刀疤、脸上是否有黑痣、发型长或短、是否烫染头发以及身体有什么长期的病症等。

犯罪嫌疑人为了逃避打击，会乔装出行，所以我们对他的体貌特征、行为习惯了解得越详细，对抓捕越有利。还有些是多年前的积案，犯罪嫌疑人的胖瘦体貌会有较大的变化，但他们身上的一些特征却是永远不会变的。

另外，我们还要了解犯罪嫌疑人身边的好友、家人的相貌特征及他们驾驶的车辆情况，为抓捕行动作出精准判断，做到有备无患。

4.在抓捕行动中，要善于运用些小技巧。由于许多抓捕对象的体形及相貌会与我们掌握的相片有差异，在未能确定眼前的人是抓捕对象时，我会走到他身后不远处，冷不防地叫他的名字来确定。由于他的名字被别人叫了几十年，在脑中是根深蒂固的，会有本能的条件反射。反之，若他听到名字没任何反应，这时候，我们便要慎重对待，必须要通过其他信息来进一步确定他是不是抓捕对象。因为我们在抓捕现场的任何鲁莽行动，都有可能惊动真正的抓捕对象。

5.了解犯罪嫌疑人的行为习惯、性格特征、平时喜好，对抓捕大有裨益。

有些人喜欢穿花衣服，他不会穿素色衣服。

有些人喜欢抽雪茄，他是不会抽香烟的。

有些人是八字脚，他走路时不会正常地行走。

有些人抽烟喜欢咬香烟嘴，有些人喝茶前喜欢闻闻茶香，有些人喝瓶装水喜欢将标签撕下一点做标记，等等。

人的性格特征、行为习惯已成烙印，一生都很难改变。

2017年夏天，我根据线索带队去某宾馆抓捕一个毒贩，领导要求是要在现场和买家一起抓获。了解到该人性格多疑，他去宾馆交易毒品时肯定会迂回行走，以防有人跟踪。果然，我们从酒店的监控中见到他搭电梯上到了二楼，从电梯里出来，在二楼的走廊来回行走了一会儿，看了看四周环境，接着又搭电梯上了四楼。

我从他的行为轨迹判断他应该在二楼某个房间里交易，若是一路上跟随着他，肯定会让他察觉的。于是，我将警力布置在二楼隐蔽处等候。果然，过了一会儿，他从四楼沿消防楼梯走到二楼的一间客房。等他进房间交易时，我们将他和房内的毒品买主一起抓获。

6.抓捕常用的侦查方法：

（1）若是在抓捕前为了更准确地掌握犯罪嫌疑人的情况，需要上门去侦查，我们要做到不让他的家属知晓我们的来意，我会与居委会的同志一起并以居委会工作人员的身份上门进行居民情况调查，理由可以是人口登记、创卫、探访等。

但需注意的是，对犯罪嫌疑人的左邻右舍我们都要以同样的理由上门进行社区情况调查，这样才不会让他的家属起疑心。

（2）进行抓捕时，若不能确定抓捕对象是否在家，我们不能直接上门。因为若抓捕对象不在，事后其家属会通风报信，下次再对其实施抓捕就更难了。

我们可以和小区物业沟通好，以物业方的身份致电房主人说楼下投诉他的楼层有渗水现象，然后上门仔细检查对象的房间，以确认抓捕对象是否在家，这样既使抓捕对象不在家也不会打草惊蛇。

7.我们在抓捕行动的守候过程中必须要沉稳。有个别民警全程

都非常紧张，神色凝重，或有走来走去的不安表现，或眼睛在不停地搜索着周边，这样会让抓捕对象察觉到危险。

在现场，我们需要装扮成什么行业的人，给人的感觉就得是那个行业的人，神态要自然，穿着要轻松，要融入扮演的角色当中，行为上不要有警察的烙印及一副审视人的表情，让人看一眼就觉得不对劲，不能让抓捕对象甚至是路人感到有一丝紧张的气氛。

你若是扮作摆地摊卖东西的，你就要有个小商贩的样子；

你若是扮作在路旁纳凉的，你就要时不时敞开衣服来让风吹吹肚皮；

你若在酒店中扮作服务员，就要有谦逊服务的笑脸；

你若扮作上门的物业水电工，你就要让人感觉你就是水电工。

如在2011年夏天，刑警队专案组到湖北省某村抓捕一名杀人嫌疑犯。由于该村对陌生人比较敏感，有陌生人进去全村人都会议论，对抓捕任务极为不利。于是专案组民警在当地公安局的支持下，借了供电局的车辆、服装与装备，扮作检测电力故障的工作人员进入村里。犯罪嫌疑人及其家属果然毫无察觉，后来专案组民警择机将犯罪嫌疑人抓获了。

8.我们的抓捕行动要冷静。有些民警在抓捕行动中，发现抓捕对象出现了，就热血沸腾地莽撞上前包围，但这样会容易让抓捕对象察觉并逃跑。也有些民警会直接勇猛地冲向抓捕对象，并且大喊："我们是警察，你别跑！"在现实中，你见过有哪一个犯了罪的逃犯会不逃跑的？这样的抓捕方式会出现不能估计的意外，也会导致一些民警在抓捕过程中受伤。所以，我们在抓捕过程中一定要冷静！冷静！冷静！

我一贯的做法是像个路人般不动声色地慢慢靠近抓捕对象，并且暗示其他抓捕队员做好准备。在确定抓捕对象周边没有危险之后，再出其不意地制服他。

9.在抓捕行动中，我们要根据抓捕现场的条件评估抓捕的可行性，对没有条件的，我们要创造抓捕条件。在面对一些突发状况的时候，我们的抓捕方法也要根据当时情况的变化而变化，要利用各种条件去创造抓捕时机。

我们有一些在紧急情况时用到的抓捕方法。比如，你刚好在路上看见抓捕对象开着车。这时候，你可以跟在他的后面，但这种方法是会被警惕性高的犯罪嫌疑人觉察的，或因市内拥挤的交通而跟丢。所以，我有时候会视当时情况、周边环境，找准时机，故意轻轻碰到他的车来制造交通事故，或差点碰到他的车来制造纷争，找理由来故意缠住他，并马上致电110指挥中心，等同事来了就表明身份实施抓捕。

我在抓捕中也曾试过这类方法。当时抓捕对象在家，但强行撬门可能会引起抓捕对象的强烈对抗等意外发生。我就和同事演了一场戏，在他门口处假装发生碰车的交通事故，大声争吵，假装要打架，利用人的好奇心来引抓捕对象出来观看，然后伺机抓捕。

根据研判信息，如何探明抓捕对象是否在某小区内居住：

首先要到该小区了解物业情况，包括：

（1）了解其交物业费、煤气费等情况。

（2）了解其家人在小区居住的情况（抓捕对象怕暴露，通常会把房屋登记在家人名下）。

（3）现在大部分小区门禁都装有人脸识别系统，可用抓捕对象的清晰照片来门禁处测试。

（4）调查抓捕对象及其家人办理业主卡的信息。

（5）调查抓捕对象及其家人汽车登记及车位信息。

（6）家门口鞋子与监控视频中的鞋子是否一致。

（7）阳台上晾晒的衣服与抓捕对象的衣服是否一致。

研判抓捕对象是否在家要注意的是：

（1）抓捕对象的车辆是否停放在车库。

（2）门外是否有广告单。

（3）外墙空调是否在滴水（判断是否有人在里面）。

（4）外墙抽风机扇叶是否转动。

（5）水表是否转动。

（6）调取电梯监控及车辆出入监控。

| 第五节 |　不要被周围环境影响，
抽身事外冷静思考

冷静是人在面对突发情境时，让情绪暂时抽离现场，运用理性的思考方法，理出面对当前情境的最好方式后重新再出发。冷静是一种积极面对人生的态度，能够让人随之产生强而有效的行动力。

如何能在复杂的处事环境中冷静下来，关键就是养成分析问题、想办法解决问题的习惯：一是遇事不要马上作出决定；二是处乱不惊，寻常面对；三是站在他人角度换位思考。

案例一

我一直都爱对不解的事问为什么。1992年，我刚加入警察队伍不久，有一个同事的弟弟被偷了台寻呼机。寻呼机在当时是挺时髦的象征，通过寻呼，对方约同事的弟弟当晚21时去市政府门口用钱赎回。于是我们6个警察到约定点等那窃贼，那窃贼一个人开辆摩托车到了，我们埋伏的同事一拥而上，将他捉住了。

一搜他的身上和车上，什么也没有，他说寻呼机在农村的家里放着，于是我们叫他带路到他家里拿。因为我们人多，也没对他上手铐，让他开车带路，我们一个同事则坐在他的摩托车后面，然后我们一伙人热血沸腾地押着那个窃贼往他村里去。

我们开了一段路后，我感觉事情有点不对劲：假若事主拿了钱去赎物品，他拿什么给事主？总不会再回农村拿寻呼机吧！

于是我马上叫大家停下车来，并说："我觉得寻呼机一定在他的摩托车上，刚才我们应该找得不够细致。"

于是，大家停下车，重新仔细查找他的摩托车，终于在他的摩托车尾后盖里找到了寻呼机。

由于当时的农村民风剽悍，经常有全村村民打死入村偷东西的小偷的事情发生，当然也经常发生打死、打残一般过路人的案件。我记得当时大家都冒着冷汗对我说："幸好有你非同寻常的冷静与智慧！要不然等会儿进了黑灯瞎火的农村，不知会发生什么事呢！"

案例二

2013年是电信诈骗案件高发的一年，那年夏天，市公安局刑警支队根据我市的案件，研判出有一诈骗团伙藏匿在广西壮族自治区南宁市。我带着几个民警跟着市局刑警一起到南宁市区，通过银行的提款机监控录像找到了犯罪嫌疑人的特征与电话信息。

后来，在当地公安部门技术侦查手段的支持下，我们晚上到一个住宅小区里抓捕这个诈骗犯罪团伙，行动时发觉房间内只有2名犯罪嫌疑人，大家都以为其他的团伙成员在外面喝酒还未归家。

我们登记屋内的众多涉案物品时，在其中一个犯罪嫌疑人身上发现了一张其他住宅小区的门卡。我马上就反应过来：其他的团伙成员应该就是居住在附近另外的小区里。

现场一审，那个犯罪嫌疑人果然交代那个门卡的小区就是团伙内其他成员的居住点。于是，我们在那个点又抓捕了另外7名犯罪嫌疑人。这是阳江市侦破的第一宗电信诈骗案件。

有时候，我们身处抓捕行动当中，容易被周围的大环境所影响，无法抽身事外去冷静思考，往往会忽视环境当中存在的某些与案件有关联的细节。

案例三

2015年夏天，在城郊，有一个精神病人将邻居家一小孩子诱骗到河边，无缘无故用菜刀将小孩的头和手残忍地砍下。现场走访调查了半个小时后，我带队去他家实施抓捕，犯罪嫌疑人早已换好了衣服，躲藏在他的房间里面。我们破门而入合力制服他后，在他的家里却没有搜查到凶器和血衣。

这不合常理呀！因为据邻居反映，犯罪嫌疑人回家后再也没有出去过，犯罪嫌疑人的家里还有哪些地方，我们会疏忽呢？

我一想，只有一个地方，我们不会去找，那就是马桶。果然，我们在犯罪嫌疑人房间的厕所里，打开马桶盖，马上找到了凶器和血衣！

现场一个刑警说，真想不到精神病人会将凶案证据藏到马桶里。我说，抓捕中任何可能性都会出现，我们不能因犯罪嫌疑人是残疾人或有某种缺陷就忽略我们必要的侦查工作。

在抓捕行动中，我们可能会遇到各种各样的现场环境，作为一名刑警，要有非一般的敏锐触觉，像动物一样能感觉到异常。我们要锻炼这种"异能"，要养成分析问题、想办法解决问题的习惯，在破案、抓捕中要善于发现不合常理的状况和当中可能与案件有关的细节。

| 第六节 | 善于发现反常之处

在抓捕行动中，我们要结合对犯罪嫌疑人研判的各种信息，包括犯罪嫌疑人平日里的行为、性格、特征，对抓捕现场环境等进行仔细分析，要善于发现当中不合常理的状况，从而作出对抓捕行动的综合研判。

抓捕篇

2015年夏，某日深夜，市区一酒吧门口发生了一宗故意伤害致死案。我们排查了一天一夜，有知情人反映，持刀行凶的犯罪嫌疑人张某通过朋友和广州市增城区一个叫范某的人联系上，并已到了增城投靠他。

于是，我马上带了几个办案民警连夜赶到增城区，根据当地派出所提供的线索，我们来到范某在增城的出租屋。这是一幢4层的出租屋，每层有6个房间，整幢楼共有24个房间，前来配合抓捕的是当地辖区派出所的一名副所长。他向我建议先查阅物业登记资料，然后增派人手层层封锁来检查房间。

我对副所长说："犯罪嫌疑人张某是不会在这里住的。"

副所长说："为什么？电脑资料显示范某就只有这幢物业。"

我说："你看这幢出租屋残破不堪，居住环境这么差，凶手平日里是个花天酒地的年轻人。从心理学上来说，这种人就算是逃亡也是要享受的，是不会住在这种小破房里的。"

于是我们一行人又回到派出所，调动各种关系再次查找范某的其他物业。

过了整整一夜，终于发现范某在市区还经营了另一家中高档的旅馆，只是工商执照一直沿用之前法人的名字，所以之前通过工商登记系统并未找到。

于是第二天一早，我们在派出所副所长的带领下找到了这家旅馆。老板范某刚好在前台登记处值班，副所长当即表明身份，要求范某提供这两天外地年轻人入住的情况。范某说符合条件的只有303房，是一个年轻人，这两天都是天未亮就出去了，听说是去帮人看赌场，傍晚6时才回。

我们查看了那个年轻人入住登记的身份证件，发现是假证件，于是我们就打开303房检查里面的行李、物品，也没有发现有价值的东西。副所长建议在房内"守株待兔"等犯罪嫌疑人回来。

我却推断犯罪嫌疑人不是住在这里，因为从案发当晚及平日里的照片来看，犯罪嫌疑人张某穿的衣服都是非常花哨时尚的，而这个行李包里面的所有衣服都是比较斯文稳重的，该房主人更像是来增城出差的公司职员。两种穿衣风格不像，不会是同一个人。

于是我们把老板范某找来，要他提供宾馆里前台登记的监控视频，并严肃地对他说明窝藏罪犯的法律后果，承诺这次不会追究旅馆方的入住不如实登记的责任。做通了范某的思想工作后，老板范某提供了407的房间号。于是我们和女服务员商量好，她以宾馆常规的理由敲开了407的房门，然后我们在该房里顺利地抓获了犯罪嫌疑人张某和探访他的女朋友黎某。

后来，老板范某作为证人在派出所承认，当时我们到旅馆查问他时，他害怕这事会连累到旅馆，便胡乱说个单身男性客人的房间号，然后准备找机会通知犯罪嫌疑人离开。

副所长后来佩服地对我说："幸好是你带队来抓捕犯人，对人的心理行为这方面颇有心得，否则就让他逃跑了。"

点评：

1.在这个案例中，平日里花天酒地的年轻人就算在逃避警察追捕时，同样也会追求物质上的享受，从而判断这个犯罪嫌疑人不会躲藏在破旧的出租屋里。

若是年长的犯罪嫌疑人则会想方设法、费尽心思躲藏，因为他们的心智成熟，为了达到逃避警察追捕的目的，会不惜吃苦忍耐。这也是我平时在办案中、生活中积累大部分人的特点得出的结论。

2.我们平时要留意生活细节的因果关系。在这个案例中，当我了解到犯罪嫌疑人是一个穿着打扮比较时尚的年轻人后，我就知道他在逃亡时所携带的衣服也必定是平日所穿的时尚衣服，只有对人的心理细节把握得好，才能完成任务。

| 第七节 |　　设局，让犯罪嫌疑人钻进来

在抓捕行动中，在无法确定逃犯所在位置时，要利用有限的信息创造时机，想办法设一个让他不会起疑心的局让他钻进来。

生活经验在办案中往往是重要的突破口，在抓捕中要充分利用这些生活经验。这是办案的法宝之一，但许多民警很少动脑筋去加以运用。

2015年7月起，一个多月来，我市江城区、阳东区、海陵区等地停靠在大路边的货车经常被偷柴油，立案数十起，司机们怨声载道，社会议论四起。我们经过缜密侦查，确定是由我市相邻的茂名市电白县的一伙年轻人，结伙租车来我市犯下的案。在电白县警方的配合下，我们成功抓捕了多名盗窃犯。但在电白县抓捕的过

程中，一主犯沙某驾车疯狂逃逸，在城区繁华路段接连撞开拦截车辆，高速逃亡。为了保障群众的生命财产安全，抓捕小组放弃了现场追捕。

时间又过了一个月，我们还是不清楚犯罪嫌疑人沙某的行踪，但电白警方向我们反映沙某最近在云浮市区出现过。

不知道抓捕对象沙某的电话号码、微信号码，不知道沙某的汽车类型及车牌号码，不知道沙某的暂住地，也不知道他投靠的人等，只知道他在云浮市区出现过。这么一点点信息量，办案民警对抓捕沙某一事不抱什么希望。

我研判后则认为，涉案的在逃犯为了躲避公安局的追捕，必须找地方躲藏。若沙某是在云浮市区出现，那么他必定有亲戚、朋友在当地而去投靠。

经调查，沙某并没有亲近的亲戚、朋友在云浮居住或工作，只有他的一个前任女朋友蔡某在云浮市区工作，但沙某与蔡某已分手半年了，那么沙某会有什么样的想法？我觉得犯罪嫌疑人为了逃匿，什么样的情形都会发生，尤其是相恋过的女孩是最心软的，经不起曾经恋人的哀求，所以我推断沙某极有可能找到他的前女朋友而藏匿在她的家里。

调查到蔡某在云浮市某医院当护士，于是我马上带着专案组赶到了云浮市，找到了云浮市公安局的刑侦情报大队的江队长。江队长知晓我们的来意后和我商量："先去医院找到蔡某，然后尾随她下班，找到她的居住地方，然后再视情况入屋搜查。"

据当时掌握的信息量来看，也只能如此了。

于是，江队长带着几名队员与我们一起到了该医院。江队长向

医务科的主任介绍了我们的来意，主任也非常配合公安的工作。

我们从主任处了解到，沙某的女朋友蔡某当天刚好休息，没有上班，平时租屋居住。我们经与江队长商量后，认为不应公然调查蔡某的出租屋，防止蔡某的好友偷偷告诉她警察在调查她而打草惊蛇。

于是，江队长和我及医务科主任三人商量，由医院方编个理由骗蔡某回医院，然后就尾随跟踪她，了解她的住处。

我同意江队长的建议，但我细想了一下整个抓捕任务的各个环节，想出一个计策。于是，我提出现在是15点多，再推迟一个钟头，等到16时45分的时候再通知蔡某为好，江队长虽然不明白为什么，但他还是尊重我作为办案方的意见。

医院的医务科主任按照我的要求，准时在16时45分打电话通知蔡某，以明天上午市卫生局来医院检查为理由，要她马上回来交个人相片装订成护士册。为了保证这个通知的真实性，医院方将蔡某的那一班12个护士全部也按内容通知回院了。

江队长在医院里布下了我们全部的民警，要全方位监控蔡某的行踪。我想了想后对江队长说："医院里留你们的人，我们办案的民警还是在医院外面等吧，或许在外面会有所发现呢。"

于是，我将专案组的警力布控在医院外面必经的三条街道的转角边上，这样我们可以监控到医院外面路人往来的情况。

过了30分钟左右，我看见在逃犯沙某和他的女朋友蔡某手牵手从远处一路走来。我也若无其事地装成一个路人与他们擦肩而过，让沙某进入我布控的口袋。

如我所料，沙某走到了医院外面大街的街角时停了下来，让蔡某自己一个人进医院，自己则一个人在街角的一间日杂铺里面等。我马上通知专案组民警不动声色地向目标靠拢，待4名办案民警赶到时，我带头向毫无防备的沙某扑上去。年轻力壮的沙某激烈反抗，几经挣扎，终于被我们牢牢按在地上。我长吁了一口气，在这么少的信息量下，终于将犯罪嫌疑人沙某抓获了。

点评：

1.设局，让犯罪嫌疑人钻进来。这个案例中，江队长的心思是跟着抓捕对象沙某的女友蔡某回到住处，然后再根据实际情况组织抓捕。而我想到的则是更深层次，就是利用这次契机，设局钓沙某出来进行现场抓捕。因为沙某是一个亡命之徒，在他家里抓捕可能会有难以估计的意外。设局让沙某陪同女友去医院，那么他是没有防备心的，这样的抓捕策略更易使我们完成任务。

注解：我之所以等到16时45分再通知蔡某回单位，是设局让沙某陪同他女友一起去医院。因为他女友办完事后，应该是17点多了，也到了吃晚饭的时间，我推测他们俩会说好干脆到外面小餐馆吃饭。若是医院方太早通知蔡某，犯罪嫌疑人沙某则有可能在家睡大觉，不会陪同去。若太迟通知，可能蔡某已经买了菜在家煮饭了，犯罪嫌疑人沙某一样不会陪同出去。这就是我为什么坚持要推迟一个小时再通知他女友回医院的原因。

2.逃犯的心理是非常敏感的，行事往往小心谨慎。就像有些逃犯在小饭馆吃饭都会找一个靠窗的位置坐，必要时可以跳窗逃跑。也像有些行事谨慎的旅客，他们在入住宾馆的时候，必定会先去看看逃生安全门在哪个位置一样。

抓捕篇

像这个案例，进入医院门口后，四面都是墙，在逃犯眼中就像是一个虎口，也像是一个布袋，只要一进去就无法出去，他的心理会潜意识地抗拒这种建筑布局。尤其是了解到沙某是个心思缜密之人后，我更是肯定地推断沙某是不会陪同他女朋友进入医院里面的，我必须安排警力在医院外面的街道布置抓捕。这也是因为我读懂了犯罪人心理。

其实，每次抓捕行动都要靠我们到现场去评估，怎么做才是最好的抓捕方式。

3.若沙某不是走路来，而是开车送他女朋友来，我们在外面守候可以创造条件，择机对他实施抓捕。若抓捕条件不成熟，我们也可以得知他的车辆品牌、颜色、号牌等特征，这样的话下一步的跟踪与抓捕都更有把握。

4.一些办案民警对于抓捕的信息不加以研判，总认为抓捕任务在非常少的信息量的情况下是很难完成的，缺乏信心。

|第八节|　代入在逃犯的想法

在每次抓捕行动中，在了解抓捕环境、抓捕对象特征、生活习惯及所犯的罪行后，我都会想，若我是犯罪在逃人员，我究竟会怎么做？只有代入在逃人员的想法，了解他的所思所想，推断他的行为，才能更好地完成抓捕任务。

2014年6月的一天，约19时，我在饭店和朋友吃饭时，刑侦局长打电话给我，要我临时去增援一个抓捕小组。据了解是市公安局技侦支队通过技术手段监听到一命案逃犯关某从外地回家拿钱出逃，今天晚上会在二运汽车站乘车去东莞市，但不知道什么时候会去乘车。

由于我未经办过这个案件，不知逃犯长什么样子，于是在去二运汽车站的途中，我叫抓捕组组长发来了抓捕对象关某的相片。相片是案犯八年前的照片了，并不清晰，只能依稀辨认出他的五官。我向办案民警详细了解了该案犯的身高、体态等特征，当我赶到二运汽车站时，一些同事已在汽车上落点、在候车室里装成旅客在等候了。

当时我心想，如果我是这名逃犯，我会怎么做？

我马上推断：像这种亡命的逃犯，是不会轻易向朋友透露行踪的，所以他就会选择搭出租车或搭营运摩托车来，但搭营运摩托车容易暴露他自己，选择出租车的可能性非常大。于是，我便自己一个人在二运车站门口旁边的出租车落站处等他。

站着等候了不到半个小时，一辆出租车径直开到我面前停下，一个个子高瘦的青年男子拿着一个背包在我面前下车。我近距离观察着他，身高、样貌有点儿相像，但不确定。但当他俯身下车时，瞬间露出了胸前的青龙文身。就此，我知道面前这个人，就是我要等的抓捕对象关某了。

我拿出伸缩警棍，跟在逃犯关某的后面进了汽车站。一路上，

我都在示意抓捕小组围上来，但没有一个同事有反应，只是在静静地看着我。

此时，关某来到了一个空无一人的验票点，我判断若这时候再不出手，等到有其他旅客在旁边时再抓捕恐怕会出意外。于是，我出其不意，从后面箍紧关某的脖子往后使力，同时用右脚往前一探、用力一绊，他立马整个人摔倒在地上。这时，抓捕组的同事们才如梦初醒，纷纷上来按着他，在他身上还搜出了一把弹簧刀。

后来审讯时，关某主动交代，若是见到有警察去围捕他，为了逃跑，他是绝对会拿刀劫持车站里的旅客当人质的。刑侦局长后来夸奖我，幸亏我处置得当，否则不知后果会有多严重。

事后，我问同事们为什么还未反应过来，上前与我一起对犯罪嫌疑人进行抓捕。他们都说已经看见我的示意了，但都觉得该男子和照片的模样相差太大，怕抓错了人，惊动整个伏击布置。

点评：

1.抓捕，不是盲目地守候。因为犯罪嫌疑人存有很强的戒备心，可能会伪装，可能会携带武器，好的抓捕机会稍纵即逝，一定要当机立断。对付犯罪分子，我们要百分百投入战时状态，绝对不能掉以轻心！

2.在每次抓捕行动前，我都会认真地把犯罪嫌疑人的相貌、身高、特征牢记脑中。因为我们掌握的只有犯罪嫌疑人的照片，照片可能是多年之前的，脸形、身材是否变化都未能确定。有些犯罪嫌疑人甚至还会刻意打扮、伪装。所以，在抓捕中，记住抓捕对象的相貌及身体特征是必不可少的步骤。

3.不同的场合、不同的对象，都要作出不一样的分析判断。每次抓捕我都会想，假若我是犯罪在逃人员，我究竟会怎么做？

像这个案件，我推断犯罪嫌疑人为了他行踪的保密性，应该会独自一人搭车去客运站，那么在出租车落站处等他便是最好的选择。若是我也像其他同事一样，选择在车站候车室里面守候，我也极有可能和他们一样，看不到已变了样子的抓捕对象的胸前刺青，从而将犯罪嫌疑人错过了。

总的来说，不论是破案还是抓捕，我们都要善于代入犯罪嫌疑人的心理去推断他的行为，这样才能更好地完成任务。

| 第九节 | 大范围搜捕必须指挥得当

在准确的情报支持下，确定犯罪嫌疑人的藏身地点，需要进行大范围的搜捕时，我们要合理布置有限的警力，这是抓捕成功的前提。这种围剿战术必须要指挥得当，使排查民警有序推进，不留搜查死角，方能达到抓捕效果。

2015年3月的一天，市区一家酒吧门前发生一宗命案。一个姓罗的男子发觉他老婆在23时还开车出去，认为他老婆肯定瞒着他约了男人，于是就开摩托车跟踪他老婆到了一家酒吧。他走到酒吧二

楼，在一个房间内看到他老婆正和一个男子抱着唱歌，于是就冲进去打那个男子，却被那男子在场的几个朋友打了一顿。罗姓男子气不过，跑下楼从车里拿出一把小刀，等那几个男子走出酒吧门口，就冲上前将其中一个男子捅死了。

接到报警后，我们迅速查清了案情，当我们赶到犯罪嫌疑人家里的时候，发现夫妻俩都没回家。我们联系上了妻子，她说不敢回家，怕其丈夫迁怒于她，对她不利。而她也不知她丈夫在哪里。

了解到犯罪嫌疑人犯案后一直都是骑摩托车逃匿，监控视频组彻夜加班，追踪到犯罪嫌疑人最后出现的地方是市区的一个城中村。

第二天上午，市公安局技术侦查支队也证实了犯罪嫌疑人最后的手机位置在城中村里。但由于村里的巷道比较狭窄，小车不能进入，所以技术侦查车辆也未能在村里对犯罪嫌疑人的手机号码进行精准定位。

于是局领导调动刑警大队和辖区派出所的警力共20人，我作总指挥，对犯罪嫌疑人进行大范围搜捕。

这城中村是自住和外租混合的形式，居住人口多且比较复杂，小村里纵横交错，有好多小巷子。虽然警力不多，地方复杂，但绝不能给犯罪嫌疑人留下可乘之机，我必须运用、安排好有限的警力，确保完成任务！

首先，我在村外围的必经之路上布置警力，然后再像围棋盘上的交叉点一样由外至内安排警力，每个点上的民警均可看到彼此，确保不留死角。剩下有限的警力分两个排查小组，排查完每一条巷的每一间屋后，点上的民警与排查警察会合，继续向里推进，逐渐缩小包围圈。

我还提出：第一，地形环境复杂，人容易藏匿，但摩托车目标较大容易寻找，要以车找人；第二，一定要做到每一间屋都要进去仔细搜查，确保不漏一处。

就这样，行动小组在我的指挥下，由村外向村里有序推进排查了一个多小时，在村中一间屋里面发现了犯罪嫌疑人的摩托车，然后我们顺利将躲在朋友房间里的犯罪嫌疑人罗某抓获了。

点评：

1.在已知车辆特征的前提下，人易藏、车难藏，以车找人无疑是最好的选择。可以说，每次抓捕行动，或成功做好每一件事都需要一个好的计划。

2.在有些案件中，在正常的侦查手段失效时，确定了犯罪嫌疑人藏匿的大概位置后，用大量人力大范围撒网式排查的"土办法"往往是最有效的。

1998年的一天夜里，在一个比较偏僻的山村里，一名女性被人杀害了。现场只遗留一把摩托车钥匙，经侦查确认是犯罪嫌疑人留下的，是一辆××牌摩托车的钥匙。根据案件的侦查情况，犯罪嫌疑人应该是镇里的居民，但那时车辆的登记比较混乱，甚至有大量的摩托车没有入户或挂假车牌，一般的查找方式根本不起作用。

于是，分局刑警想了个土办法，就是配制了大量同样的车钥匙，每个参与民警人手一把，在全镇范围内便衣走访。见到××牌摩托车就上前试开。忙了一晚上，居然有个民警在一家大排档门口，打开了其中一辆车的车锁，他向专案组领导报告后就在旁边守

候，当犯罪嫌疑人从大排档出来准备开车离开时，民警们顺利将他抓获了。

| 第十节 |　现场的每一件东西都有独特的意义

要想抓捕犯罪嫌疑人，侦查犯罪嫌疑人准确的位置便是很重要的。有时候，情报显示抓捕对象在某一幢大楼里或某一胡同里，但却不知道确切的房号，这就需要我们结合已掌握的信息对现场环境，尤其是对现场环境中的每一件东西进行分析，因为它们都有独特的意义！

2014年8月的一天中午，刑警大队值班员接到派出所的电话，有群众报案其20岁的儿子樊某因负债7000元被人抓去拘禁了一天一夜，但不知道拘禁者是谁，也不知把他儿子被关在哪里。那些人用他儿子的电话已经打了好几次电话叫他交钱，并且他在电话里听到儿子被殴打的声音，他觉得应该依靠警方，于是报警。

情况紧急，由于掌握的信息不多，刑警大队的联络员马上联系市公安局技术侦查支队，请求对被拘禁的事主的通话记录进行分析。

过了不久，技术侦查支队回复半个小时前，事主的电话曾打了一个固定电话，经查询该号码是阳东区一个快餐店的电话。于是我带着几名刑警马上赶到阳东区并找到了这家快餐店，经送餐员核对电话号码后，确认有个客人订了5份盒饭，当送餐员根据客人的描述将盒饭送到了一排大楼前面的空地时，有个年轻人已在那里等候了。

我们叫送餐员带我们到了送餐的空地位置，空地四周有8幢相连的7层高的大楼，不知道这伙犯罪嫌疑人在哪一幢、哪一层、哪一个房间。

我思考了一会儿，叫送餐员模拟那个年轻人拿到快餐后离开的情景。我对民警们分析，在无刻意躲避危险的情况下，人的思维反应是最直接的，他朝着哪个方向走去，正对着的必定就是要进去的大楼。

这幢大楼共7层，每层有8个房间。这伙犯罪嫌疑人到底在这一幢大楼的哪一层哪一间呢？一位刑警望着大楼在感叹。

如何才能找出拘禁受害人樊某的房间呢？

我想了想，对刑警们分析，从这伙犯罪嫌疑人的犯罪行为来分析，只是为了7000元的债务，就非法禁锢并殴打了事主一天一夜这么长的时间，推断他们应该是些没有素质的年轻人。那么可以进一步推断，这种人是不会多走几步路将垃圾放到楼层设置的垃圾桶里的，所以说这个拘禁地方的房门口必定堆放了许多饭盒和送餐袋子。

我们分头在大楼里一层层地查找，很快在五楼找到了一间门前堆积着一袋袋饭盒和生活垃圾的房间。但没见到中午的快餐盒和袋

子，我对民警分析说中午的剩菜应该还未扔出门外吧。

为了得知目标是否在这个房间里面，我必须要确认清楚才能实施下一步行动，否则一旦搞错，会惊动了歹徒，可能会造成不可预估的后果。

为了防止房里的人看到我们，我先用纸巾糊住房门的猫眼，耳朵紧贴着木门听房里面的声音，然后用手机拨打事主的电话，铃声响了两响后，我挂机，停几秒接着再拨打，响三响后，再挂掉。当听到房里面手机响的铃声频率与我拨打的频率相同时，我马上确认了这个房间就是拘禁事主的地方，于是我们马上破门而入，将房里4个参与拘禁、殴打的犯罪嫌疑人抓捕，顺利解救了被拘禁的事主。

点评：

1.我们通过犯罪嫌疑人订购快餐这条唯一的线索，顺藤摸瓜找到了事主被禁锢的大概位置，然后根据取餐人的走向，判断出犯罪嫌疑人所在的大楼位置。这是心理学中人的直接思维反应，属于肢体语言的一种，它能明晰地反映出人的行为。

2.像谍战片那般暗号式地拨打事主手机，我们通过铃声来确认目标。这是一瞬间的念头，也是非常不错的方法。其实，每一次的抓捕任务都是积累经验的过程。或许，下一次抓捕就能用上。

3.为了7000元这不算多的债务，就将事主殴打、禁锢，可以推断这是一伙素质低下、日常生活较随便的年轻人，我判断他们会不顾公德心而随意将生活垃圾堆放在门外。这种推断也是基于我平时对各类人的了解，也正是这种了解使我们顺利地找到了事主被非法拘禁的地方。

另外，侦查时我们要仔细查看现场周边环境，有些案件可以通过门口的剩饭盒或生活垃圾，分析出屋内的情况，得到我们想要的信息。

如2014年，我带队去佛山抓捕一个利用网络诈骗的团伙，当时只知道这个犯罪团伙在一幢大厦里。这幢大厦有12层，下面6层是旅店，从7层起是写字楼，每层有十几个办公室，很难判断这伙人在哪一层哪一个办公室。

我从报案被骗的几个事主处得知，该团伙每次的诈骗行为都是有好几个不同的男女假扮导师、教授等身份，宣称某某神药的特殊功效，这伙人诈骗的"工作时间"是从9时至21时。

由此我判断：

（1）该诈骗团伙应该人数不少。

（2）"工作时间"非常长且有连续性，午饭与晚饭都应该是送的快餐。

我从门卫处了解到，符合条件的是11楼05房的一家公司，而且每次收到的快餐份数还不少。

于是，在当天下午，我们在当地公安机关的支持下，在该公司抓获了该电信诈骗团伙成员共26人，破获了一系列电信诈骗案件。

可以说，案件中的或现场中的每一样东西都有它存在的意义，我们对每一种信息都要认真研判才能顺利完成任务。

| 第十一节 | **重视通话记录**

　　往年的在逃犯，在藏匿了多年后，他的思想警惕性会比之前放松，认为警察都是在侦查新发生的案件，无暇理会多年前的旧案。只要我们不放弃对一些命案积案犯罪嫌疑人的追捕工作，在案发多年后的今天，调取他亲人的通话记录、银行流水记录查询，通过交叉比对，我们通常会找到一个远在他乡的陌生电话号码。这个电话号码很有可能就是在逃犯正在用的电话号码。

　　在办案过程中，也有些犯罪嫌疑人为了在犯案后躲避警察的追踪，会将原来的手机号码弃用，在网上购买新的手机号码，许多办案民警，尤其是基层派出所的民警，由于办案经验少，往往对此束手无策。

　　其实有一个方法，可以得知犯罪嫌疑人的新号码，那就是调取犯罪嫌疑人原号码的通话清单。通过分析，确定通话清单上犯罪嫌疑人常联系的朋友与家人的号码，再去调取这些电话号码的通话清单，比对这些人近期共同新增的联系电话号码，这个号码就是犯罪嫌疑人新用的手机号码了。

　　电话通话清单给我们提供了非常多的信息，但许多侦查人员往往会忽视这个细节。例如：

　　（1）早上经常接的第一个电话很有可能是犯罪嫌疑人在居住地方拨打的。

　　（2）午、晚饭时候经常接听的电话很有可能是家里人叫犯罪嫌疑人吃饭的电话。

（3）经常在深夜最后接打的电话很有可能是犯罪嫌疑人的老婆或同居女友的电话。

（4）若犯罪嫌疑人经常联系的电话中有许多是同一业务领域的人，那么他也很有可能在这种业务领域中工作。

（5）每天都联系的人，一段时间后，犯罪嫌疑人再也没打过电话联系，可能与对方吵架了，或是知道对方已经死了。

（6）在春节、中秋节、清明节、父亲节、母亲节或是父母、子女生日等特殊的日子里，尤其要注意分析犯罪嫌疑人家里人的通话清单，因为很有可能从中找到犯罪嫌疑人的信息。

为了了解犯罪嫌疑人身边的人：

（1）我会将犯罪嫌疑人通话清单上常联系的或特殊时间接打的电话号码，放到微信搜索里搜一搜，通常就会得知他朋友、亲人的名字、头像和微信名。

（2）我也会将他和他常联系的朋友名字和微信名字在抖音或游戏中搜索，经常会发现一些与他生活习惯或职业有关的线索，这也有利于我们侦查人员的判断与追踪。如2020年夏，我用微信搜索一逃犯的新手机号码，发现其在朋友圈发布了一则打水井的广告，于是我冒充学校领导致电他说学校需要打一口水井，将他诱骗到附近一学校内（在学校打水井，容易让人相信，且环境封闭，易抓捕）。我提前到校与校警沟通好，即擒之。

所以说，我们要重视抓捕对象及其亲属好友的通话记录，它能带给我们非常多的信息，通过综合研判分析，我们往往能得知抓捕对象的藏身之处。

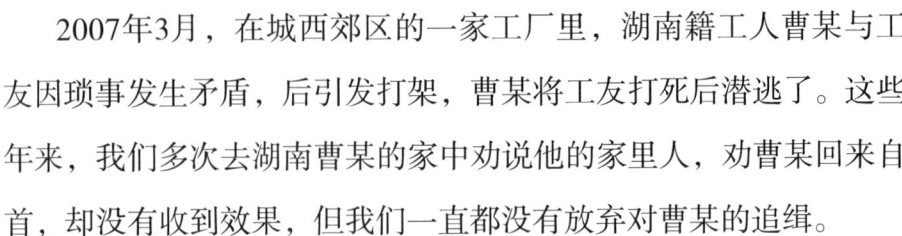

2007年3月，在城西郊区的一家工厂里，湖南籍工人曹某与工友因琐事发生矛盾，后引发打架，曹某将工友打死后潜逃了。这些年来，我们多次去湖南曹某的家中劝说他的家里人，劝曹某回来自首，却没有收到效果，但我们一直都没有放弃对曹某的追缉。

2017年2月，我们再次对一些命案积案进行梳理。在此案中，我们通过调取曹某的父母、兄弟的通话记录进行交叉比对分析，发现有一个地处浙江省义乌市的陌生电话号码非常可疑。这个电话每逢节日总是会致电父母，且通话时间较长，也会和兄弟偶尔通电话。

通过调取曹某父母的银行流水分析，我们发现他们经常收到从义乌转账入卡的钱。由此，我断定杀人在逃犯曹某就在浙江义乌。

于是我带着几个刑警飞奔到了浙江义乌，到了义乌后，我们马不停蹄地找到省驻义乌的技术侦查部门，提交技术侦查协查函。但被告知，近期想通过技术侦查支队来定位那个可疑电话号码已是不可能了，因为有许多需技术支持的重大的案件都尚在排期中。

据当地警方介绍，在义乌，外来务工人员已经超过一百万人，若不确定在哪个区域、哪条街、哪条巷，那将是非常难找的。

看来，曹某就像躲在汪洋大海中一条狡猾的鱼，但这些年大量抓捕工作的成功经验给了我信心，技术手段不可用，那我就用传统的手段去排查。

于是我通过当地刑警部门调取了那个可疑电话号码的通话清单，查看了清单上最近1个月的通话记录后，通过公安警综系统查询得知几个经常联系人的身份及其工作信息，当中有7个外省籍人和两个义乌本地人。

通过核查，7个外省的电话机主都没有开工厂的资料信息，而这两个义乌本地人都在义乌开有工厂。从工商注册资料来看，其中一个叫平某的义乌人在市区开了一家刀剪加工厂，工厂规模较大，登记有工人700多人。另外的那个义乌本地人叫唐某，年纪较大，在义乌偏僻的区域开一家电镀处理工厂，工厂工人登记为17人，厂房也不大。我判断，这种小工坊地处偏僻，平日里接触的工友也不多，是个适宜窝藏在逃犯的工作地点。根据以往的追逃经验，我认为，曹某极有可能就在这家电镀厂里打工。

在当地刑警的介绍下，我们找到了管辖电镀厂的廿三里派出所的朱副所长。在明白我们的目的后，为了不打草惊蛇，我和朱副所长商议，以派出所常规检查消防的名义到电镀厂里摸排。

该厂设在一幢大楼的四楼，我和朱副所长及一名消防民警3个人进厂检查。检查人数过多会暴露目的，所以我们专案组的刑警在楼下的汽车里等消息。从进厂那一刻起，我就开始闭口不语，怕被厂里的工人听出广东口音而发生变故，需要交流的情况，我则是用微信打字来和朱副所长互相传递信息。

在实实在在地检查了一遍该厂的消防后，朱副所长要求唐厂长要将消防责任落实到每个工人，并以此为由，集中所有工人点名后进行现场消防培训。但这时我发现抓捕对象不在厂里，我用微信提示朱副所长，要求核对全厂的人员名单簿，发现我们掌握的电话号码确实在上面。一问这个曹师傅（即曹某）去了哪里，原来是上班时到外面买电镀材料了。

朱副所长以开展消防培训为由，要求唐厂长通知曹师傅马上回来，我自己则到楼下并叫专案组民警们做好准备。过了一会儿，犯罪嫌疑人曹某骑一辆摩托车回到厂楼下，我马上示意在旁埋伏的民警上前围捕，在抓捕了曹某后，曹某辩称我们抓错了人，并拿出身份证来证实。

我一看，这是逃犯曹某大哥曹某高的身份证，脸型还挺像的，我笑了笑，没有和他争辩。因为之前我在全厂员工簿上还看到逃犯曹某妻子连某的名字，消防培训时她也在，只是当时我们不敢打草惊蛇而已。见到曹某否认身份，我又回到厂里将他妻子带下了楼。

连某一见她丈夫曹某已被我们控制了，马上痛哭流涕地扑向曹某，曹某见状也在流泪。曹某当即承认了自己的身份，为躲避追逃而借大哥的身份证到外面打工，也马上供认了10年前在阳江市的工厂里打架杀人的犯罪事实。

这是一个用传统的侦查手段摸排了近20小时，就抓获了潜逃10年的命案逃犯曹某的成功抓捕案例。

点评：

1.判断，关键还在于经验。在这个案件中，我调取并分析在逃犯最近1个月的通话记录清单，根据他在外打工的已知条件，将近段时间经常会联系并且注册开厂的义乌本地人圈定，并从他们开工厂的规模、位置来研判，根据以往的追逃经验判断出在逃犯工作的地方。

2.在异地抓捕，或是在特定地方排查的，我们一定要谨慎细心。这个抓捕行动，在抓捕现场的时候，我是通过微信打字功能与当地警方沟通的。因为我若是在现场说着广东味儿的普通话，那么在阳江打工多年的曹某妻子马上就会通知她丈夫逃跑。

这类型的排查，我们不能直接在厂里搜捕或直接向厂老板了解抓捕对象的情况，否则厂老板会怕负法律责任而通知抓捕对象逃跑。所以，我们要事先计划好，用何种方式才能在不动声色间达到想要的效果。其实，最好是用派出所经常性检查的项目才是最妥当的，但也要根据不同的环境来创造不同的抓捕条件。

2014年8月，我们接到一条线索，3年前发生在市区的一宗命案的犯罪嫌疑人柳某藏匿在阳东区某家五金厂内打工。于是，我带着几个刑警和五金厂管辖地的东城派出所的一名驻街警来到该厂。因为怕多人进厂会引起犯罪嫌疑人的怀疑，造成不必要的意外，于是我叫几个刑警在厂周边等指令，我则和派出所驻街警上了二楼厂长室。

刚好厂长在，和之前来时计划好的一样，驻街警介绍我的身份是阳东安监局的工作人员，我则向厂长编造出了一个关乎他切身利益的故事。我说，早几天阳东某家五金厂发生了一宗工伤事故，造成一名工人的手臂截肢，伤者的家属在厂里闹，要求厂方赔一大笔钱，于是我局领导就要求我们到区内的五金厂做安全生产宣传。

厂长一听，握着我的手很是感激，按我的要求将员工簿拿出来检查，并通知全厂工人去会议室集中听安全生产课。经过点名和每个工人填报电话号码，在确认了抓捕对象柳某的相貌和电话号码后，我才发信息叫刑警上来，将柳某顺利抓获。

当遇到难题时，我们要改变调查方向。2021年8月，根据线索，我带队到某厂抓捕一名逃犯。在当地安监局的支持下，我以安监局某主任的身份到该厂检查工作，但检查的员工簿和电脑系统中都没有逃犯的名字与电话号码。难道情报有误，逃犯不在这里

打工？于是，我改变想法，以检查社保为由问起外地籍贯的员工有多少人？本地籍贯的员工有多少人？年轻人有多少？按逃犯的特征来套出厂长的话。原来，该逃犯刚来做工十几天，还没有登记其资料。自然，逃犯也马上被抓捕。

｜第十二节｜　注重积累生活常识

我们在平时要注重对日常生活常识的积累，因为每个抓捕对象就算在某个地方隐藏生活着，也离不开衣食住行。我们作为"捕手"，要不断获取生活当中的各种信息，积累各种问题的解决办法，才会有不一样的感觉、不一样的敏锐嗅觉。积累的生活常识越多，我们对抓捕环境的判断越准确，对各种侦查的好处也越多。

之前，我曾在破案篇第八节提到：2015年12月，市区南恩路的一幢出租屋四楼，有一名湖南女性方某死在了她的房间内。经过侦查，我们确定的犯罪嫌疑人叫付某（22岁，河南人），曾在阳东区一家饼干厂车间工作，前段时间嫌工作辛苦辞了工。

后来，网监大队的技术人员通过查询报装互联网线的登记资料，得知犯罪嫌疑人付某住在阳东区××路238号。刑警大队分两组行动，我带的一组人率先找到了这幢房子，6层高，从外面看，像鸽子笼似的，每个房间的窗户边都挂满了衣服。

这时，另一组刑警给我打电话说他们在××路一路开车沿途寻找了半个小时，即将到了路的尽头都还没有到150号，再往前就是农村了，并问我238号的房屋在哪里。

我说犯罪嫌疑人付某的房子就在××路的路口不远处，因为当时我们调查犯罪嫌疑人当晚行凶后的轨迹时，那个搭他回程的摩托营运员说就是在这条路的路口将犯罪嫌疑人放下的，所以我推断他住的地方就在路口不远处。

那组刑警又问，沿着路的方向，户号由小到大是从路口往里面走的，怎么238号反而在路口呢？

我说，因为我觉得犯罪嫌疑人付某既然是外省籍人，在我市打工应当是租房居住，所以我认为238号不是正式的门牌号，应该是出租屋的房间号。

那组刑警们听完后才恍然大悟。

正当我计划如何进入这幢出租屋摸排的时候，网监大队的技术人员来电说要我们暂停行动，因为他刚刚询问了市网监部，说阳东区域的网络线路年初的时候已经更新了，也就是说犯罪嫌疑人报装的地址不是在238号，新的门牌号正在查询当中。

我们只好回到××路的路口集中待命。这时，我接到了市公安局技术侦查支队的电话，说从监听犯罪嫌疑人付某的电话通话中得知，他刚刚领到了一个包裹，是由阳东区韵达快递公司送出的。

于是，我们马上赶到阳东韵达快递公司，表明了身份，为了能使快递公司尽快配合我们，我对公司的经理编造说你们刚刚送了一个毒品包裹给一个毒贩，现在你们必须带我们去那个送货点，否则就要按快递物流业的管理规定来严肃处理你公司。

那经理听后，表示全力配合我们，根据我提供的付某收货的电话，很快就找到刚才送货的单号，并马上叫回了在外送货的快递员。一会儿，快递员就带我们到了交货的地点，并指出了收货人离开的方向。

我穿过巷子一看，面前有几幢高楼，其中一幢挺眼熟的。走近一看，这不就是刚才的238号出租楼吗？这个时候，网监大队的技术人员又打电话来称，已核对好了，犯罪嫌疑人付某报装网络线路的地址是在区域更新后的，即报装的就是238号。

哎呀！若信息早点确定，在犯罪嫌疑人去取包裹时，我们就可以抓到他了，错过了这么好的抓捕时机，专案组民警都在惋惜。的确，案件研判信息的准确与否，对抓捕行动起到了至关重要的作用。

由于这幢出租楼在派出所登记的屋主电话已是停用状态，估计是屋主未向派出所报备新的联系电话吧。楼体的四周也没有张贴租房信息，这样就无法在短时间内找到屋主了解租客情况了。

这幢6层高的出租楼，占地面积估计有150平方米，每层应该有6个至7个房间，犯罪嫌疑人付某就在其中一个房间里，但无法确定在哪一层哪一个房间里。

怎么办？包围这幢出租大楼，一个个房间敲门排查？这样会让凶残的犯罪嫌疑人警觉，甚至会拿刀与我们对抗，造成不能预估的意外。

我围绕着出租楼仔细观察了四周环境，发现在这幢楼的旁边有幢239号出租楼，两幢楼的楼高和外表装修基本一致，我心想：莫非这两幢楼是同一个屋主的?

239号楼的墙上贴着招租信息。于是我拨通了屋主的电话，对屋主说想租房并故意问隔壁238号的楼里有没有空房。屋主的回答令我兴奋起来，他说，238号出租楼也是他的，但没有房了，239号楼才有。

然后，我以租房为由，叫屋主过来。一会儿，屋主到了，我当面表明身份，说238号楼住着一个盗窃惯贼，叫付某，你楼里的租客或附近住户应该都被他偷过东西。我将犯罪嫌疑人相片给屋主看，屋主看了一眼，就说这是住在238号楼303房的租客付某，并说他平生最恨的就是偷东西的人了，但238号楼的钥匙和租金簿都在家里。我安排民警守在238号楼的门口和四周，我和屋主到了他家里，经核对租金簿，付某租住的正是303房。于是，我带着钥匙回到了238号出租楼，在303房前轻轻转动钥匙，门一开，付某正端着一碗杯面，惊恐失色地看着手拿盾牌、警棍冲进去的我们。

点评:

1.在寻找犯罪嫌疑人居住的地方时，另一组刑警找不到，我却找到了，这是基于对日常生活经验的积累与判断:

（1）我认为犯罪嫌疑人在某路路口处下车，那么他居住的地方离路口必定也不会远。

（2）我觉得犯罪嫌疑人是外省籍人，在我市打工应当是租房居住，所以我认为238号不是正式的门牌号，而是出租屋的门牌编号。

所以，局领导每次叫我带队去抓捕时总是称赞我说，你的运气

真好，每次去都能顺利捉到犯罪嫌疑人。我觉得他也知道，这不是靠运气，而是靠脑敏锐的判断力。

2.在得知犯罪嫌疑人刚刚取了包裹后，为了能顺利找到取包裹的地点，我以该快递是毒品为理由，可以使与快递公司的沟通更快捷、更有力，因为这种理由会使快递公司有负罪感，也害怕被处罚。合适的"谎言"往往能大大提高办案效率。

3.两幢同一装修风格相连的出租楼，很有可能属于同一个屋主，只是有些民警很少在生活经验方面去动脑。而我平时有留意生活常识的习惯，因为有时真的能运用到破案和抓捕中。

4.不对屋主说在他那幢楼里租住着一个杀人犯，是为了不让屋主因害怕而慌乱，而编造付某是一个盗窃惯犯则可以让屋主有一种帮警察除害的正义感。这种鲜明的心理对比将使抓捕行动更加顺利。

|第十三节| 快递"钓鱼"

因为淘宝、京东等购物网站的发展，网上购物已成为很多人日常生活的一部分。用包裹诱惑出抓捕对象是一种可行的抓捕方法。

就算抓捕对象近期没有网购过东西，但在人们眼中，包裹就如礼物，会激起人们的好奇心：到底是谁送礼物给我呢？谚语"好奇害死猫"就是这个道理了。

2017年5月的一天晚上，市区的一家酒吧里发生了一宗寻衅滋事案件。一个喝醉酒的客人在酒吧里调戏女服务员，在场一个男青年上前制止并与调戏者发生口角，与调戏者一起来的另一个男青年就马上打电话喊朋友来酒吧。一会儿，有两辆小车到了酒吧门口，从车上下来了七八个年轻人，脸上戴着口罩，手上拿着大砍刀和木棒冲了进来，对那个男青年一阵殴打。临走前，这伙人还将酒吧里的设施及大门都砸毁了。后来，男青年到医院治疗，发现断了两根肋骨、全身软组织挫伤，经法医鉴定为轻伤。

经过一段时间的侦查，我带队在某酒店抓获了调戏者关某。据关某供述，冲入酒吧打人砸东西的那伙人他不认识，是和他那天晚上一起去酒吧的朋友喊来的，并供述出了另一个男青年的电话号码和他的姓名——陈某。

我们查询了公安的户籍系统，叫陈某的人很多，经过伤者辨认，都对不上号，再到移动通信局查询电话号码的机主，也没相关资料。由于没有真实身份，无法对他网上追逃。

苦于没有更多的信息，抓捕陈某的工作没有实质性的进展，但若不将陈某抓获，就无法知道那伙行凶者的身份情况。

时间一天天过去，很快便过去了一个多月，但对这个案件我依然放在心上。

有一天，我接到一个陌生电话，对方说是某快递公司的快递员，说我有一个快递包裹并问我在哪里。收到快递后，我脑洞大开，突然产生了一种想法：我既然知道犯罪嫌疑人陈某的姓名与电

话号码，为什么不试试用这种通知取快递的方法钓他出来呢？

于是，我来到某快递公司，对经理表明身份、说明来意。在取得经理同意后，我用在场快递员的电话，依次拨通我的手机号码。在用了第三个快递员的电话拨打后，我的电话才显示有标记"快递"的字样。于是，我就拿这台手机拨通了陈某的电话，称我是某快递公司的快递员，问他名字是不是叫陈某，并说他有一份包裹，但地址被雨水淋湿了，只显示姓名和电话号码，询问他的地址，表示会送包裹上门。

陈某回答说，那我过半小时左右去你处取吧。

在我布置好警力后，陈某就钻进了我布下的"口袋"，我们在抓获了陈某后，核查他的身份，原来他叫陈××，陈某这个名字只是家里人和朋友叫的小名，怪不得当时户籍系统查询不到。

点评：

1.我曾对民警们说过，在破案与抓捕的过程中都必须注意当中的细节。在这次抓捕行动中，我试了几个快递员的手机后，用了标记显示有快递字样的手机打给抓捕对象。因为只有这样，我编造的谎言才不会让抓捕对象起疑心，诱捕计划才会顺利。

有一句俗语"细节决定成败"。这句话也是一种哲理哲思，细节如链条上的扣环、如钢轨上的铆钉、如太空飞船上的螺丝般重要。

后来，在用到快递钓鱼方法的抓捕行动中，为了让犯罪嫌疑人不起疑心，我将"抓捕装备"升级。我专门向快递公司借了一套有快递标识的制服、快递车与一些空包裹。这样的打扮，在犯罪嫌疑人眼中完完全全就是一个快递员了。在公安部于2019年6月份部署的"云剑"集中追逃行动中，我所在的派出所被分配了4个抓逃任务，其中3个逃犯都是通过这种快递钓鱼方法抓捕的。

2.抓捕犯罪嫌疑人，我们要有不同的脸孔。我们除了乔装成送货的快递员，还扮演过电工，做过小区物管员，当过酒店服务员。案件需要什么，我们就可以"变"成什么人。

3.对于案件，一定要上心，不要因为过了一段时间没有进展就失去耐心。只要你想着这些未侦破的案件，总有一天，你遇到的一些事、一些人会使你灵光一闪，启发出破案、抓捕的新思路。

快递"钓鱼"的抓捕方法需要注意的是：

1．犯罪嫌疑人接到电话的第一反应，都是我没有买东西呀，是什么包裹啊，等等。这时我就会说，包裹上面是写有你的名字和电话号码的（若准确知道地址则将地址念出），我是上门送给你还是你来公司这里拿？

2．若犯罪嫌疑人问上面的地址写着寄到哪里的，当我不确定犯罪嫌疑人现在居住的地址时会回答他说，近期下雨天淋湿了地址或说上面就写着你的名字和电话号码，注明货到致电。若犯罪嫌疑人又说，你帮我打开包裹看看里面装的是什么东西，我则会回答他，公司不允许这样做，否则公司会因我违反规定而扣我的钱。

3．若犯罪嫌疑人上前拿包裹，但这时其他的抓捕民警还未包围上前，我会问他要身份证核对，并叫他签名领取包裹来拖延时间。

4．若犯罪嫌疑人对我说将包裹放在保安门卫处，或叫家人来领，我则会编造说，由于近期丢失了许多包裹，总部规定必须是本人签收，不允许别人代领。

5. 若犯罪嫌疑人说现在不在家，要过一个小时才回，到时再联系，我就会回答说我先去送货，等你回家了再联系我。这时，我会安排抓捕民警继续在现场潜伏，因为犯罪嫌疑人一般都会提前到送货地点附近观察一番，觉得没可疑再联系。若抓捕民警等到通知再去现场守候的话，很有可能被一旁观察的犯罪嫌疑人发现。

6. 若过了约定的一个小时，犯罪嫌疑人仍未致电，不要灰心，再打个电话给他说，包裹已按规定退回了阳江总公司，地址在××，有空你可以自己过去取。然后和快递总公司协调好，安排民警到总公司里面守候，一般来说，戒备心不强的犯罪嫌疑人过不了多久就会上门了。

7. 当我守候在快递公司时，若有人说来取抓捕对象名字的包裹，快递公司的职员便会马上按协商好的那样，叫他去我的柜台处取，若来者是抓捕对象本人，那他自然只能束手就擒。

但我也曾遇到过其他情形。有一次，我接到快递公司职员的线报，有人要来取抓捕对象的包裹，但我一看那人的体貌特征，发现不是犯罪嫌疑人。当时我就严词拒绝他代领包裹，需要本人来签收。那男子走后，我们就驾车悄悄跟踪那男子到了某一个茶庄里，发现他与另一个男子会合，茶庄里的那个男子正是我们抓捕的对象。

所以说，对前来取包裹的人，一定要认真辨别他的特征，若发现是冒充者，就要马上调整抓捕思路。

| 第十四节 |　隐藏好自己

因为犯罪嫌疑人身负罪案，警惕性较高，所以抓捕犯罪嫌疑人时首先要隐藏好我们自己，不要被犯罪嫌疑人发现，否则抓捕时会发生危险或不可预估的意外。我们要根据抓捕现场环境的独特条件，认真分析、综合评估，制定最好的抓捕方案。

案例一

2017年9月一个周六的深夜里，有两个女孩子来派出所报案，称当天10点多钟，她们和朋友杨某三人，在市区大润发商场附近的露天奶茶店闲聊时，杨某被其前男友孙某当着她们的面打了一耳光，然后被拉走。她们一直联系不上杨某，过了一个多小时，终于打通了杨某的电话，杨某在电话中说被孙某打了，叫她们报警。

由于没有孙某的电话和住址，不知道孙某的交通工具，杨某在电话中也没说清楚被拘禁的地点，民警马上汇报市局指挥中心，请求技术侦查对手机定位。因为他们两人是前不久才分手的情侣，且杨某尚能接听电话，市局指挥中心认为，杨某应该不会有生命危险，让我们继续常规调查。

核查好犯罪嫌疑人孙某的身份后，我们一组民警到奶茶店附近调取沿途监控，看看能否发现他逃离时乘坐的车辆或逃跑路线。另一组民警将警情通报给路面的巡警，要求巡警在巡逻中注意可疑情况，并在报警人的引领下到杨某与孙某热恋时常去的地方及杨某在阳江市区暂住的地方寻找。

直到第二天，即星期天9时，民警通过公安旅馆业登记系统查询到犯罪嫌疑人孙某于凌晨3点多入住了阳东区一家××宾馆。

接到信息时，我刚好和女儿小叶子出门准备去酒楼陪她外婆饮早茶。我一边对小叶子解释这个案件的事情经过，及被非法拘禁的女事主所面临的危险，一边快速赶到××宾馆。

刚到宾馆门口，我就看见一个男青年正推着摩托车从宾馆向外走，从侧面看不出那男青年清晰的面容。我看了看那男青年驾车转弯的方向后，急忙赶到服务总台表明身份，要求查询孙某的住房记录。那服务员一听，对我说刚才那个就是孙某，他刚退了房。

我紧接着问，他是一个人入住的还是和别人一起？

服务员说他是一个人入住，走时也是一个人。

我马上驾车疾速追赶，往孙某可能驾车走的方向一路寻找，终于在一条大路上看见了孙某的身影。我一边告诉向××宾馆赶过来的民警追捕的情况，一边尾随孙某。一会儿，孙某在阳东区人民医院的住院大楼前停下了。

我心想，我若现在上前实施抓捕，由于增援未到，没有把握。若是我上前跟随他，刚才犯罪嫌疑人孙某在宾馆门口见过我，很有可能被他察觉。但若不跟着他，就不会知道他去了哪一层、哪一间病房，到抓捕时就会出现不能预估的意外。

怎么办？

我看了看旁边的小叶子，灵机一动，于是我对小叶子说："平日里，你不是好羡慕爸爸是个警察，经常抓坏人吗，如今给你个机会体验下？"

小叶子点点头，表情充满期待。

我接着说："因为我刚才在宾馆下车时，那个坏人曾见过我，我现在再下车跟踪他，怕他发现。你是小孩子，他是不会有戒心的。"

小叶子点点头说："好紧张啊，但我会做得好好的。"

我说："那个男的现在去医院，应该是他的女朋友被他打伤了在这里住院，所以他才会独自一个人在外面开房住。那么他现在应该是去探望他的女朋友，你只要若无其事地跟着那男的，看他进入哪个病房就行了。"

于是，小叶子下车，跟着犯罪嫌疑人孙某走进了住院大楼，进入电梯。一会儿，我接到小叶子的电话："爸爸，那个坏人在四楼22号病房，里面的病床上躺着一个脸上、腿上受伤的小姐姐，病床边还有一个年纪大的阿姨在照顾那个小姐姐。"

于是，我和稍后赶到的民警们一起到四楼22号房间将犯罪嫌疑人孙某抓获，病床上躺着的正是杨某，在旁照顾杨某的是孙某的母亲。

事后，小叶子说起这件事，说当时心里十分紧张，也明白了爸爸职业的危险性。后来，她还将这一难忘的协助爸爸抓坏人的经历写了一篇作文，以记住那惊心动魄的10分钟。那一年，小叶子11岁。

案例二

公安部在2019年6月部署了"云剑"集中追逃行动，给江城公安分局各个大队和派出所都派了任务。刑警大队负责将公安分局上

网的或户籍地属江城区的逃犯整理出来，网监大队则对所有逃犯的踪迹进行分析研判。

其中有一个在逃犯吴某，网监大队通过人脸抓拍识别系统，发现他近一段时间，每天不定时出现在阳江中医院门口，有时在8时多，有时在23时。但吴某的电话号码、微信号、住址等都不清楚。

收到信息后，我判断应当是犯罪嫌疑人吴某的家属在中医院住院，他才会不定时地去探望。于是，我马上对吴某的家庭情况进行核查，当我和我所的民警赶到中医院时，居然看到有其他派出所的民警老老实实地在医院门口着便衣守候，应该是网监大队也将犯罪嫌疑人的信息给了其他的抓捕单位。

我拿出介绍信向医务科主任说明了来意，通过吴某的家属名单进行核查，发现是吴某的母亲因病入院，两天前已痊愈出院了。我只好对主任说，等他母亲来做复检时，请通知我们，到时候吴某有可能会送他母亲来。

主任查问了主治医生，说患者已经做了复检，不需要再来了。我和主任也做了沟通，觉得对病人要负责任，不能以吴某母亲再次复检的名义骗他来。

但这次还是有收获的，起码知道了在逃犯吴某及其家属的电话号码。我通过公安警综系统查询到吴某的电话曾登记缴过车辆违章罚款，违章的是一辆黑色的本田小车，车辆号码为粤Q×××83。我们从路面交通抓拍监控中确认这辆车平日里是吴某在驾驶。通过公安警综系统，我查找到吴某老婆的电话登记了一个地址，这个地址在市区某某住宅小区A幢603房，这个应该就是吴某的住址了。

于是，我带着几名民警一早赶到了吴某居住的小区内，在负一层的停车场找到了那辆黑色汽车。我们据此判断吴某此时应该在家。小车停放的位置正对着负一层的电梯口，吴某若是外出，就必定会搭电梯到停车场，走这条必经之路取车外出。

于是，民警就建议在汽车旁等候。

我说："在车旁附近守候，车库的空间太大，逃犯一见不对就会亡命逃跑，到时怕会出意外。"

民警又说："不如在负一层停车场的电梯口等，装作是在等电梯的住户。"

我说："负一层的通风不好，几个大汗淋漓的陌生人长时间在停车场的电梯口站着，也非常容易暴露目标。若吴某的家属发现了，就一定会告诉吴某这种异常情况。"

民警又建议："不如我们在吴某住的六楼楼层旁边的消防楼梯处守候。"

我说："逃犯及其家属每时每刻都处在一种机警状态下，这么近距离守在逃犯家旁边，有一点动静，甚至电话的响声都有可能惊动到他。"

民警说："那不如直接破门好了！"

我再次否定他的建议："这个逃犯在办案单位抓他的时候，曾拿刀砍伤过民警，后来又从三楼跳下逃脱了。这么穷凶极恶的歹徒，还是智取比较好。"

民警说："那该怎么办？"

我说："我们不在负一楼的停车场等，也不在六楼等，那样的守候方式都有一定的风险，我们去一楼的大堂等他。"

民警有点诧异，表示不明白。

我说："这幢大楼有两部电梯，但只有左边的这部电梯是通往负一层的停车场。我们只要在一楼大堂的沙发里坐着，看左边这台电梯起落就行了，而且还将吴某从一楼步行外出的可能性覆盖了。"

民警还是不明白，我说："吴某住在六楼，只要电梯显示有人从六楼下来，我们就在一楼按电梯等着就行了。如果开门看见在逃犯在电梯里面，那么在电梯内这么狭窄的空间里，对一个毫无防范的人，抓捕是最容易的。如果开门看见是其他住户的话，我们就不进入电梯里面，装作是误以为电梯向上运行的客人就行了。"

民警说："那如果有住户从六楼以上楼层，比如是从十楼下来，在逃犯又刚好在六楼按电梯下来，又该怎么分辨这种情况？"

我说："若是像你说的这种情况，电梯下行时要在六楼停留并且开门关门，那么电梯会在六楼停留一会儿。你仔细观察，电梯楼层数字显示的时间会比电梯直落时更久。"

民警们听后，也觉得这个守候方式是最好的，可以不被在逃犯家里人发现，对于抓捕在逃犯又相对安全。过了一个多小时，终于在一楼等到了在逃犯吴某乘搭电梯准备外出，我们则"轻轻松松"地在电梯里将他抓获。

点评：

1.我凭借网监大队给出的在逃犯在医院门口的人脸抓拍图像这一点信息判断，他的家属应该在里面住院治疗，从中获取了在逃犯及其家属的电话号码。再通过电话号码关联的信息得知在逃犯的住址和车辆信息，这是成功的第一步。

2.要了解在逃犯的各种信息，包括他因何事而被上网追逃、平日性格如何、生活作息如何、家庭情况如何、有什么爱好与习惯等，我们只有充分了解在逃犯的信息，才能做出最优质的评估。

3.在抓捕时，要充分评估抓捕的环境是否安全，哪个方案才是最稳妥的。在这个案例中，我评估出在住宅小区负一层停车场、六楼消防楼梯通道守候易暴露且在抓捕时存在危险性后，选择了在一楼大堂守候电梯下行的抓捕方案。

4.通过在小区一楼大堂观察电梯向下运行的情况，得知住客在哪一层搭电梯外出。这个细致可行的方法，也是我通过日常生活的经验积累而来的。所以说，对点点滴滴生活经验的积累，在侦办案件或抓捕任务中有时候会起到非常好的效果。

| 第十五节 | 抓捕过程中的应变力

所谓应变力就是当环境、条件、对手等发生变化时，能够及时采取措施应对的能力。

不得不说，我们在抓捕时的应变能力是相当重要的，这就要求我们对新事物或事物环境的变化要具有较好的判断和转化能力。

抓捕犯罪嫌疑人的时候会产生变数，我们要能在变化中产生应对的策略，灵活地根据已发生了的情况及当时的抓捕时机，迅速作出新的判断，机智地选择出适应新情况的应变方法，使自己始终保持应变的主动性。这种应变能力需要的是智慧、冷静与经验的结合。

2017年4月，冒出一个以刘某某为首的"4·18"特大黑恶犯罪团伙。该团伙放高利贷、暴力讨债、打架、盗抢以及寻衅滋事的犯罪行为，让广大群众人心惶惶，严重影响了江城区的治安。市公安局有关部门立即开展研判及抓捕工作，组织警力一举抓获了这个犯罪团伙40余人。

该犯罪团伙的架构是首要分子刘某某指挥一个叫徐某春的二号人物，然后由徐某春指挥他的手下黄某、张某等人。但黄某、张某等人从没见过隐藏在背后的首要分子刘某某，而在这次抓捕行动中，唯一能指认刘某某的徐某春却狡猾地逃脱了，抓捕徐某春成了办理这个黑恶案件的重中之重。

同年6月的一天，市公安局技术侦查支队监测到徐某春的电话内容，他于2时和几个阳江本地的朋友入住了我市海陵区闸坡镇海滨旅游区的一家宾馆。于是局领导马上指派我带着几个专案组成员赶到闸坡对徐某春进行抓捕。到达目的地后，当地海陵区刑警大队的林副大队长已带着几个刑警在宾馆大堂等着我们了。

由于这家宾馆不是完全独立经营的个体，里面的住房是可售卖的，大多数业主买下这些客房，并委托宾馆方出租，但也有用于自己偶尔来度假或接待用的，因此这些住房不受酒店方的登记管理。这为我们查明犯罪嫌疑人徐某春住在哪一间客房增加了难度。

我首先从宾馆大厅里面和通往客房的两部电梯里的监控视频入

手，将凌晨0时至4时入住的客人都过滤对比了一遍。由于监控摄像头陈旧且未经常维护，画面模糊不清，未能发现犯罪嫌疑人徐某春的身影。

我们从宾馆大门口停车场的监控中查看出入车辆，也没有发现那个时段有可疑的车辆出入。

从入住登记的情况来看，1时后登记入住的人数不多，符合情报信息条件的只有一间705商务大套房，里面有三房两厅，登记的是一个外省籍人，于是我们打开了该客房来检查，发现里面空无一人。

我在向宾馆经理了解宾馆的经营情况时，得知客人在这里住房，宾馆都是免费提供泳衣、泳裤的，现在705房间里面并没有泳衣、泳裤，那么房内的客人应该是去海边的沙滩玩耍了。这时有刑警问，是否在里面守候，等犯罪嫌疑人回来？

我说："虽然没有从房里找到能证明身份的证件，但从挂在衣柜里的衣服、摆在桌面上的物品和带来的行李来看，这间房里住的应该都是外来游客，不像是本地人入住的客房。我认为，这间房的客人不是我们要等的抓捕对象！"

宾馆大厅的布局是，一入门口，右边靠墙的是住宿登记总台，左边是宾馆大堂，大堂的中段位置有两张长沙发靠在墙边上，沙发椅的斜对面有两部客房电梯，大厅尽头有一个后门，可以直接去沙滩，大厅门外是一个大型停车场。

于是，我开始布置警力，后门安排3个人把守，其余8个民警在一楼大厅的沙发椅上装作游客监视两部电梯出入的客人。这两部电梯也是在这家宾馆住宿客人的必经之处，我则在一楼的住宿登记总

台里继续核对入住名单。

在漫长的守候中，我心里在想，这样等候下去不但警力疲惫，也有可能会被抓捕对象或他的朋友察觉、有什么方法可以让抓捕对象现身呢？我望向墙上的挂钟与旅客入住规定，马上有了一个主意。

虽然现在阳江所有的宾馆都是在14时退房的，但入住规定上写明旅客退房的时间是12时。时间一点点过去，我等到了12时整，我要求总台的女经理立即致电所有入住的旅客来总台续房租或退房，为了配合公安机关的工作，女经理马上按照我的要求去通知旅客。

果然，过了一会儿，一波接一波的客人从电梯里出来经过大厅去总台退房或出门。

这时有四男二女边走边笑地从电梯出来，经过了坐着8个刑警、有着16只锐利眼睛的沙发椅，朝着门外走去。我当时正站在登记总台里面，定睛一看，这几个人当中，一个身材肥壮的青年已走到了大厅门口，而他正是在逃犯徐某春。可能是与我们掌握的旧相片不同，现在的徐某春变得又肥又强壮，难怪当他从刑警们面前走过时，竟然没有一个人认出他。

眼看他即将推门而出，怎么办？

如果我像平时许多民警抓捕时那样大喊"警察，站住，别跑！"之类的话，估计抓捕对象跑得比兔子还快。

我脑子里瞬间一个转念，在登记总台里对着抓捕对象徐某春用非常亲切的语调喊了一声："春哥！"

徐某春停止了推门，转过身来对我礼貌性地微微一笑，当时他应该心想我是谁吧。我走出登记总台，一边朝他走去，一边像老朋友一样笑着打招呼说："哈哈，春哥，你不认识我了吗？"

徐某春面对着我，脸上堆着笑、点着头，脑里肯定在想，这是哪一位朋友呢？在哪里认识的呢？

我走到了他的身旁，用左手搭着他的肩膀，还是笑着对他说："春哥，你忘记小弟啦！"手上却暗暗用力将他转过身来面对着沙发椅上的刑警们。

这时，这些刑警们才如梦初醒般地从沙发椅上站了起来。徐某春见状，发觉不对，马上用手大力往外一摆，挣脱了我的手，转身拔脚往门口冲去。

在我可控的范围内，怎会让他轻易逃去！我向前紧跟着徐某春的身体，用右手向前一探，往他颈部一箍，右脚迅速往前一伸挡在他脚前，手、脚、腰同时发力，"叭"的一声，将徐某春摔了个"狗啃屎"。这时候，几个刑警扑了上来，下了好一番功夫才将颇有力气的徐某春控制住！

事后有一个刑警对我说："我看见他走过我们身边的时候，我还真的是没认出变了样子的徐某春。到后来你喊他的时候，那个表情真的是非常自然，真像是喊一个好久没见的老朋友，当时我心里还在想，在闸坡这种小地方你还能遇见认识的朋友呢。"

我笑了笑对他说："这是我多年抓捕案犯的冷静与经验的结合，若是连你都骗不了，又如何骗得了每时每刻都小心谨慎的在逃犯？"

点评：

1.在得知抓捕对象在公共场所时，抓捕时常规的动作是：翻查现场的监控，包括大门、停车场、电梯、楼层通道等都要核对。虽然这次抓捕行动由于监控的质量问题，未能通过视频来确定对象，但多数时候监控视频都是非常有用的。

2.到哪一个地方抓捕，都先要了解透彻这个地方的所有规定与细节，这样在判断时才有据可循。比如说，这家宾馆免费提供泳衣，而我们在客房里没有发现，由此可推断住客们穿泳衣去海滩玩水了。

3.通过判断，认为那个商务房间不是犯罪嫌疑人住的房，原因有三：

（1）真正来旅游的游客，所携带的各种内衣、睡衣、洗浴用品、护肤品、应急药品、日常用品等都十分齐全，而阳江本地人的行李则是非常简便的。

（2）作为一个阳江本地的在逃犯，应该非常注意在本地的活动，不会轻易在人多热闹的旅游区里露脸。

（3）2时才入住，尤其是这种平时经常熬夜喝酒的年轻人，上午在客房里熟睡的可能性非常高。

4.抓捕最重要的一个细节就是你要将抓捕对象的脸形、身高等特征牢记于心。由于是多年前的案件或只有抓捕对象旧时的照片，因此嫌疑人有可能变化极大。但其五官不会变，身高等明显特征不会变，就像之前提到的在二运汽车站抓获的命案逃犯那样，由于只有8年前的照片，我在抓捕前也是靠紧紧记住他的脸、身高与其他明显特征才确认的。

5.我是等到了12时这个时间点，才要求总台的女经理通知所有入住的旅客来总台续房或退房，这样才不会让在逃犯起疑心。通知旅客的效果有两种可能性：

（1）若是旅客退房，房内的其他住客会一齐下来。

（2）若是旅客续住，这个时间点也是到了该吃午饭的时候了，房内其他的客人也会一齐下来。

所以我们是在大厅里是有计划的"守株待兔"。

6.在这个案件中，若我当时看到抓捕对象即将逃脱而热血沸腾地大喊一声："别走！"估计徐某春马上就开跑了。而顺利抓捕徐某春，离不开刹那间的应变能力。当我亲切地叫了声"春哥"后，徐某春虽然不认识我，但他的情感也会发生变化。他会努力地回忆，这个亲切打招呼的朋友是谁？他的行为也由推门外出变成等待，为我完成对他的抓捕赢得了时间和空间。

|第十六节|　无法割舍的亲情

世间没有能与亲情相比的东西，尤其是在我们的传统文化中，血浓于水，亲情是一种无法割舍的浓厚感情。多年的抓捕经验告诉我，不论在逃犯如何躲避公安机关的追捕，但思念及联系亲人是必然的。有时候，因为时间久远，我们在对逃犯的位置信息一无所知的情况下，通过追踪其亲人而得知抓捕对象的准确位置便是一个好

方法。

2016年6月，我接到局领导的指示，要到湛江市抓捕一名多年前的涉黑逃犯甄某。我们只知道他在十多年前已在湛江成了家，8年前在阳江牵涉进一个黑社会案件。之后，他的手机号码停用，人也不知去向。

没有抓捕对象的住址，没有他的电话、微信等联系方式，不知道他现在的体貌特征、工作地点、车辆等信息，许多民警都觉得是大海捞针。

但我认为不论多困难，总会找到方法的，于是我带着几个刑警就跑到湛江市了。

首先，我到湛江市公安局刑警支队查明了甄某的家庭情况及车辆登记情况，并取了家属最新的户籍相片，户口上有他妻子冼某和14岁的儿子甄某某。

然后，我们又到房管局了解抓捕对象甄某户籍上的地址，但该房屋早已因拆迁而不存在了，系统上没有查询到甄某及冼某新的住址。

冼某父母居住的房屋，我们也通过辖区派出所和居委会进行了调查了解，对于甄某这个人，大家都没有印象，说他从来没有出现在他岳父家里。

既然住处这方面没信息，我们便开始从亲人方面查找。于是，我们到湛江市教育局查询，查到逃犯的儿子甄某某在湛江一中读初二，我们通过当地派出所的驻校民警找到了他的班主任，向他介绍说在阳江市有个经济案件，需了解甄某某及他父母的情况。

我们通过班主任得知甄某某平时是走路上学的，那么他应该在学校附近居住。开家长会的时候，父亲偶尔会到场，但基本都是母亲来参加，家庭联系人上留的电话号码也是母亲冼某的。

于是我心生一计，和班主任商量，以即将放暑假，其间会有学校课程通知为由，要求学生将父母双方的联系电话及地址报上来，由此得知在逃犯的情况。

在上交的联系表中，虽然班主任叮嘱过一定要填上父母的电话，但甄某某填写的却是母亲与小舅的电话，地址也是小舅家的地址。这应该是谨慎的父亲曾经叮嘱过的。

这一计策不行，那么就实行下一计策。

当天晚上，学生们放学后，在班主任的配合指认下，我们尾随跟踪甄某某步行回家，看看他父母是否和他一起居住。

既然他父亲要求儿子要避免透露他的信息，那么甄某某也会小心行事的。为防止被他发现，我们几个人一路上交错跟着。在学校附近的一个住宅小区里，我们看见甄某某走进了一幢商品楼的三楼第一间房。从外观来看，阳台挂着的衣服都是校服，透过走廊打开的窗口，房间面积很小，一房一厅，摆的都是书和其他学习用品。由此判断，他父母应该不在这里居住。

我们找到了这个小区的物业主管，了解到那个房间是租的，因为小区离学校比较近，许多家长都租房来让学生休息。至于甄某某租住的房，主管说从未见到他的父母来过。

不能从他儿子这方面查探到消息，就从他妻子方面去查找，因为我坚信利用血浓于水的亲情是破案抓捕最有效的手段之一。

我们从校方了解到，他妻子冼某的工作单位是市税务局。下午，我们到了市税务局，为了确认冼某是否在上班，我用旁边的公用电话打给税务局办公室，说找冼某。当确认冼某听电话时，我再把电话挂机。

之后我装作到四楼办事，在办公室旁仔细观察了冼某的打扮和服饰，然后安排一个民警在税务局门口附近准备好车辆，其余人则在大厅和门口处等她下班。

冼某下班了，我们跟随着冼某的小车，从新区开到老区，车距始终保持在两三部车左右，冼某的车子地左转右转地来到了一幢三层私宅面前停下。我们惊喜地发现，在逃犯甄某正悠闲地坐在屋前的小凉椅上抽着水烟筒。

点评：

1.在学校，我故意将涉黑的甄某说成是经济犯，将其涉案情况说得轻点，这样老师才不会感到紧张，才会配合我们。因为一般人听到当事人参与过涉黑案件，怕被报复，心里会产生抗拒念头，进而不会配合我们的工作。

2.从在逃犯的亲人入手，通过跟踪他的亲人这种最传统的手段，从而得知在逃犯的住处，这种侦查方法往往能达到效果。

3.这个抓捕行动的成功，一切都从细致的心思中体现出来：

（1）我们几个人一路上交错跟着甄某的儿子，因为甄某很有可能知道他父亲是一名在逃犯，所以我们在跟踪时要加倍小心。

（2）用旁边的公用电话打给税务局办公室找冼某，并由此确定她在上班。因为我们的电话都会显示归属阳江市，所以必须用湛江市本地的电话去确认。

（3）到冼某办公室去仔细观察了她的打扮和服饰，并安排一个民警在税务局门口附近准备好车辆，这样就使冼某处于我们的眼皮底下了。

4.这个案件抓捕对象的信息量非常少，我从由住房找人到由亲人找人，用了多种方法才完成抓捕任务。这就要求民警在侦查中要多开动脑筋，多寻找线索。

这是在现代的技术手段无法用上的情况下，用传统的侦查方法完成抓捕任务的成功案例。现在许多民警都过于依赖用技术手段去抓捕，一旦缺少信息，就无所适从，不知如何开展工作。

｜第十七节｜　因地制宜制订抓捕方案

我们在抓捕当中，一定要根据实际情况，随时变通，切忌强行直接抓捕。要根据抓捕的现场环境，评估抓捕时可能会遇到的危险，并利用环境的特殊性，发挥头脑的智慧，究竟怎样才可将在逃犯安全抓捕，从而制订出最适当的措施与最可行的方案，将抓捕风险降到最低。

1999年夏天，阳江市城区发生了一宗命案。有两个林姓的亲兄弟，均有老婆小孩，由于住在同一间屋里，两个家庭常常为一些琐事吵架。在这年夏天的一次吵架中，冲突升级了，大哥将小弟砍死

了，犯罪嫌疑人林某一逃就是十多年。

2015年4月，由于公安部下达了破命案积案的任务，我们将尘封多年的案卷找了出来，通过调查，得知犯罪嫌疑人的女儿已经大学毕业了，并且在东莞市一家律师事务所里实习。

我一直认为，人世间最难割舍的是血浓于水的骨肉之情，父女间必定会有联系。我们调取分析他女儿的电话通话清单及银行资料，却没发现有价值的线索。

怎么办？按以往的常规调查，似乎没有新的信息了。

后来，我转换思路，叫一年轻民警冒充是她的大学校友并在网上加她为好友，然后从女孩的微信、微博、QQ等信息来研判。

我认为，父亲的生日，女儿肯定是会祝福的，由此入手应该有所发现。由于阳江本地人庆祝的都是农历生日，所以我根据犯罪嫌疑人林某的身份证日期推算出他的农历生日日期。果然，在他女儿的微博中，我们发现了她在父亲农历生日当天发的祝福语。我们在评论中发现了一条感慨开心却不能相聚的信息，这条信息的内容、语气充满了长辈的关爱，这使我非常肯定这条不寻常的信息就是犯罪嫌疑人林某回复的。

我们对这个疑似林某微博号注册的电话号码进行查询，是一个在湖南省邵阳市洞口县的电话号码。通过刑警协作平台调取的电话通话清单来看，好奇怪，这个号码半年的通话记录只有7个。这是个不常用的电话，应该主要是用来注册微博、微信与女儿联系的。那么平常在洞口县生活用的应该还有另外一个号码，只是我们未掌握罢了。但这个反常的通话清单，使我更加肯定了这个电话号码就是犯罪嫌疑人林某的！

我带队驾车千里迢迢到了湖南省邵阳市公安局技术侦查支队，向他们寻求技术支持，但却被告知因近期案件太多，我们需要长期等候，据他们说有几个内蒙古来办案的民警已经在邵阳市当地等了近一个月了。

其实，一般在外地的抓捕行动，按许多办案民警的惯例，都是在宾馆先住下来，等当地的技术侦查部门有空了，通过技术手段来对抓捕对象的手机号码进行具体位置定位，然后再实施抓捕。

但我们没有在邵阳等候，而是直接开车到了洞口县城，因为我非常有信心通过常规侦查手段也可以抓捕在逃犯！

犯罪嫌疑人的7个通话记录中有2个是私人号码。其中一个号码通话了2次，剩下的4个是固定号码：一个是××商行的，一个是××酒店的，一个是××桑拿中心的，还有一个是××市场的。

在逃犯逃窜在外地匿藏稳定下来，必须要在当地工作与生活，那么之前熟悉的工作技能也应该会用上。林某犯罪前在阳江市本地的工作是大排档厨师，所以我当时分析他最有可能在××酒店工作。

到了洞口县的××酒店，一楼是大厅及客房登记前台，酒店在二楼。我让同事们在车里等候，一个人先上去查探一下环境。在二楼的前台与服务员故意胡侃时，我注意到在台面上摆的一摞订座名片，在名片上发现了那个通话两次的号码。于是我更加确定犯罪嫌疑人林某就在这里工作，而且干的就是老本行——厨师！

回到车上，我与同事们商量，认为我们对酒店厨房内部的环境不熟悉，包括是否有消防通道或后门都不知道，而且在触手可及都是砍骨刀、菜刀等利器的厨房里抓捕犯罪嫌疑人是非常危险的。

怎么办？

在这种恶劣的抓捕环境下，什么样的方法才是最安全、最优质的抓捕方法？

拍拍脑袋，我顿时想出了一个"请君入瓮"的方法。

于是，我们去酒店开了一个包间，点了些菜肴，然后对楼面经理说，我们今天是特地到你酒店试试菜式的，我在附近小区买了间新房，想下星期在你酒店摆新居喜酒。因为我曾经在广东工作，到时会有许多广东朋友过来道贺，但我怕他们吃不惯湘菜，听说你这里有会煮粤菜的厨师，据说味道还不错，你去叫这个厨师来介绍一下菜式，我觉得满意的话，就订15桌吧！

在确定整个酒店只有一个广东籍厨师后，我抛出了酒店利润最大的"摆喜酒"作为诱饵。

不出所料，潜逃了多年的命案逃犯林某就毫无防备地被经理叫到了我们的房间里来了，我用阳江方言对林某表明身份说我们是阳江市公安局的警察，林某一听马上就瘫软在地了。于是，我们仅仅用传统的侦查手段摸排了不到2个小时就兵不血刃地抓获了潜逃16年的命案逃犯林某。

在林某居住的宿舍房间内，林某搬开桌子，从墙上的破洞里拿出几包用胶袋牢牢包着的一卷卷的现金，委托我们交给他的女儿，流着泪对我们说背井离乡这么多年，没有尽到父亲的责任，愧对自己的女儿。当初没有去自首，是因为怕一辈子坐牢，失去补偿她的机会，自己在外面起早贪黑、省吃俭用辛苦点，攒些钱，给她将来结婚用……这就是血浓于水的亲情。

点评:

1.积案的特点是犯罪嫌疑人由于长期成功地躲避公安机关的追捕,生活上渐渐安逸,心理上的警惕性也会变得松懈。相反,对亲人的思念却越来越浓郁,他们之间必定有一种常联系的方式。在逃犯与家人常见的联系方式有下面几种:

（1）电话联系；

（2）网络联系；

（3）资金联系；

（4）包裹联系；

（5）见面联系。

所以,我们对积案的侦查要通过多种信息渠道去查询在逃犯与家人联系的方式才会有新的、有效的追逃线索。尤其是在网络资讯发达的今天,通过查阅在逃犯亲属的各种网络平台如微信、微博、QQ、抖音等信息来研判,容易有收获。

如在2013年有一个命案积案。犯罪嫌疑人一直在逃,我们也是通过查阅犯罪嫌疑人女儿的微博,发现她在半年前曾发过一张在医院看望长辈的图片。虽然图片没有说明是谁生病了,但配图的语言文字透露出了女儿对父亲的那种特殊的爱,于是我通过图片上的住院服装、日期找到了住院者的各种信息,根据这些信息将潜逃多年的在逃犯抓获。

2.女孩子在心理上对父母的爱总是特别感性的,尤其是父母生日、父亲节、母亲节、中秋节、春节这些"触节生情"的节日,思念特别浓,这是人性,同时也是在逃犯一个致命的弱点,但对我们的侦查抓捕却是一个良机。

3.绝大多数阳江人过的是农历生日，这既是风俗，也是一种常识。在案件的侦查过程中，我会想到通过各种网络平台查看是否有犯罪嫌疑人的信息，并将犯罪嫌疑人的阳历生日转换成农历去查询，这种有效的侦查思路是需要经历与经验的。

4.一个人逃亡在外，心里彷徨无措，对外面陌生的生活无所适从，很大可能就是会依靠自己最擅长的手艺，用原来熟悉的生存技能去谋生。就像林某以前在阳江是当厨师的，他逃亡在外地总不会去工地担泥担沙谋生吧。

多宗抓捕案件表明，逃亡多年之人之前当医生的还是会从医，之前当理发师的还是会以理发为业。但他们的心态发生了变化，多以老好人的面目出现，因为怕惹人注意，所以为人行事低调，不敢张扬。这些逃犯被捕后，他身边的朋友或同事总会觉得惊讶，所以我们在调查逃犯的行踪时也要注意这点。

5.抓捕的临场应变能力是非常重要的，切忌强行莽撞，要根据不同的现场情况、不同的环境，制订出可行的、安全的方案。就像这次的抓捕行动，我利用酒店逐利的特性，设计出了对酒店而言利润最大的"摆喜酒"当诱饵，顺利将抓捕对象引出来，过程合理，不会使人起疑心。

6.一些民警不论在办案过程中，还是在抓捕过程中都太过依赖技术部门的技术手段。有时候，等到当地的技术部门有空了，在逃犯也逃窜到别的地方了。机会是稍纵即逝的，我们要真正培养起对传统侦查手段的信心！

我在抓捕过程中靠的是敏锐度、判断力和丰富的想象力，及对平时生活的理解与经验的积累。每一个细节都要求自己做到最好，这就是局领导说的每次都能顺利完成抓捕任务的好运气。

|第十八节| 穷尽一切方式方法

我们抓捕犯罪嫌疑人时要不断去尝试各种方式、方法，永不气馁。而在现实的抓捕行动中，有些民警在尝试了一两种方法没效果后，就没信心了。有时候，方法用尽，的确像是到了山穷水尽的地步，这时一些民警会放弃，将案件放下。我们要有不服输的刑警精神，多开动脑筋，多去尝试，利用一切可以利用的天时、地利、人脉、环境，总会找到新的转机与方法。

2018年3月中旬，市区发生了一宗非法拘禁案件。事主曾某一年前由于做生意欠缺资金，通过朋友介绍向左某借了30万元，月息10厘。这么高的利息，曾某很快就还不了了。渐渐地，催债电话也无人接听了，左某此时派人到处去找他，终于在一家茶庄找到了曾某。左某随后打电话叫朋友林某带几个年轻人来，押着曾某转了几个地方拘禁了两天三夜。其间林某和他喊来的几个年轻人对曾某多次进行殴打，威胁曾某的家人拿钱来赎曾某。

曾某的家人怕曾某受到伤害，也不敢报警，东拼西凑还了17万元，曾某被放出来后到我派出所报警，经法医鉴定，曾某断了三条

肋骨，全身多处软组织挫伤，伤情鉴定为轻伤。

案情恶劣，我们经过一段时间的精心研判、布置警力，在一个早上，在犯罪嫌疑人左某的公司抓获了左某。通过左某交代的情况，我们得到了另一个主犯林某的个人信息，但信息量极其有限。左某只是交代了林某的姓名、手机号码和微信号码，林某的住址、工作、爱好等不清楚，对于林某喊来的其他几个犯罪嫌疑人，左某也不认识。

通过公安警综系统查询及走访调查，我们得知林某是阳东雅绍某村人，但他早已搬到阳东城区，家里只有老婆郑某及12岁的儿子。

通过查询林某的通话记录，我们发现在左某落网后，其手机就处于停机状态，没法用快递钓鱼的方式来抓捕他。

于是，我叫网通大队的技术女警加他的微信，试图用美女引诱的方式去抓捕他，但狡猾的林某没有上当，未能通过添加。

我调取了林某的电话停机前的通话清单，从中找出他经常互打的6个电话号码，再调取这6个电话号码及他老婆郑某的电话共7个号码现在的通话清单。因为这样，若有新的号码近段时间也和这7个号码都有互打的话，那么这个新号码就极有可能是林某的。

但调回这7个电话通话清单一看，居然有3个也是停机状态，而且停机时间和林某的日期接近，那么这3人也应该和林某一样，是这宗非法拘禁案的犯罪嫌疑人。但我们还是未能研判出林某的新手机号码等信息。

我们目前掌握的信息太少了，无法形成更多的有效研判信息，有点山穷水尽的味道。

怎么办？

我对办案民警说，既然对林某的信息无法研判，那么就改变方向，朝他老婆郑某的方向侦查。办案民警在公安信息网上查找出郑某的电话，网监大队也查找出了郑某的宽带报装地址是阳东区××小区8幢702房，这应该就是林某与郑某住的地址。同时，网监大队也查明了郑某手机上午及下午常上网的地址，是市区二环路的一家地产公司，这应该就是郑某平日上班的地址了。

有了郑某住处的信息，我和办案民警马上赶到阳东区××小区找物业去调查。但据物业经理说，这里没有8幢楼，只有以英文字母A、B、C、D为名的楼，难道当初登记时写模糊了，是B幢702房？

于是，我将林某和郑某的电话发给美团分部的朋友帮忙查询是否有过送餐服务。果然，郑某的电话曾叫过美团送餐，由此确认林某的住处就是B幢702房。

据小区物业说，该房是林某的父亲林某伯于三年前购买的，听说他在阳江市区搞点建筑小工程。一直以来，交物业管理费的也是林某伯，但房子却是他的儿子和儿媳及孙子在居住。近来很少见到他儿子林某出入小区，应该是没来住。但物业经理说曾看见林某驾驶过他老婆的一辆白色马自达汽车，车牌尾号是09。

我们马上回单位查询公安警综系统，系统显示林某及郑某名下都没有登记车辆信息，但办案民警发现郑某的电话曾登记过一次交通违章罚款记录，点进去一看，是为一辆白色马自达粤Q×××09交的，这辆车是登记在张某（后查明是林某的表弟）名下的。我们通过查询全市的路面交通抓拍监控，发现这一年来都是郑某在开

车，抓拍的图像也都是在正常的上下班路途中，好像也没新的有用线索可以查明林某的去向。

从林某的老婆郑某处未能获得有效线索，那么我就试试从他儿子林某良处入手，因为我觉得亲人始终是在逃犯唯一的牵挂。

首先，我先通过阳东区教育局查询他儿子的姓名和身份证号码，得知林某良就读于阳东区实验小学五年级，于是我去学校找到他的班主任，了解到林某良一直都是他母亲郑某接送的，从没见过他的父亲。

在我的授意下，班主任打电话给郑某说，需要对林某良的父亲说明林某良在校的一些情况，向郑某要了林某的电话号码。我一看那个电话号码就知道郑某的心思缜密，因为给的是林某之前停用的电话号码。班主任将信将疑试打了一下，果然是停机了。于是丁某再次致电郑某，郑某搪塞说就只有这一个电话号码，前几天还打通过呢。

看来，从林某儿子这条线索获得林某的信息也是行不通了，林某和他老婆郑某的防线似乎都非常严密。

尝试了多种方法都碰壁了，案件线索没有新的进展，似乎山穷水尽了，但我毫不气馁。

一天早上，我带着一个办案民警去犯罪嫌疑人林某的居住地××小区B幢楼下蹲点守候，看看是否有好运气会碰到林某，其实还有一个目的：印证林某是否如物业经理所说已经长期没有出入小区了。因为有些事情别人说出的不一定是事实，必须要亲自去验证。但像这种传统的侦查方法，在技术手段发达的今天，尤其是在犯罪嫌疑人极少在家的情况下，相信很少有民警会浪费时间去蹲守了。

反正没有其他方法可以获得林某的信息了，无论多么小概率的机会都要去尝试。

守候时，我心里在盘算着：若等不到犯罪嫌疑人林某的身影，也可以等到他老婆郑某上班，之后再叫物业找个理由上去敲门，里面若有人应答就肯定是林某了。

但我等到10点半，那辆白色马自达还是停在楼下，难道郑某没有去上班？因为我曾经来观察过，郑某早上8点半前就会开车去上班的，或许今天上午郑某有什么事？

这个疑团只有我上去查看才能解开，但用什么方法才能自然点，不让郑某生疑心呢？

这时，停车场里有一个妇女手扶着一辆摩托车在大声嚷嚷："是谁弄倒了我的摩托车？车尾箱都碰花了！"

我转念一想，有办法了！

于是，我走上前对那妇女说："好像是这辆白色的马自达，车主刚才才回，之前我见你的摩托车一直都好好的，这辆汽车回来后，你的车就倒了，很有可能是这辆小车碰到了。"

那妇女围绕那辆白色汽车仔细看了看说："没有发现有撞的痕迹呀。"

我说："不管是不是，我和你上去问问就知道了，车主是住在B幢楼702房的。"

在我的"唆使"下，那妇女也不管我是谁，就和我上去敲702房的房门，门开后，女主人郑某站在屋里，外面还隔着一道通花透明的铁门。在得知我们的来意后，郑某否认是她碰倒了摩托车，并

说汽车从昨天20时回来，停放到现在没动过。

我故意套她说："或许是你老公开你的小车碰的呢？"

郑某马上回答说："我老公有车，他的车是凯迪拉克。他这段时间都没回来，怎么会是他呢？"

这么不假思索的回答，看来她说的应该是真话，我转回话题说："你真的没有出去过？"

郑某说："我小孩病了，我自昨晚起一直都在家里。"

到了这个分儿上，我知道再问也不会有新的线索了，于是我这个"热心人"便拉着那个妇女走了。

相对前段时间侦查工作进展的不顺利，这次起码知道了林某开的车是凯迪拉克品牌，而他们夫妻俩名下都没有车，于是我又找到马自达车的车主张某。果然，张某的名下还有一辆凯迪拉克车，车牌是粤Q××××79。这应该就是犯罪嫌疑人林某的座驾了。

通过查询路面交通抓拍监控，我们发现犯罪嫌疑人林某开车时副驾驶座除了有一些不同面孔的男子外，还经常坐着一位打扮时尚的女性，估计应该是林某的女友。

于是我心生一计，利用这些照片来做文章。我打电话给郑某说公安部门约你谈谈你老公林某的事，郑某依约而至。表面上我是做家属的劝投工作，实际上，我故意拿出林某开车时的照片，郑某一看到林某旁边的女子，脸色大变。

我在旁则故意刺激她说："你老公应该在外面有家了，但不管他在外面怎么风流，他儿子近期病了，他都应该回去关心一下呀！"

郑某非常气愤地说："林某真是没良心的一个人，平日在外面花天酒地长期不回家也就算了，但这次孩子病了也不回来看看，只是前天晚上打个电话给孩子问问退烧了没，和孩子聊了几句就挂断了。前年我和他感情就不好了，那时候经常有女的夜里和他视频聊天……"郑某向我发泄了一大通对林某不满的话。

这次家属劝投工作收获甚大，因为我关心的是郑某在情绪失控时透露的前天晚上林某的那通电话。于是我马上调取郑某的电话通话清单。一看当晚的通话只有2个。一个是20时13分的，一个是23时46分的。能和孩子通话的，推断只能是20时13分这通电话，因为23时46分的时候，孩子早已睡了。

利用各种方法侦查至此，对抓捕对象的信息终于有了突破。办案民警兴奋地说："有了林某现在的电话号码，是不是可以交案给市公安局技侦支队侦控了？"

我说："技侦支队有那么多大案等着破，不知什么时候才会排到这宗，不如我们继续侦查吧，把这个号码的通话清单调出来，肯定有他车上那个女朋友的号码，到时找到她的住处，林某很有可能在她那里居住。"

当天是父亲节，我叫民警们早点回去休息，等到第二天星期一再工作，毕竟辛苦了这么多天，是要好好陪陪家里人，晚上和父母好好吃个饭的。

民警们回去后，我坐在办公室里灵光一闪：对呀！父亲节，人人都陪家里人过的节日，那么林某也应该一样。特别是近两年，逢喜庆节日的，一家人都懒得动手在家里煮东西，晚饭都是在外面酒店吃了。像这种父亲节、母亲节的，更不会让父母动手在家里煮，那是不是想个办法骗出他们吃饭的地点就行了？

林某与郑某夫妻两人因为知道犯了事，处处小心谨慎，是属于不容易上当的那种人，但他们上了年纪的父亲则不同。

于是，我找出从物业处了解到的林某伯的电话拨打，电话通了后，我问："是林某伯吗？"

电话那头："是的，你是谁？"

我说："我是和你曾一起做工地的陈伯的儿子，现在我在阳西做工地，听说你在阳江市区做，有单生意想和你合伙做。"

林某伯："你是哪个老陈的儿子？做工地的，我认识好几个。"

我："我爸说和你最好的，一起做过工地的，你忘记了吧？"（这是活脱脱的电信诈骗手法——"猜猜我是谁"。）

林某伯："哦，你爸是不是叫陈某列？我和他真是很好的朋友，但也好久不见了。"

我："是的，我今晚去阳西，我去找你当面谈谈那工地的事，要不然我请你吃饭？"（三十六计中的以退为进。）

林某伯："不用了，我今晚约了家里人吃饭。"

我："那你在哪里吃饭？我在门口等你，简单介绍一下这项工程，然后我把图纸和招标书的复印件给你，你回去慢慢看完后，认为可以赚钱再联系。"

林某伯："哦，我今晚在××大酒店吃饭，你晚上来到酒店就打电话给我吧。"

我："好的。"

挂完电话后，我马上赶到××大酒店，对着订餐记录一查阅，当中就有犯罪嫌疑人林某这个电话的订座信息。当晚，我布置警力顺利将林某抓捕归案。

事后，有民警对我说："在父亲节这样的日子抓走了林某，他父亲肯定很伤心的，对老人家这样做我觉得有点不忍心。"

我说："你想想被他非法拘禁打伤的事主，现在还躺在医院的病床上，父亲节在病痛中度过，是不是更残忍呢？"

民警点点头："想想也是！"

点评：

在有些抓捕行动中，办案民警尝试了一两种方法失败后，就没信心了，不会再想方设法去寻找新的转机。做任何事，我们都要树立起信心，克服畏难情绪，要多开动脑筋不断创造条件、创新方法直至完成任务，如在这个抓捕案例中，我几乎将所有的方法尝试个遍：

1. 尝试用快递钓鱼的方式来抓捕他。

2. 试图通过网通大队的技术女警来加他的微信，用美女引诱的方式去抓捕他。

3. 我调取了林某电话停机前的通话清单，从中找出他经常互打的电话号码，再调取包括他老婆郑某的电话在内的共7个号码的通话清单去研判，因为若有新的号码近段时间也和这7个号码互打的话，那么这个新号码就是林某的。但由于有3个号码已停用，因而未能找出林某的新电话号码。

4. 通过网通大队查找出了郑某的宽带报装地址，判断为林某一家的住址，上门通过物业去了解林某一家的状况，却发现地址有误。

5．通过美团外卖分部的朋友帮忙查询林某、郑某的电话是否有过订餐记录，进而确定了林某一家的准确地址，并通过物业了解到林某会开老婆郑某的一辆车牌尾号为09的白色马自达汽车。

6．通过查询公安警综系统，发现郑某的电话曾登记过一次交通违章罚款记录，是为一辆白色马自达粤QXXX09交的，确认了这辆车就是郑某的车辆，查到这辆车是登记在林某表弟张某名下的。

7．通过查询路面交通抓拍监控，发现白色马自达粤QXXX09都是郑某在开，抓拍的图像也没新的有用线索。

8．从犯罪嫌疑人的儿子方面着手侦查。通过阳东区教育局查询他儿子林某良，得知他就读的学校，并通过他的班主任了解到林某良一直都是他母亲郑某接送的，放弃了在上学时间在校门口守候犯罪嫌疑人的念头。

9．从犯罪嫌疑人的老婆着手侦查。在我的授意下，试图通过班主任以某个理由打电话给郑某骗出林某的电话号码，但只是得到我们之前掌握的已停用的电话号码。

10．在林某家附近守候伏击。在此过程中，灵机一动利用突发事件敲开林某家的大门，通过林某老婆郑某得知林某近期没有回家，并且知道了林某开一辆凯迪拉克小车。

11．由于林某夫妻俩名下都没有车辆，因此我又查询马自达的车主张某。果然，张某的名下还有一辆凯迪拉克车，确定为犯罪嫌疑人林某的座驾。

12．通过查询路面交通抓拍监控，发现犯罪嫌疑人林某开车时副驾驶座经常坐着一位打扮时尚的女士，估计应该是林某的女友。于是利用女性易吃醋的心理，给郑某看她的老公与一女子同车的亲密照片来打乱郑某的心智。郑某脑子一热，心理防线自然崩溃，致使其因情绪失控透露出前天晚上林某曾打电话给她关心小孩生病一事，这是近段时间获得的最有价值的线索。

13．通过调取郑某的电话通话清单加以分析，得知林某新的电话号码。

14．利用父亲节这种家人相聚吃晚饭的特殊日子，用上电信诈骗中"猜猜我是谁"的手法，骗出了林某父亲吃晚饭时的酒店名（若林某父亲是在家里吃晚饭，一样能骗出他的地址）。

15．到酒店核实林某一家的晚饭包房，然后手到擒来。

这次抓捕任务成功的转折点是：在尝试了许多方法都未能获得有效信息后，我想到了在犯罪嫌疑人林某家旁蹲点守候。这是现在绝大部分民警过度依赖高科技破案而最不愿意做的费时费神的侦查工作。但正是这一次的守候使我知道了林某的交通工具，也正是我对工作的执着使抓捕任务有了转机。

路面交通抓拍监控与路面人脸识别系统一样，为我们抓捕犯罪嫌疑人提供了非常多的信息，如犯罪嫌疑人的衣着特征、活动轨迹等，还可以提供同行人的信息，为我们研判犯罪嫌疑人的位置拓宽了渠道。

审讯篇

审讯一定要有信心，审讯就是一场攻心战。

审讯就像是攻打一座城池，只要方法得当，就能攻陷。

审讯的方法要灵活多变，对症下药。

人非圣贤，总是有弱点的，就看你在审讯的周旋中是否能把犯罪嫌疑人的弱点找出来，并利用它击破对手的防线！

| 第一节 |　审讯的重要性

刑事审讯，是指公检法机关在侦查、审理案件过程中对犯罪嫌疑人进行讯问，对犯罪嫌疑人的犯罪事实进行查证的过程。

早在1992年，我从警的第三年，由于当时城区的夜间盗窃案频发，治安环境令群众感到担忧，于是局里组织民警进行为期3个月的夜间守候伏击行动。其间，我也守候抓到了不少犯罪嫌疑人。

在阶段性总结时，负责这个行动的副局长对我们说："你们的工作虽然十分辛苦，但我还是希望你们在刚抓到犯罪嫌疑人时，趁他心里还在惊慌，就地对他展开审讯。可能有些同志不理解，认为抓到了人，缴出了赃物移交给辖区派出所就行了。我举个例子，上个星期，金鸡路有一户人家被人入室盗窃了价值几万元的金器，事主刚打电话报警，伏击民警在路上就拦下了一个骑自行车的犯罪嫌疑人，从他自行车头上的车篮子里缴出用布包着的刚刚被盗的金器。我们将他押回到派出所对他审讯，但犯罪嫌疑人一口咬定是在路边捡到的，民警对他审了一天一夜，他都不肯承认，没办法，只好将他放了。"

从副局长列举的这个案例可以看出，民警在伏击中对犯罪嫌疑人人赃并获，但由于犯罪嫌疑人的狡猾、我们民警审讯水平的低下，致使犯罪嫌疑人逃脱了应有的法律惩罚。这件事使我第一次明白了审讯的重要性。

我从小热爱学习并积累各种犯罪心理知识，但我的审讯技能还是在刑警大队不断提升的。因为在刑警大队的四年多里，我接触了大量各类刑事案件，审讯了大量犯罪嫌疑人，在当中的实践过程中受益匪浅，从中学习并积累了非常丰富的知识与经验。

要提高审讯水平，我们就必须经常去面对不同的犯罪嫌疑人，和他们对话、交流，从中了解他们犯罪时的心理活动及审讯时的心理变化。当中，我们要分化过滤，积累有用的知识和经验，不断提高在审讯中面对犯罪嫌疑人时的应变能力与掌控能力。比如，你是一名打羽毛球的高手，但如果你不经常上场打比赛，不经常锻炼你的走位、锻炼你的球感，你的水平绝对会下降。

侦查审讯是侦查机关为了查明是否犯罪和犯罪情节而对被告人或犯罪嫌疑人进行的面对面审查发问。它是依据中国刑事诉讼法规定而进行的一种侦查活动，也是每个案件必经的程序之一。

第一，通过审讯可以核实证据，查明案件的内在联系，何时、何地、何因、何果等。一些案件虽然有证据指向，但案件的复杂性与可能性总会存在万分之一的疑点。若犯罪嫌疑人不肯招供犯罪事实，有些民警心里总存在着会不会是冤假错案的心理疙瘩。

第二，就算是有铁一般的证据证明犯罪嫌疑人参与犯罪的行为，但他作案时的意图是什么？主观方面又是如何？这些都是我们在办案当中需要查清楚的问题。

第三，有些团伙作案的案件中，团伙中每个人在案件中的地位，当中谁是主犯、谁是从犯、在案件中起到了什么作用等都要通过审讯厘清。

第四，我们在侦查当中未发现的同案嫌疑人、犯罪嫌疑人是否还参与了其他刑事案件，一些我们未掌握的情况如赃物的流向、凶器、尸体的匿藏等，我们都需通过审讯去弄清。

第五，通过审讯，保障无辜的人免受刑事追究。

我们过去的审讯总是千篇一律，大声吼几句"坦白从宽，抗拒从严"，或用疲劳战术来拖垮审讯对象，通过对犯罪嫌疑人的生理和心理极限施压的方式来获得口供。

审讯中为什么会出现刑讯逼供？我认为，这是民警的审讯水平低下的反映，他们对犯罪嫌疑人的问话方式简单粗暴，没有方法，不会动脑。

这样一来，很有可能会使无罪的犯罪嫌疑人在巨大的压力下"招供"，极易造成冤假错案，如河北聂树斌案、河南赵作海案、内蒙古呼格吉勒图案。现在的审讯都是在全程录音录像下进行的，所以之前那一套在当今的法治社会已经不合时宜了。

虽然一些恶性案件不破无法向社会交代，不破难平民愤，但我们也要清楚认识到，不能让所谓的"义愤"和"任务"代替理智，如果取证程序违法，即使证据是真实的，也会被排除。

禁止刑讯逼供不只是因为它可能会导致冤假错案，更是因为它在程序上的不正义。马丁·路德·金曾说过："手段代表着正在形成中的正义和正在实现中的理想，人无法通过不正义的手段去实现正义的目标，因为手段是种子，而目的是树。"刑讯逼供无疑是有毒的种子，从那里长不出正义的大树。

只有通过将犯罪嫌疑人的供述与我们掌握的证据相互印证，案件才能有效果地呈请逮捕和移送起诉。所以说，审讯在案件的侦查中发挥了非常重要的作用！

|第二节| 如何捕捉人的心理变化

我曾经在法制部门和派出所长时间工作过，工作期间成功地调解了许多治安案件。经过不断学习，我积累了大量的人与人之间各种心理活动的经验，并能够从容地处理日常工作中的各类问题，在综合分析能力、协调办事能力和语言表达能力等方面都有了很大的提高。

大量的调解工作使我获益良多，提高了处理突发事件的能力，锻炼了口才，增强了信心。也使我能善于发现，并能敏锐地捕捉对方的心理变化，适时地提出与对方当时的状态相符合的话题，达到我们想要的效果，对我今后的审讯工作有着非常大的帮助。

案例一

在派出所的工作中会遇到各种各样的纠纷案件，我们要抓住矛盾的中心，让当事人体会对方的感受，然后有理有据地对双方进行调解。

2019年9月，派出所民警接到一宗邻里纠纷引起双方打架的案件。原因是有一户莫姓人家被对门屋内的一面梳妆镜的镜光照着，从风水角度来看，老莫认为不吉利。对门屋老马认为在自己家里面的物件，想怎么摆放就怎么摆放，就是不肯将镜子移位。经居委会多次调解无果，双方由吵架上升到动手打架。

邻里纠纷适合调解，矛盾的根源是老马家的镜子摆放的位置，由于双方已发展到了动手打架的程度，怨恨加深，民警对他们的调解无效，于是向我汇报。

我了解后对老马说，你的镜子会反光照到对面屋，造成对方不适，我也知道你认为在你家里的东西可以任你摆放，但你摆放的镜子已影响了别人，就像有人在你屋旁的空地上放一大堆粪便熏到你，这也是属于在别人的地方摆放东西，是不是你也无权干涉？

老马听我举例后明白了自己的不对，向我保证回家后马上将镜子移位。一宗邻里的治安案件得以顺利调解。所以，我们要针对引发纠纷的焦点去说服当事人，引导当事人从他人的角度去看问题。

案例二

有些治安打架案件按规定是可以对行凶者处行政拘留的，但因各种因素介入或因证据不足，法制部门认为能调解处理是最好的，以免日后因证据不充分而面临出庭诉讼等问题。这样就要花费口舌对打架双方进行调解。当然，治安调解也是心理战的一种，只要用对方法，就能够成功。

2019年5月，有一宗由打架引起的治安案件。伤者与一男子发生口角后被男子砍伤了脸部，但尚未构成轻伤。伤者与打人者都说刀是对方的，打人者说是伤者拿刀时，他去抢夺，不小心划伤了伤者的脸。由于现场没有视频监控，也没有证人，若要对打人者拘留，证据显得非常单薄，法制部门建议最好是调解处理。

伤者一开口就要8万元的赔偿，而打人者是工薪阶层，赔不起那么多钱，承诺最多赔偿2万元。由于金额相差太大，民警调解不下，又不敢放人，就向我汇报。

我了解情况后对伤者说："你的伤在医院花了5000多元，若是我们将对方拘留了，你去法院打官司，加上营养费、误工费等，最多也就判赔7000多元。你知道，在法院打官司是一个漫长的过程，拖个一年半载的，累都累死你，何况，对方已经诚心向你道歉了，你还一心想将他拘留，你岂不是多了一个仇人？"

伤者说："但是我的脸破相了，怎么可以轻易放过他？"

我说："你若是女性，这条刀痕我觉得是破相了，但你是男子汉，这个刀疤显得你更'man'，更有男人味，我了解过对方，他是一个在工厂里的打工仔，辛辛苦苦赚钱却不多，的确是拿不出更多的钱，你就当和他交个朋友。"

伤者想了想，权衡利弊后就接受了我的建议。

这次的调解工作，我主要是抓住伤者的心理，讲明当中的利弊：

第一，诉讼会耗掉他大量的时间，法院也不过会判赔7000多元，远不如现在拿2万元更划算。

第二，他所介意的破相，我赞美那是一个男人的男人味，多少让他心里释怀。

第三，让他明白，对方是一个打工人，生活并不富裕，也拿不出更多的赔偿金了。

治安案件调解工作要注意的几个问题：

1.立案后打架的纠纷调解工作。首先，我们要与双方建立良好的信任关系，取得当事人的信任，用朴实的言语、形象对待当事人是非常重要的。其次，我们要了解双方当事人的心理，抓住他们双方的心理弱点、需求进行劝导。但现在有许多民警不会多想点方法，任由双方在派出所里相互吵骂、自行调解。这样的做法致使大多数案件调解不下。

2.我们要如何做好调解工作，掌控打架双方的心理？

（1）我们要在了解案情后，将打架双方分开，分别听取他们的诉求，但这里必须要注意的是：调解工作与审讯工作的方法，其实是异曲同工的，都是分别取得他们的信任，从对方角度为对方的行为寻找合理性，并站在他们的角度来分析问题，让他们的心里认为我是理解他们并在帮助他们，然后再循序渐进分别去说服他们。

（2）我们要从中找到他们双方愿意调解的结合点，再从他们的心理弱点进攻，拉近双方距离。如打架双方的弱点是：施暴者一方怕被拘留，所以宁愿多赔点钱了事；受害者这一方怕去法院起诉会麻烦、怕影响工作、受朋友劝解心软等，这些都是可利用的筹码。

3.若在出警现场对双方劝解，我会大声威严地制止事态进一步发展，并给双方列举一些打架的案例，深入地说服双方。如打架会失控打死、打伤对方，到时候被打的一方命大不死的会伤残，一生被痛楚折磨；打人的一方则会被枪毙或判几年刑，继而会失去家庭等。人在受到足够的负面刺激后，会产生并加剧愤怒情绪，从而导致理智丧失，做出冲动的事，而我让双方"看到"打架会产生严重后果的劝导方式，会给打架双方激动的火焰浇上一盆冷水，从而达到劝架的目的。

4.无论是到现场出警，还是立案后的调解工作，在处理人数众多的警情或案件时，民警会面对多个需解答的问题，刚释完某个人问的问题解，其他人又在发问，根本应付不来，嗓子都喊哑了，效果还是达不到。

我通常的做法是要他们自己推选出3名至4名有话语权的代表，离开喧嚣现场。然后，对代表们的问题逐一解答劝导，达成共识后，再让他们帮忙劝导在场的人。这么做可以避开现场混乱的"口舌之战"，将问题解释得更加清楚，而且让代表们劝导他们的同伴比我们更有说服力，我们只需说服这几个代表就行了。

5.切忌调解时发表自己对纠纷一事的个人观点，从而使其中一方认为你偏帮了另一方，引发他们的不满，否则调解工作将难以开展。

即使其中一方的行为有明显过错，我们也要保持中立，要理性看待问题，不要将自己的情绪带进处理的警情中。我们可以对他们进行普法教育，使他们双方都认为你是一个秉公执法的人民警察，是一个懂法律、可以信赖的人，然后你再去分别说服他们就事半功倍了。

| 第三节 | 语言的力量

语言是人类最重要的交际工具，是人们进行沟通的主要方式，是最有征服力的武器，语言能力不仅仅是口头表达能力，还包含了肢体语言、观察能力、应对能力和思维能力。

1.你如果将语言运用得好，那么不管在工作中还是在生活中或是在困境中，都会游刃有余。

（1）要想充分运用语言的力量，你先要看清楚并了解你的对象，不同的对象要用不同的话术：

如劝说正在减肥的女友尝试某种新食物时，要对她说"这个是养颜的，你尝尝看！"远不如"这个是低脂的，好吃又不会胖！"来得有效。

劝说老人尝试某种新食物时，"这个特别好吃，你尝尝看！"远不如"再不吃就要过期了！"来得有效。

（2）会说话，生活中的许多困境都会顺利化解。记得有一次，春节期间，我开车分神不小心碰到了一位行人，于是我下车对他说："真是不好意思，新年时候，在这么喜庆的日子里不小心碰伤了你，伤势怎样？希望你今年万事如意，身体健康！"

那行人一听到我在春节的节日里说这么吉祥喜庆的话，也说："算了，轻微擦伤一点。春节嘛，大家都不想的，没事，大家都在今年里心想事成！"

你看，会说话就将一场可能剑拔弩张的危机化解了。

（3）有一次，我和某领导一起吃饭，其间有个下属不小心将碗碰掉，"砰"的一声摔烂了。正当下属发呆时，我马上大声说："好事好事！落地平安，花开富贵！"大家都附和笑了，瞬间将现场的尴尬气氛化解了。

（4）有许多案例表明，遇到暴力侵害，可以运用语言的力量将损失降到最低。

比如，不幸被抢劫，你可以说，这个手机有卫星定位的，多半的劫匪都不会再要你的手机了。

最近有个真实案件的报道，事发浙江杭州，一女子被一陌生男子搭讪并尾随，在小区楼道里，男子突然对她实施抢劫并意图强奸。女子以家中不方便为由，提出"我们去开房吧"引诱该男子去附近酒店，并伺机向酒店老板求助。男子见状马上逃离现场，后来被公安机关凭线索抓获。

还有案例说到一个女孩不幸遭遇强奸时，她机智地说自己前两天刚验出有艾滋病进而逃过一劫。

危急时刻，机智的言行会使你转危为安，人的一生，总会遇到各种各样的困境，睿智的语言会使你受益匪浅。

此处再举一例。深夜，一女孩遭遇强奸，她一边反抗一边对那男子说："你一旦做了这件事，我是肯定会报警的。你做了这件事后，你也会怕我报警，并且因为我认得你的样子而杀了我灭口，这样就升级为杀人案件。现在的警察非常厉害，重大案件肯定能侦破。到时候，你被捉了肯定会被判枪毙的。（所以趁现在什么都没有发生，为什么不避免这可怕的后果呢？）不如我给你点钱去外面嫖娼发泄，当作感谢你没有伤害我，我也保证不报警。"果然，那男子听到后果如此严重后，停止了侵害。

强奸是一种性犯罪，犯罪嫌疑人大多是一时欲火烧身，有盆冷水一泼，马上就清醒了。所以，第一个"肯定"（"肯定"一词已表明了决心，女孩说她若被强奸了就一定会报警）说出来，男人一般都会停止侵害。第二、三个"肯定"，是将加重的后果（判死刑）说出来，这些话就像一大桶刺骨的冰水从头淋下，多大的欲火都会瞬间熄灭。

2.在工作中，语言的力量有时候胜过一把利剑。适当、合理地使用语言，可以震慑罪犯，许多紧急的警情也能迎刃而解。

案例一

2018年初的一天，有一妇女带着她的母亲来派出所报案，她父亲黄某因欠债被人拘禁了，已经两天没有回家了。这两天接到了父亲好几通电话，说欠了一个叫阿昌的人的钱，要她帮忙筹10万元，否则他会被打死。母女俩一时无法筹到钱，于是来报警。我说既然电话还可以通话，那我就打电话先把你父亲救出来。

我拨通了受害人黄某的电话，并叫受害者将电话给拘禁他的阿昌听。我在电话中对阿昌表明警察身份，并说黄某家人已经来派出所报案了，我们也知道你的身份了，你马上将黄某放出来，不要将事情越搞越大。阿昌立即辩称和黄某是朋友，没有对他怎么样，马上就让黄某回家了。

过了一会儿，还在派出所的母女俩就接到了黄某的电话说他已被放出来了，正往派出所赶来。

事后，值班民警问我："为什么你敢给那些凶徒打电话，不怕他

们对受害人更残酷地报复殴打吗？"

我回答说："这些凶徒的目的只是讨回他们借出的钱，不同于其他绑架案中的绑匪，而且我报出他的名字对他有很大的震慑作用。从心理学上来说，任何犯罪嫌疑人在他所犯的罪行还不是很恶劣，还可以受控制的时候，一旦知道自己身份已被警察所掌握，他是不会再逞强的，因为他也知道继续对抗下去，对他以后的罪责处理就会更重。"

案例二

2007年6月，我在某派出所任所长时，值班民警向我汇报了一个紧急警情。有一个犯罪嫌疑人在辖区内某市场里扒窃，被事主追到一条死胡同里，那个犯罪嫌疑人从身上拿出一把小刀来，事主不敢靠近，于是报警。我们民警到了现场，但不管民警怎么劝导，那个歹徒就是不肯放下手中的刀。

我听后马上赶到现场。

现场在离市场不远处的一条巷子里，巷口有十几个群众围观，那歹徒躲在巷子里面挥舞着小刀，阻吓着不让民警靠近。我见状叫大家退后。

我只身上前走到歹徒面前，对歹徒说："你的事本来是很小的一件事，偷的钱包已在事主追赶时扔给事主了，事主也没有受到损失。但你现在拿刀出来威胁群众只会将事情搞大，幸好没有造成群众受伤，否则你就出大事了，若是刺死了一个群众，你肯定要被判枪毙，为了这点小事，值得吗？"

歹徒在思考着我说的话，没有回答。

我接着说："你看看我身后愤怒的人们，这些村民有的已经去拿锄头、铁铲等可致命的器械了，若不是我们警察来到，可能你已经他们打死或被打残废了！但现在群众的情绪还是非常激动，时间一久，恐怕我们民警会拦不住他们！"

歹徒听完后顿时惊恐起来了。

我继续说："民警们来到了，你也不听劝说，按法律赋予警察的权力，我们是可以开枪制服你的。为什么我们没有这么做？因为我们认为你犯的事非常小，应该是家里比较贫穷，你一时起歪念而犯下的错，你的本性不是坏人！"

歹徒点点头问："那现在怎么办才好？"

我说："你马上放下小刀跟我们回派出所，争取从宽处理，我去劝散群众。"

歹徒听后马上扔了小刀，主动伸出双手被我们上铐带走。

在第二天的所务会上，全所民警学习如何处警时，我提到了对这个警情的处置。有民警问我："叶所，为什么当时你敢靠近那个持刀的凶徒？"

我回答说："我靠近他是一种态度，是释放一种信号，让他知道我并不怕他，使他感到我是在当时的环境中最值得他信任的人，而且两个人对话，距离越近，他就越容易相信我的话。就像我问朋友借钱一样，在电话中问他，他易找理由去拒绝，但当面问他，碍于我诚恳的态度，他一般不好推辞。"

有民警又问："那当时你是怎样说服他扔掉小刀的？"

我说："我们劝说犯罪嫌疑人时要有语言技巧，要抓住他的心理，不要一味大声吆喝对方'放下刀、放下刀，否则我就会怎样

怎样'。遇到顽固不化的歹徒，这么做只会激起对方身处绝境的抵抗情绪，你看这个警情中，当时出警的民警就算是持枪对着歹徒，歹徒也毫不惧怕，依然在顽强抵抗。"

民警们点点头表示认同。

我继续说："我没有透露他拿出刀来威胁群众，案件性质已经是由扒窃转变成抢劫了，面对民警又挥舞着小刀，也已构成妨碍公务的行为了。我一是将他的犯罪行为说得尽量轻点，让他在心理上容易接受；二是利用当时环境的气氛，将后果说透，告诉他再不投降很有可能被群情汹涌的群众打死、打伤或被民警依法开枪击伤的严重后果，使他明白除了扔掉小刀乖乖跟我回去接受处理，就没有其他路可行了。我明白人性，谁都不想吃眼前亏的。"

对这个紧急警情的处理彰显了语言的威力，歹徒面对民警举起的手枪尚且继续拿刀挥舞，负隅顽抗。虽然武器对犯罪分子有着震慑作用，但我的一番打动他心底的话语却令他放下了手中的凶器，化解了险情，避免了流血情况。有时候，语言比武器更加有用！

一些好的谈判专家认为语言可以改变世界，但我认为在对人的人性、心理、特性了解的前提下，还要结合对当时的事件的时间、地点、人物、行为等综合判断才能运筹帷幄。

| 第四节 |　　话要说在点子上

俗话说，"打蛇打七寸"，说话也是。锋利的话语就像一把利刃，我们要将事情讲到点子上，关键时可以化解一些即将发生的流血事件。

2019年8月，我们辖区内的一个住宅小区，由于部分居民不满意物业管理，就成立了业主委员会，并自行签约了新的物业管理公司。但旧的物管公司质疑业主委员会的合法性，并向江城法院提起行政诉讼。业主委员会却不管那么多，叫新的物管公司进驻小区，旧物管公司当然不肯，接连两天，双方都产生了摩擦。

我们收到消息，双方对峙可能会引发更大的流血事件。为了平息矛盾，我和办事处洪书记约了业主委员会的几个正副主任做警醒谈话。洪书记从依法依规的角度来规劝大家必须守法，一切都要待到法院判定为合法，新的物管才可进驻，到时办事处也会派人协调交接事宜。

业主委员会的主任们并不同意这个方案，大家都十分激动地表示走司法程序是一个非常漫长的过程，他们等不了那么久。

我听后马上对他们说："你们安排了几十个新物管的保安，对方也叫来了几十个保安，双方一旦发生冲突，可以想象，那个时候没有谁能控制得了场面，到时可能会有一方打死人或打伤人，这种聚众斗殴是刑事案件，我们公安一定会从严处理。尤其今年是建国70周年，若出事了肯定是要抓人的，也肯定先抓在座的几位带头人。到时候你们就成了罪犯，要在监狱里年挨上几年苦，根据政策规定，你们的子女也要受到禁考公务员、禁止服兵役等一系列限制。"

然后，我接着又列举了近期我辖区的几宗恶性刑事案件，都是由小事引发的，但由于当事人情绪激动，不能控制场面而升级发生的流血案件，当事人全部都被刑事拘留，现在还在监狱里服刑。

业主委员会的几个主任一听，当初横行的气势没有了，也马上表态说大家都是依法办事的好公民，还是等法院判决下来再决定。

处理这种可能会引发大规模械斗的群体性事件，我要将事情发展的不可控性，以及会出现的后果描述出来，并告诉他们将要承担的法律后果及会影响到他们家庭方面的可怕后果。将事情讲到点子上，将后果讲明白、讲透彻，使他们明白冲动的决定将会带来什么样的严重后果。

总是有一些因鸡毛蒜皮的事引发双方当事人吵架的警情，若处理不好，双方就会升级为动手打架。所以，在出警处理一触即发的打架案件时，我都会用铿锵有力的声音劝导双方："打输一方轻则入医院，痛上一段时间，重则伤残，可能一世失明，可能一世坐轮椅；打赢的一方轻则赔一大笔钱，重则入监狱。你们想想为了这一点小事的纷争，值不值得？！"

一般来说，旁人劝架总是一味大喊："别打了！别打了！"但却远不如"打架会坐牢！"这句话来得有效！这就是说话说到点子上。一般来说，打架双方当事人当时的情绪是非常激动、冲动的。一针见血的劝导方式则会让他们明白打架的严重后果，这种赤裸裸的挑明，就好像在熊熊燃烧的大火上浇了一桶水，让双方冷静下来，回归理性。

如与劫持人质的歹徒谈判："你别伤害人质，一旦他有什么闪失，事件就会升级，你也就没有筹码和警察谈判了。"

又如在许多车祸视频中，女性在开车，前面即将遇到危险，男性在副驾驶座上大喊："踩刹车！踩刹车！"结果女性还是撞上了前面的车。紧急情况下，你越喊司机的心越慌乱，更不知如何操作了。

这种情况下该怎么办？倒不如你替司机的脑袋去指挥，对她喊："踩中间！踩中间！"简单直接的提醒在紧急情况下效果更好，这就是话要说在点子上！

| 第五节 |　琢磨人的心理

一、规劝自杀篇

案例一

三年前看到的一则新闻令我对审讯心理学有了更深一层的理解。

那是一个女孩，因为男友不给她看其手机内容就认为男友有事

故意瞒着她，推测他可能喜欢上了另外的女孩，就跑到一座石桥上，一条腿已跨上了石桥栏杆，哭闹着要跳河，男友不管怎么发誓怎么哄都不行。

水上救援警察接到报警也赶来了，警察们对她进行思想开导，从珍惜生命到父母的爱更重要，从世间不止一个男人的爱到以后生活中会遇到太多难忘有趣的事，等等。时间已过去两个多小时了，但无论大家怎么劝说，那女孩始终不准众人靠前一步，轻生情绪依然强烈。

正当大家无计可施时，一位挑着两箩筐菜的农家大婶从桥的一端走了过来，对着那女孩大声说了几句话，女孩听后就不再哭闹了，情绪也渐渐平复下来，警察顺利将她解救下来了。

大家看到此，都会觉得很奇怪，那个农家大婶究竟对轻生女孩说了什么？

答案很简单，原来那农家大婶对女孩说："这条河的上游有几户人家是养猪的，每天都排好多猪粪在河里。你看水上警察都在，你跳下河去，他们肯定也会将你救上岸的，到时就白呛几口猪粪猪尿，多不划算，对不对？"

看完这个真实事例，我心想，农家大婶说的话没有围绕女孩的心结去劝说，也没有说些更深层次的大道理。但她朴实无华的语言却实实在在地告诉了女孩：

（1）警察都在，就算你跳也死不了。

（2）死不了还要吃几口屎。

所以，女孩放弃跳河了，因为农家大婶说的都是大实话，都是击中女孩心底的话。这件事留给我的思考就是，在审讯中要如何找到犯罪嫌疑人心中可击破的弱点。

案例二

我在派出所工作时遇到过一些自杀的事件，当我上前劝说的时候，心理学就显得尤为重要。

记得有一次，在一天中午，一个女孩的男朋友表露出因性格不合要和她分手，她就跑上五楼的天台，站在楼顶的围栏边沿上面，情绪非常激动，说要死给男子看，要那男子后悔一辈子。

接到警情后，我来到现场，没有对她说父母如何含辛茹苦养大她，"你这么做对得起他们吗"等诸如此类的大道理。

我只是对她说："你跳下去，你说这个男人会为你悲伤多久？

"一个星期？

"一整天？

"还是一分钟？

"你看他今天向你提出分手就知道了，他已经不喜欢你了，我告诉你，用不了多久这个男人又会抱着另一个女孩了，为了这种忘恩负义的'渣男'，值得吗？"

那女孩听后没有作声，但心情渐渐平复下来，但还是不肯下来。

我看了看女孩的时尚装扮，计上心头，便对女孩说："你要知道，我见过许多跳楼轻生的人，全部都是脑浆四射、四肢折断、面容扭曲、五官流血，非常恐怖，你这么漂亮，若是这个男人见到了你那么难看的死相，你说他还会想念你吗？"

那女孩被我说的惨状吓到了，主动从围栏边沿下来了，事情也就解决了。

在这个警情中，女孩的心理是让提出分手的男朋友后悔一辈子，所以我就要打开女孩的这个心结：

（1）让她明白若她跳下去是白白死了，效果却达不到，此时虽然危机还是未解决，但这些话已使她狂躁激动的心冷静下来了。

（2）看到她时尚的装扮，知道她平日里是个爱靓、爱打扮的女孩，然后有针对性地讲述跳下去的恐怖模样，让她脑子里呈现出她最不愿意看到的情景，从而使她主动放弃这一愚蠢的行为。

所以说，无论是劝解也好、开导也好，都一定要抓住对象的心理去说。

案例三

那是2018年秋天的事，有8个外省民工因为被包工头拖欠工钱一事，走上工程楼的楼顶，站在还处于装修阶段的十楼楼顶外面的脚手架上，威胁说没工钱拿就跳楼。

由于没有电梯，处警民警气喘吁吁地爬上十楼苦口婆心地劝说了很久，民工们站在脚手架处说除非包工头到来当面给清钱，否则就不下来。

值班民警觉得没办法规劝后向我汇报。

没多久我也到了现场，了解情况后，我判明事件：这些民工的目的只是讨薪，不会真的跳楼，只是个"跳楼秀"。但同时我发觉这些民工们站久了，稍有不慎，也会有掉下来的可能，于是我对他们说了两个观点：

（1）站在楼外的脚手架上很危险，一个不小心真掉下来，你们有了钱都没命去享受。

（2）今晚包工头是肯定不会来了，跟我们警察下去，我们帮你记录口供后向上级部门反映。

他们当中有人已开始动摇，但还是不肯下来。

于是，我使出了撒手锏，对他们说："那好，如果你们执意要等包工头来才解决，那我们先回去，我们不能在这里耗着浪费警力，还有其他群众需要我们警察的帮忙。你们如果想明天上午从楼顶下来，我们就明天上午来；你们想后天从楼顶下来，我们就后天来！最后说一次，让我们帮你们解决问题的，现在就下来，否则我们马上走。"

说完我也马上对民警们说我们回去了，那些民工一见我们真的要回去了，也就顺势嚷嚷着下来了，跟着我们走了，一场"危机"也就过去了。

事后，同事问我："若他们还是不下来，我们是否真的走了？"

我说："当警察遇上警情，当然不能一走了之，一定要清晰判断他们的心理，判断他们的需求，当时我认为这明显是场'秀'，我们则是唯一的'观众'，听他们诉苦。但当我们说要离开这个'剧场'，唯一的'观众'没有了，他们怎么'秀'下去？所以我相信这些'演员'们肯定也会跟着散场。"

案例四

2019年国庆节期间，根据公安部的要求，我们启动一级勤务模式，所有民警在派出所里每天24小时战时值班备勤。10月1日这天早上6时40分，值班民警接到群众报案称有人在仙踪路湖畔公园自

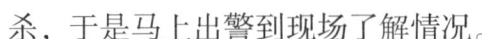

杀，于是马上出警到现场了解情况。

现场有一个五十多岁的大叔，斜躺在公园的石椅子上，手腕部和脚踝处有几处刀割痕，伤口处鲜血直流。民警和120救护车的医生在场劝说，那大叔手上还拿着一把小刀，说他已是癌症晚期了，每天痛苦不堪。无论大家怎么劝，但那大叔万念俱灰，就是不肯让他们靠近包扎救助。

无奈，民警只好向我汇报，情况紧急，我马上赶到现场。

我对大叔说："今天是国庆节，是祖国70岁生日的大喜日子，一会儿，电视就会直播壮观、威武的大阅兵，难道你不想见证祖国光辉时刻吗？"

大叔："我知道，但我真的不想痛苦地活下去了。"

我说："往后每一年的国庆节，你家里人在这欢腾的节日里本来可以很开心欢乐地度过，但你选择在今天自杀，你有没有想过，他们原本开心的节日会因为是你的忌日而痛苦、悲伤？"

大叔说："他们为我费钱费时，付出太多了。昨天我已想好，不能再连累他们了。"

见用亲情无法打动一心求死的他，我想了想，马上转换劝导思路。

于是，我对大叔说："家里人对你好，你也为家里人着想，那你想不想下一世和他们再聚？"

大叔："当然想，下一世，我还是会和他们在一起的！"

我说："你信佛吗？"

大叔："不信。"

我说："你信不信我都要告诉你，佛界说，自杀的人是会下十八层地狱的，受尽各种炸油锅、烈火烧等酷刑而魂飞魄散，永世不得投胎，而平日里有善心、做善事的人会上天堂。你宁愿自杀都不愿意连累家里人，看得出，你是一个善良的人，所以你千万不要做傻事而下地狱，到时下辈子就不能再与亲人相聚了。"

大叔眼睛流下泪水："哦哦，我不知道这样做会下地狱的，我真的好想下一世和我的家人再一起生活，但我感觉血流太多了，应该没法再救了吧。"

我："不会的，你的命数是上天注定的，你要相信上天的安排。"

大叔点点头，终于扔了手中的刀。

在这个警情中，常规的劝导不能解决问题时，我马上转换思路，思考其他方法。我觉得，许多人（尤其是年纪大的人）在面对死亡时总会产生精神寄托，认为灵魂会转世到另一个美好的世界。这一世不如意，会幻想下一世过得美满，当他有了这种希望，我就要围绕"他的希望"这一个弱点去说服他，并且将他自杀会下地狱受酷刑的情景与后果描述给他听，让他感到恐惧，从而放弃轻生念头。

之所以讲这四个都是解救轻生者的案例，是想告诉大家，每个警情的劝导方式、方法都是不同的，一定要了解现场的所有细节，找出当事人的心理弱点。然后，精准判断，根据不同的具体情形而使用不同的心理战术。审讯也一样，从中找到适当的心理战术相当重要，针对不同的审讯对象和不同的案件要用不同的审讯方法。

二、处置紧急警情篇

琢磨、分析、了解犯罪嫌疑人的心理，才能有针对性地开展攻心战。

案例一

2001年秋的一天，派出所民警接到一个紧急警情，报称在市区一家××公司的办公室里，有一名男子杨某用刀劫持该公司的老总，我马上带民警赶到现场。

现场位于公司总经理的办公室外面的阳台。这家公司是一个金融投资公司，老总姓戴，他身后站着一名情绪激动的中年男子，左手箍着他的脖子，右手持一把尖刀对着他的喉咙。那名持刀男子口中嚷嚷说被他骗光了家产，要杀死这个骗子。

我上前对持刀男子杨某说："你杀死了他，你也逃脱不了法律的制裁啊。"

杨某说："我杀了他，也不会让你们警察抓到我的，我会马上自杀！"

我问道："你觉得杀了他，你的钱就会回来吗？"

杨某想了想，依然气愤地说："反正我就要杀了他！"

我换个方法问："你觉得戴某是个什么样的人？"

杨某："他就是个人渣！"

我说："他是人渣，你不是。你既然认为他是人渣，那么人渣的命怎么能和你的命相比呢？"

杨某不作声。

我接着说："他若是骗了你的钱，我们会调查清楚，将他绳之以法，将他的财产查封，返还给受害者。"

杨某还是不作声，但神态已不如当初那般愤怒。

我继续劝说："你想想你的家里人，若是没有了你这个顶梁柱，没有你的照顾，你老婆、你小孩会变成怎么样？我见过好多真实的案件，家里没有了男人，老婆为了生活会改嫁，小孩在新家庭不会得到好的照顾，甚至被经常性地打骂，人生充满了悲剧。你说，这是你愿意看到的吗？"

杨某长叹了一声，终于把刀放下了。

在这个案例中，我通过对劫持者杨某的有针对性的劝导来化解危险：

（1）从"人渣"的角度来开解他，像戴某这种骗子根本不值得他以命相抵。

（2）然后，对他作出了一个承诺，若戴某违法犯罪的话，我们警察必定会将他绳之以法。他愤怒的起因、关心的焦点，即他被骗的财产也会返还给他，使他看到了希望，他的愤怒自然也会随之消失。

（3）从他的亲情角度来说服他，让他知晓、让他感觉到，若他继续执迷错下去，他至亲至爱的人将得不到他的爱得不到最好的照顾，未来的生活将是灰暗的。

案例二

2012年8月的一天晚上，派出所值班副所长打电话给我："刚才有一个出租车司机和乘客打架，双方都被带回了派出所。但出租车司机是外地人，在我市外地人抱团现象比较严重，现在已经有一

大批外地人员聚集在所门口，要求派出所交出打人者，幸好我已经将派出所大门的铁闸关上了，否则那伙人就冲进来了。"

我急忙赶到派出所，只见一大批人在门口呼喊着并用手大力摇着大门铁闸。我走近大门，大声呵斥人群："我们是警察，我现在就将大门打开，派出所里有监控录像，证明我们是正常执行公务，谁敢冲击派出所，就会被我们视为违法犯罪行为，我们将依法开枪！"

说完，我上前叫所内的全部民警持枪站在两旁戒备，然后我将铁闸门的锁打开，拉开铁闸！

一时间，仿佛是被我正义的气场震慑住了，铁门外刚才还气焰嚣张的那伙人居然就愣在那里，大家的声音也逐渐平静了下来。他们的这种表现正是我想要的。接下来，我就找到这伙人的代表，讲明对这件打架案件会依法依规处理，并指出他们聚集在派出所门口已经是妨碍办公秩序的违法行为了。那代表听完后马上也规劝大家散了。

后来，值班民警向我请教，问我为什么敢将大门打开，难道就不怕他们冲进来？

我说："从心理学上来说，刚才那些在门外的人，都抱着从众心理。从众心理是指个人的观念与行为由于群体的引导和压力，不知不觉或不由自主地与多数人保持一致的社会心理现象，通俗地说就是'随大流'。其实他们是在虚张声势，而我将大门打开，他们便会露出怯弱的本性，不敢再凶了。这是人的本性。"（但这里要把他们与一些有组织的犯罪团伙或醉酒没理性的群体区分开，因为当晚我们面对的只是一种老乡在异地的抱团行为，他们不过是虚张声势，而非真的惹事之徒。）

三、动员在逃犯自首篇

案例

2011年5月，公安部部署全国的公安机关开展网上追逃的"清网行动"。当时我在农村某派出所当所长，分到我所的任务是规劝自首或抓捕3个网上在逃人员。由于当时被网上追逃的逃犯较多，我挑了3个罪名轻、犯罪情节不严重的逃犯，上门对其家属作思想工作，动之以情，晓之以理，很快这3个逃犯都回来自首了。

当年10月，因工作岗位调整，我调到市区中心一派出所当所长，当时这个所的"清网"任务尚未完成，但这是局党委要求必须完成的任务。于是，我在剩下的逃犯名单里挑选，发现在派出所管辖地有一个潜逃了19年的杀人犯庞某。我仔细阅读了案卷，详细地了解了当年他犯案的经过。

我了解到他父亲已去世，母亲重病在家，家里最有"话语权"的是他大哥，毕竟长兄如父。于是，我提着水果上门找到了他大哥庞某，将法律自首从轻的规定灌输了一遍，说这个政策以后都不会有了，"过了这个村就没有这个店了"，但他大哥还是不为所动。

后来，我找到庞某某的好朋友帮忙，多次上门一起规劝。我们说，你弟在外面一定是提心吊胆地过每一天，你父亲去世他都不敢回来送最后一程，过年过节也不敢和亲人团聚。现在你母亲病重，我相信他一定想回来见母亲一面，躲藏了19年，难道还要躲一辈子吗？现在的"清网行动"是公安部提出的，全国各地都要核对工厂、酒店、黑工市场等地的人员的信息，使逃犯无处躲藏。

看见庞某已动摇了，我又请了一位律师朋友去他家里分析案情，提前受理该案，估算量刑及减刑。通过我不懈的努力，庞某终于带我上广州劝导他弟弟回来自首了。

这是阳江市公安局在"清网行动"中劝回的潜逃时间最长的杀人在逃犯，后来市局向省厅的汇报材料提到了这个功绩。

分析这个规劝在逃犯家属的成功事例：

1.我亲自上门（表示诚意及对这次政策解释的力度）。

2.找到庞某的好友一起劝导（好友的话总最容易听入耳的）。

3.跟庞某分析这是全国统一部署的行动，会对各行各业的人员进行核查，他的弟弟也非常有可能被查找到（使他心中产生对这种后果的担忧，从而动摇他的思想）。

4.到最后，请律师上门提前分析案情，解答疑问——权威性的法律分析。

这个事例的每一步措施都直击当事人的心理，就像审讯一样，要找出对方的弱点，找准对方的需求才能击破他的心理防线。

┃第六节┃　占据话语权

审讯中的话语权，即我们控制审讯室的权力。话语权掌握在手里，就能决定审讯的走向，影响犯罪嫌疑人情绪。所以，我们必须在审讯室里掌控绝对的话语权，如此方能劝导犯罪嫌疑人如实供述其犯罪行为。

一直以来，许多民警在审讯中通常采用三种方式：

1.开门见山的问话方式，如这个案是不是你做的？快点承认！

2.马上抛出证据并加以呵斥的方式：你想想，没有证据我们会随便抓人吗？所有的证据都指向你，老实承认吧！

3.讲坦白从宽、抗拒从严大道理的方式。甚至说，你老实说了就会放你回去。

再不然，就是多个人轮流审讯，主要目的是让犯罪嫌疑人困乏至极、精神崩溃。用了这些方法后，一些顽固的犯罪嫌疑人若还是不肯承认，审讯就会陷入僵局。大多数犯罪嫌疑人在逃时，心里想的都是如何逃避被警察抓获，但他一旦被抓捕后，想的都是如何脱罪或避重就轻，思想上已经形成一种固化抵抗思维：

（1）你如何问我我都否认；

（2）我反正不会说的；

（3）要说就承认一些无关紧要的事好了；

（4）你有证据就抓我，没有就放我。

我们在审讯中所说话语的分量和作用表现为我们的权威性、引导犯罪嫌疑人心理的掌控力。但我们也要善于利用犯罪嫌疑人的所想所求，才能在审讯室里有强大的掌控力。

如在审讯时，要善于利用犯罪嫌疑人开口问你讨香烟的机会。我经常看到有的同事在审讯时，面对犯罪嫌疑人的讨烟，会对犯罪嫌疑人说："你供认了你的犯罪事实，我才会给你烟抽。"

这种肤浅的"交易"只会使犯罪嫌疑人心里面更加抗拒你，他们是你用一根烟就可以"收买"的吗？

我们想要在审讯中掌握话语权，靠的是一种令犯罪嫌疑人信服的态度。当他主动向你讨烟抽时，可以看作是他央求你了。多年的审讯经验告诉我，只要犯罪嫌疑人开口讨要，我就一定给，并为他点上烟，不论他接着开口供认与否，他都会对你有好感，为下一步审讯打下基础，同时我们也进一步占据了审讯室的主动权。

俗话说：成功取决于态度，细节决定成败。所以，我在审讯初期一般都会主动关心犯罪嫌疑人的身体状况、生活状况和家庭情况，并问他抽不抽烟、喝不喝水，从而促使犯罪嫌疑人认可我而不是敌视我。

审讯其实就是一场攻心战，要利用自己的人格魅力、审讯的方式方法，将犯罪嫌疑人笼罩在审讯人员的"磁场"下。让犯罪嫌疑人对你信服，认为你的话说得在情在理，是为他着想，才能在审讯中更"轻易"引导、突破对手。

说起掌控力，我经常听见民警在通知被调查人时说"你有空吗？有空就来一趟派出所""你是否在外地出差，若没有就来一趟派出所"之类的话。这样会给被调查人一种可来可不来的错觉，甚至"提醒"他编造"我在外地没有空"的应答。

那么，应怎样通过语言来掌控对方？我一般都直截了当地通知："你马上来一趟派出所。"这样的话，我就不会"提醒"对方，也就只有确实出门在外的人会马上回答说在外地。

| 第七节 | 掌握犯罪嫌疑人的心理动态

在审讯中，我们只有了解和把握好犯罪嫌疑人的心理变化，才能有的放矢地采取相应的对策，从而使犯罪嫌疑人认罪。

通常来说，犯罪嫌疑人在审讯中存在四种心理：

（1）畏罪心理。畏罪心理是犯罪嫌疑人在犯罪后由于罪恶感的压力和法律的威慑力对其心理形成刺激而的一种害怕罪行被揭露从而受到法律制裁的心理。

（2）侥幸心理。侥幸心理是犯罪嫌疑人认为公安机关掌握他的犯罪证据不多，或希望因某种原因而侥幸不受刑事追究或重罪轻判的一种心理状态。侥幸心理是犯罪嫌疑人盲目地认为可以逃避罪责，在自信感的基础上产生的。

（3）蒙羞心理。存有蒙羞心理的犯罪嫌疑人望望是在社会上有地位、有身份的人，认为成为阶下囚是一种耻辱。这种人在审讯时心理压力较大，盼望早日解脱。

（4）对立心理。对立心理是犯罪嫌疑人自恃作案手段狡猾、诡秘，对待审讯有充分的思想准备，认为越是老实供述，审判机关越是会加重对他的刑罚，从而在心里面立起一面屏障。这类人多为有丰富经验的犯罪嫌疑人或累犯。

犯罪嫌疑人的心理变化，是决定其抗拒还是交代罪行的内在原因，正确地分析判断犯罪嫌疑人的心理变化、有针对性地运用审讯策略是促使犯罪嫌疑人坦白交代罪行的关键所在。

那么，在审讯中，我们要如何掌握犯罪嫌疑人心理状态的交替变化，打破犯罪嫌疑人坚固的思维堡垒？

1.我们对审讯一定要树立起必胜的信心，必胜的信心决定审讯的成败。审讯犯罪嫌疑人是一种攻心斗智的较量，也是一场复杂的心理战。我们不能因犯罪嫌疑人的抵赖和狡辩说辞而动摇，由于案犯有板有眼的无罪供述，一些民警在审讯当中往往意志不坚定，质疑自己是不是抓错了人。所以，我们在审讯前必须要熟悉案件的情节、证据案犯之间的关系和地位，了解案件情况，这样才不会因案犯的话语而动摇。

2.要有强大的感召力。我们要在审讯中表现出威严与诚信，这种气质与气场能够使犯罪嫌疑人从心理上感到我们可畏、可信，从而使我们说的劝导话语更容易被接受。

3.要有敏锐、细致的观察力。在审讯中，我们要通过与犯罪嫌疑人面对面的交锋，仔细观察他的面部表情、语调、举止神态的细微变化来判断他的心理活动。

4.要有分析问题及解决问题的能力。在审讯中，面对一些突发的情况，我们要善于分析、果断判断，能够驾驭种种复杂情况，抓住犯罪嫌疑人瞬间的心理变化实施相应的对策。

5.要有克服困难的坚强意志力。在审讯中，我们会遇到各种各样的犯罪嫌疑人，有的是"三进宫"的累犯，有的是冥顽不灵的狡猾之徒。我们不仅要有耐心，还要有坚强的意志力。面对犯罪嫌疑人的如实交代，不能喜形于色，面对犯罪嫌疑人的挑衅，要做到不冲动、不意气用事。

我们要切实了解犯罪嫌疑人的心理动态、判断犯罪嫌疑人的心理变化才能在审讯中掌控一切。

（1）当问及一个案件的案发经过或犯罪动机时，有的犯罪嫌疑人只供述部分情节而含糊带过某些过程。如在某个案件中，犯罪嫌疑人承认在酒吧打架一事，但对事后组织朋友持枪去搜寻对方一事却略略带过。像这种故意隐瞒事实的应答有很强的目的性，对此，我们应重点深挖犯罪嫌疑人未交代的那部分案情。

（2）犯罪嫌疑人供述了犯下的多宗同类型案件，如盗窃系列案件或多宗寻衅滋事案件，但对审讯人员提出的某宗案件却不承认参与。若这宗案件没有特殊性（情节、后果等特别严重），那么可推断他说的是真话，没有参与这宗案件。

（3）若犯罪嫌疑人认罪且叙述了犯罪过程，却不说犯罪动机，可以理解为这个动机是他宁死都不愿意说出来的。有什么会比死更重要？①名誉，包括他的名誉和至亲之人的名誉。②保护至亲至爱之人，怕说出动机会连累他们，那么我们便可以怀疑他们参与了犯罪。

"兵无常势，水无常形"，在审讯过程中，犯罪嫌疑人的心理状态和反审讯伎俩是不断变化的。我们要不断捕捉各种信息，根据情况的变化不断调整、运用各种方法和策略才能打赢这场审讯之战。

| 第八节 |　寻找人的心理弱点

人的弱点有许多，如亲情、友情、爱情、对某事物的喜欢、金钱、人的性格特点等，是人的性格或性情最易受影响的方面。

人的心理总是会受到主客观条件的影响，呈现出一个动态变化的状态。而在审讯中，犯罪嫌疑人心理的每一个微妙变化都可能成为案情的突破口。在掌握犯罪嫌疑人心理发展脉络的基础上，要有效控制其心理发展走向，从而实现对其心理防线的突破。在此，我举一个真实事例来说明寻找人的心理弱点的重要性。

2018年8月，17级台风即将来临，居委会接到上级指令，要疏散危房里的居民。但是有一个70岁的孤寡老人，因为平时与居委会的工作人员闹矛盾，就是不肯听劝去安置点。派出所民警到现场去劝说他也不听，将门口的铁栅栏牢牢锁住。

事情紧急，人命关天，我到老人的屋门口劝他。老人说："台风吹倒房屋，压死就压死，我不会接受居委会帮助的。你们不用再劝了，我是宁愿死都不会出屋的！"

我对这件事快速地进行思考，然后对他说："你不去安置点，若真的台风吹倒了房屋将你压死了，居委会的人也不用负半点责任，因为他们已经来通知你了，是你不肯离开房屋造成的。但我要对你说的是，假如到时房屋倒了压不死你，但压断了你的腰椎或压断了你的大腿骨，你是不是要一世都坐在轮椅上，连大小便都要人扶？下半生痛苦的是你自己，辛苦的也是你自己！"

一番有针对性的劝说后，老人终于开门跟居委会的同志走了。

所以，我们在审讯过程中要善于根据其人生经历、性格特征、喜好习惯、家庭背景等来寻找犯罪嫌疑人的弱点，并迅速调整相应的审讯思路，以其薄弱点作为突破口才会无往不利。

| 第九节 |　　洞察人性弱点

人性就日常用语上有狭义和广义两方面：狭义上是指人的本质心理属性，也就是人之所以为人的那一部分属性，是人与其他动物相区别的属性；广义上是指人普遍所具有的心理属性，其中包括人与其他动物所共有的那部分心理属性。

无论是人的本质心理属性，还是人与动物所共有的属性，由于它们都是人所共有的心理属性，因此这种属性也就不可能是后天的结果，只能是人类天性，属于条件反射。我举个例子来说明一下：

据说盗墓一般要两个人，比如打一个洞，其中一人下去取珠宝玉器，另一人在上面用绳子拉上来。但一开始，经常发生拉绳人见财起意抛弃下面同伙而去的事。于是，盗墓团伙逐渐以父子居多，但也发生了儿子扔下墓里亲爹的事。最后形成行规：儿子下去取货，父亲在上面拉绳子，从此再没出现过把人落在墓坑的事，这就

是人性。

在审讯中，我们要有洞察别人弱点的能力。

洞察力是什么？

洞察力是指当一个人面对十分复杂的情况时，迅速地抓住问题关键的能力。洞察力是人们对个人认知、情感、行为的动机与相互关系的透彻分析，是深入事物或问题的能力。从字面上来看，洞察是指对山洞的观察。山洞除了阳光照射的洞口，还有洞里黑暗的地方，对此，我们都要观察到。通俗地讲，洞察力就是透过现象看本质，就是开"心眼"，就是学会用心理学的原理和视角来归纳总结人的行为表现。最简单的就是要做到察言观色。

什么是弱点？打个比方，我们在卡拉OK唱歌时，朋友点了歌，但你很想把麦克风拿过来自己唱，那么这首歌就是你的弱点。因为"它"在诱惑你，使你心动，使你主动开口。

我们要在审讯过程中找出犯罪嫌疑人的弱点，并尝试用他的性格、思维去思考，围绕他的心理弱点去制订出最好的进攻方案：

1.可通过他的犯罪类型来找出他的弱点：如果他实施的是报复型犯罪，我们要挑起他犯罪前被欺压的一面，使他感到他的报复并没有做错，从而引导出他承认他的犯罪行为；如果他实施的是激情型犯罪，我们要掌握他是受何种刺激而瞬间爆发实施犯罪，对案发后其产生的后悔心理进行有针对性的进攻。

2.可通过他的心理状态来找出他的弱点：如若我们得知犯罪嫌疑人非常孝顺，便可以在亲情上大做文章，触及他灵魂深处的忏悔心理从而使其如实招供；若他敬畏鬼神，则可以从坏人不改邪归正会"下地狱"等入手对他进行劝导，使他因害怕上天惩罚而吐真言。

所以说，我们要善于找出犯罪嫌疑人的心理弱点，它可以使我们马上调整讯问的策略，令我们的讯问有了方向，突破犯罪嫌疑人也就变得容易了。

在审讯过程中要仔细观察并找到犯罪嫌疑人的弱点，我们必须要有较强的对人、对事物的洞察力，也就是像局外人那样冷眼旁观，即时分析、瞬间捕捉嫌疑人的弱点。

这种能力不是一两天就能培养出来的，需要时间的积累和习惯性的思索。冷静的态度和理智的思维是捕获线索的关键。当我们养成这种习惯时，就会形成一种韧性的性格，从而轻易发现嫌疑人的弱点。

| 第十节 |　塑造强大的审讯角色

审讯角色是审讯人员为审讯需要所表现出来的权力、身份、形象等的综合体。审讯人员通过特定的身份地位、权力权威、人格力量等增大审讯话题的影响力，最大限度地发挥审讯行为的功效。总的来说就是审讯人员向犯罪嫌疑人展现出主导审讯进程、决定审讯结果的形象。包括在这个案件中我对你的出路起重要作用、我能帮你、我是通情达理的等一系列影响犯罪嫌疑人心理的语言符号，以传递信息、形成印象等独特功能增大审讯活动的影响力和说服力。

反之亦然，审讯角色也是犯罪嫌疑人关注的重点。他们总是不断揣测审讯人员的身份、权力、能力、性格，分析这些内容对审讯活动的影响，从中寻找对己有利的东西，据此选择反审伎俩。因此，从案件和犯罪嫌疑人的具体情况出发，有意识地运用审讯角色，是推动审讯发展的重要手段。

（1）一个人的年龄、长相、个性等对审讯对象有着一定的影响。对审讯人员来说，要求是能体现出威严与亲和力，让犯罪嫌疑人容易产生信任感、亲近感。

（2）审讯人员的职位与权力对审讯有着比较重要的影响。职位高意味着审讯人员在这个案件中的决定权也大，对审讯对象的命运影响力也大；有的审讯人员虽然职位不高，但对这个案件负有全责，权力也可能大一些。所以，我在某些审讯中会强调自己的身份与职务，使犯罪嫌疑人认可我的话语权。

（3）审讯人员的个人素质对塑造审讯人员的角色具有不可替代的作用。一个自身有较广的知识面，有比较好的涵养，有丰富的生活经验、社会经验和阅历的人，在审讯过程中语言技巧会发挥得更好，对犯罪嫌疑人的影响也就越大。这也就是人格魅力对审讯的影响。

| 第十一节 |　审讯室

对于犯罪嫌疑人，从被抓捕到审讯室的这一环节，他的心理活动是不断在变化着的。因为人在面对压力环境时，第一反应是逃避、回避，而审讯室营造了一种带有压力的环境氛围，让犯罪嫌疑人面对足够的压力却又无法回避。

当犯罪嫌疑人初次被带入审讯室时，其往往还要上交随身物品、抽掉皮带，进行人身检查。尽管这些只是貌似无关紧要的细节，但事实上，审讯民警的每个动作都在冲击犯罪嫌疑人的尊严，打击他的自信心，使他感到自身没有安全感。

在审讯室里，犯罪嫌疑人会产生多疑、混乱、自信心不足的情绪，有一种孤立无援的压力。大多数犯罪嫌疑人在面对讯问时，由于已经和外界隔离，面对代表国家权力的警察，在心理上会显得比较脆弱，忐忑、无助、不知所措甚至害怕，为自己曾经犯下的事惶惶不安。

在审讯室这种特定的环境下，犯罪嫌疑人因为接触的人和事是有限的，在反复接收、被灌输单一的、有目的性的信息后，其自身态度往往会发生变化。我们要利用好这种心理学原理，使犯罪嫌疑人的态度被我们控制、引导。

| 第十二节 | 把握供述的转折点

任何人的感情都会有一个脆弱的支撑点，在特定的情景中，在巨大的刺激下，情绪会发生质的变化。如两个人的感情到了一个临界点，他们就会分手。如在所有的纠纷案件中，当双方争吵到了一个临界点时就会升级为动手打架案件。

审讯也是，只要犯罪嫌疑人存在犯罪行为，其心理防线及精神支撑就会有崩溃之时，这是必然规律。

心理防线是犯罪嫌疑人侥幸心理和拒供心理的交织，也是犯罪嫌疑人的精神支柱，当讯问达到一定程度，进入攻坚阶段后，这种心理防线就会瞬间被摧毁，精神支柱也会随之坍塌。在这一瞬间，犯罪嫌疑人反而会表现出心理上的解脱和释然，并产生供述的愿望和冲动。所以，我们要把握好犯罪嫌疑人开口供述的心理支点：

（1）进攻型审讯。在审讯过程中，我们要对犯罪嫌疑人展开灵活自如、有针对性的审讯，当犯罪嫌疑人的言谈举止失常（如要吸烟、要水喝，要求上厕所，要求考虑考虑等）时，一般来说是思想斗争激烈，抗拒心理开始转化的前奏。这时我们要把握机会，不能中途歇息，给他有思想上的喘息之机，要以摧毁其意志、瓦解其士气的审讯方法继续进攻方可达到令其心理崩溃的效果。

（2）交心型审讯。若我们的审讯方式是与犯罪嫌疑人像朋友般在谈心，那么我们要在交流、劝导中要抓住他的心理动摇之机，要把他脆弱的心理推向高潮，在他的心理防线溃败之际，我们要注意将感情、亲情话题作为切入案件的核心主题，切换话题要自然、不着痕迹。

这时，我们必须要把握好犯罪嫌疑人的心理崩溃点，因为这个时机是稍纵即逝的！

时机成熟时，我们要多用反问语法，但语气要像老朋友般充满关怀，如：

"你既然……，那么为什么不……？"

"为什么他又这样对你？"

"难道你这样对他，他还是……"

"唉，当初你为什么不拒绝他……"

我们要通过一些关心的话语自然而然地转入案件主题，绝不能在这个重要的转折点平铺直叙地问他的犯罪过程，否则会使犯罪嫌疑人更加警惕。

| 第十三节 |　　审讯前交谈的重要性

犯罪嫌疑人在犯罪后思考的往往是如何躲避警察的追捕，被抓时首先想的往往是如何去否认自己的罪行。所以，我们问话要有技巧，若是直截了当地问他有没有犯罪，他当然会随口否认。

犯罪嫌疑人刚被拘捕时，心理压力大，处于极度紧张、恐惧、焦虑的情绪之中，思想混乱，对审讯人员掌握的犯罪事实和证据心中没数，完整的心理防线尚未形成。但每个犯罪嫌疑人都存有侥幸心理，所以一开始往往是持对抗情绪的，这个时候如果有一个像朋友一样关心他的人和他聊天，引导他、开解他，这无疑会使他放松。在与他谈话时，不应说谎骗他，要让他感受到你的真诚。就像是为一个前途未明的人指明了方向，那么他便会在绝望中感到暖意，会认为你是他的知心人，心理防线会逐渐解除，你的审讯也会事半功倍。

所以，我在审讯前都是先与犯罪嫌疑人建立友善的人际关系。由于每个人的身心条件、年龄阅历、教育状况、家庭影响、兴趣爱好、生活环境、成长历程等均不同，与犯罪嫌疑人拉下家常，一方面可以了解他的理想、工作、生活、爱好、脾性、信奉的信条及他的家庭情况与社会关系，另一方面也能了解犯罪嫌疑人走上犯罪道路的客观原因。

在掌握了犯罪嫌疑人的内心世界后，我便可以制订出有针对性的突破策略。如亲人好友当中谁对他最好，他最在乎的是谁，最在乎的事情是什么，对未来生活的渴求是什么，等等。这些都是可以用来突破他心理防线的王牌。

另一方面，与犯罪嫌疑人拉下家常可以扰乱他脑子里为逃避打击而编造的谎言，分散他的注意力。然后我就可以乘他不备，不知不觉地突破他的心理防线。

每次审讯前，我都会与犯罪嫌疑人"套近乎"，或称赞他英俊，或说他面熟，主动递根香烟、递瓶水（人在喝水时，精神会放松，聊天也更容易），问他饿不饿等。从表面上尊重他，使他消除对你的敌意，然后就与他拉家常。

这是一种情感感化。我们通过照顾生活、解决困难、提供帮助、心理安慰等活动，降低犯罪嫌疑人的心理抵抗程度，增加心理认同感，进而使其能够接受审讯人员的引导。

1.通过交谈，使其脑里为防御而准备的脱罪理由通过日常交谈不知不觉地淡化。先聊起他的家庭，可以打开他的"话匣子"，消除他的防备心，同时也可了解他的软肋。

有一则新闻报道：有个窃贼深夜进入一户人家偷东西，主人刚好回来了，他无处可藏，就躲藏在主人房的床底下。主人打开电视，躺在床上看相声，那窃贼无法脱身，也只好跟着听，听着听着忘乎所以，竟然大声笑了出来，结果被主人发现了。还有一则新闻，重庆一"老赖"装病晕倒，执行局民警在病房里讲笑话，"老赖"居然忍不住笑了出来。

上面的真实事例及许多实践都证明，人一旦陷入感情世界就会放松精神、丧失警惕性，这就等于是他自己"将之前筑好的长城打开了一个缺口"。我们的审讯工作也是一样，当我们与犯罪嫌疑人如朋友般聊天时，会使他对我们有一定的依赖和信任，渐渐地就会放松警惕。这时候，我们就要把握好这个时机，因为在犯罪嫌疑人丧失警惕性的时候去进攻，事半功倍。

2.通过交谈，你可以得知审讯对象的性格、爱好及他身边重要的人。他最看重"什么"，这个"什么"就是他的弱点。这很重要，因为这些弱点就是攻陷他的突破口。

2018年有一则新闻，说的是美国旧金山有一名男子欲跳楼，警

方从亲情、友情等角度劝说了三个多小时未果。最终，谈判专家找来了该男子的猫，专家说你若死了，你的猫因为无人照顾，一觉醒来连水都没得喝，屎也没人管，很快就会饿死，或流浪街头做一只无家可归的脏猫。后来这个男子就因为一只猫被劝下来了。

谁也没有想到日常陪伴着他的宠物在他心中居然比亲人更重要。所以说，我们在审讯中找到犯罪嫌疑人的弱点是多么重要！

我们在审讯中要与犯罪嫌疑人多交流，多尝试找出他的敏感点，从中判断他最在乎的是什么。我们的眼光、思维也要拓展，不应只限于犯罪嫌疑人的亲人好友或财富等。因为任何一样东西或一件事情都有可能是他的弱点。

3.通过交谈，可以了解他的社会关系，从中找到认识的人，利用共同认识的人来寻找共同语言。我会对审讯对象说我与他的朋友×××非常熟络，并编出与×××的一些事情。例如，一起吃饭、一起"唱K"等等。

从审讯对象的角度来看，他被关在"与世隔绝"的审讯室里，心里惶恐不安，能有朋友与审讯人员熟络，这无疑会使他有一种亲近感。这种方法会使我与审讯对象的距离迅速拉近，增加审讯对象对我的信任，使审讯更容易被突破。

4.通过交谈，倾听他的诉求，并认可他的某些行为，使他认同我的话语与态度，无形中也拉近了我与他之间的距离。

如他的案件涉及帮忙去打架，你可用江湖义气来赞许他；如他的案件涉及偷窃，你可从他的工作经历来说，骂骂开除他的老板等，使他愿意与你交谈。这样一来可以增加犯罪嫌疑人对你的好感，使他对你的防备心降低，从心底里认可你后面将要说的话。

| 第十四节 | 审讯中的特别注意事项

我们之前的审讯大都是靠大声吆喝，犯罪嫌疑人不肯供认就施加压力。现在我们都是处于全方位的视频监控之下，不能有半点"刑讯逼供"。所以，我们在审讯时必须讲究方式方法。

1.讯问时语气要有亲和力，话语果断，且发自内心，富有人情味，让案犯信服你的说话内容，认为你是在为他着想，站在他的角度来想问题，认可他的想法，并不是为了对付他。

我们在审讯过程中切忌对犯罪嫌疑人大声质问吆喝，甚至拍桌辱骂。无论你是多么讨厌和憎恨审讯对象，都不要将情绪带进办案区，否则一些吃软不吃硬的案犯容易被激怒，从而产生对抗情绪，使审讯陷入僵局，使你再也没有回旋的余地，想取得犯罪嫌疑人的信任将变得非常困难。

2.我们在审讯犯罪嫌疑人的时候，审讯桌子上如果只有少量的资料，犯罪嫌疑人就会感觉我们对他的犯罪事实并没掌握多少，会产生拒绝认罪的念头。

但如果尽可能多地放几大卷材料（可以是与案情无关的笔录）在审讯桌子上，犯罪嫌疑人会自然地产生联想，认为我们针对这个案件已经开展了大量调查工作，也掌握了他确切的犯罪证据。我们甚至可以在审讯中故意翻阅这些材料，再煞有介事地质问他。这种造势会使得犯罪嫌疑人在心理上忐忑不安，有利于我们突破他的心理防线。

3.我们在平时要注重语言艺术，任何事都有两面性，语言像一把双刃剑，有好的一面，也有坏的一面。我们要把握哪些话该说，哪些话不该说。说话方法不同，对方的看法也会不同。

（1）有一则流传已久的故事，说的是一位教徒问主教："我在祈祷时可以抽烟吗？"

主教回答说："不可以。"

那教徒就换了个方式问："那我抽烟时可以祈祷吗？"

主教回答说："当然可以！"

（2）有顾客在餐厅里吸烟，懂说话的服务员会规劝他说，我的工资才3000元一个月，但你抽烟，公司会罚我的钱。这种说法会使抽烟的顾客产生同情心，比直接说不准抽烟更易使人接受。

（3）如你要赞美一个人，不要说那个谁谁谁比你差多了，应该说，你比那个谁谁谁漂亮多了。

这就是说话的艺术了，在审讯过程中我们也要注意说话的方式方法，同样的一句话，不同的表达方式会收获不同的效果。

4.不要过早地讯问犯罪嫌疑人案情，因为在刚开始审讯的时候，犯罪嫌疑人常常是持恐惧、侥幸、对抗心理的。在这个阶段，审讯人员的话，犯罪嫌疑人是听不进去的。如果处置不当，其对立情绪会更加严重，甚至会使场面失控。

切忌过早抛出已掌握的证据，这些证据若没有其他佐证，一旦被否认，将失去它的作用。我们要掌握好出示证据的时机，可以将一些证据在犯罪嫌疑人面前反复展现，却不让他看清具体的细节，并对他进行提示性发问，让犯罪嫌疑人产生我们已掌握了他的犯罪证据的心理。

就像你和朋友打纸牌，你不可能告诉对手你手上的王牌一样。证据必须在把握好关键点时再抛出。这样，犯罪嫌疑人会觉得你已掌握了大量的证据，从而主动交代案情。

5.审讯时面对犯罪嫌疑人要口若悬河，话不能停。让犯罪嫌疑人跟随你的思路走，有时候正是犯罪嫌疑人想开口交代时，你口一停，给了他思考的空当，让犯罪嫌疑人的脑子有了"喘息"的机会，那么他就会清醒过来，你之前的努力就会功亏一篑。

就像一些推销员上门推销洗衣粉一样。独自在家的你，很容易会被他的如簧之舌打动，不知不觉就贪图便宜买了十包洗衣粉。等到推销员走了之后才后悔，为什么买了这么多包，几年都用不完。但若当时有个家人回家，或有其他事情使你脑子清醒一下，你也就不会买了。

诈骗案件，不论是网络诈骗还是接触性诈骗，犯罪分子都是用语言对受害者进行洗脑。如若当时有个朋友在旁提醒一下，受害者就不会上当受骗了。

所以，这里还要提醒大家注意一个非常重要的细节，那就是在审讯过程中，必须要将手机调成静音，切不可在快成功时被电话铃声摧毁所有的努力！

6.有些同志在审讯过程中喜欢一边问话，一边做记录。其实，审讯时切忌这么做，因为那样，犯罪嫌疑人就会寻思他所说的都会被记录下来，会有心理负担，担心影响他的刑责。

而且，一边问话一边做记录，容易忽略整个案件的连贯性，也容易给犯罪嫌疑人思考的空间，这样他就会隐瞒一些犯罪事实。但若只是交谈，他就会放松警惕，容易被我们引导而主动说出犯罪事

实，到最后再记录时可以提醒他，刚才你的供述已经全程录音录像了。

7.在对犯罪嫌疑人进行审讯之前，我们必须要了解法律上他所犯罪行的构成要件，尤其是犯罪嫌疑人对自己实施的犯罪行为及其结果的看法（如故意、过失、动机、目的等），只有这样我们才能有针对性地去讯问。

如犯罪嫌疑人使用假币，其犯罪行为的主观方面是明知还是无意？如果是无意使用假币，他是不负任何法律责任的；若是明知，当然要负法律责任。吸毒也一样，主动吸食毒品与被骗吸食的、被强迫吸食的法律责任都不一样。所以，我们在审讯中过程也要从各个方面去证实犯罪嫌疑人违法犯罪行为的主观意识。又如，犯罪嫌疑人驾驶汽车将一个与他吵架的人撞死，当时犯罪嫌疑人的行为、主观心态是交通肇事、故意伤害抑或故意杀人？这些都需要我们通过讯问加以证实。

案件中，对于犯罪嫌疑人的罪与非罪、触犯的是何种罪名等，我们都必须在审讯中了解透彻，这是为了维护法律的公平公正原则。

8.在审讯中，我们要根据掌握的事实与证据，辨别犯罪嫌疑人交代的供词中不合逻辑的地方，或与我们掌握的事实不符的地方，犯罪嫌疑人在此时肯定是想隐瞒某些事、某些人或为其罪行开脱。

这时候我们就要果断地指出他的谎言，并从法律中的包庇、隐瞒、不如实作供等从重角度对他施压。这时候我们的话语要坚定、有力，在气氛上形成强大的压力。让他感觉到我们已掌握了事情的真相，要使犯罪嫌疑人的心里感觉到，他所做的事情我全知道。

9.大部分被抓捕的犯罪嫌疑人一开始都抱有侥幸心理，这是犯罪嫌疑人建立在对自己的行为很有自信的基础上的心理状态，以其作为拒不认罪的主要寄托和精神支柱。不过，抱有侥幸心理的犯罪嫌疑人往往自以为万无一失，很少考虑在赖以对抗的精神支柱被摧毁后，如何继续对抗的问题，这也是侥幸心理的弱点所在。

简单来说，每个人都有趋利避害的心理，这是人之常情，也是人性的本能。所以，我们要在审讯中寻找犯罪嫌疑人拒绝交代的心理支点：

他所害怕的是什么？

他所顾忌的是什么？

他有恃无恐的又是什么？

我们在审讯中要想办法打消他的侥幸心理。让他感受到足够的压力，将唯一的救命稻草拿走，做好政策攻心，指明出路，使其侥幸心理转化为供述犯罪的动力，他才会觉得唯有老实交代才是唯一可以争取从轻处罚的路。

10.对有视频证实犯罪嫌疑人犯罪的，我们先要将未犯罪之前的视频给他让他辨认自己，穿的是什么颜色的衣服、穿什么样的裤子、脚上着什么款式的鞋等。一旦确认以后，再将视频切入犯罪过程，让他看看他是如何犯罪的。切忌马上就将犯罪嫌疑人犯罪时的视频给他看，因为有些犯罪嫌疑人会矢口否认视频中实施犯罪行为的人是他本人。

11.在审讯时不要对犯罪嫌疑人直呼他的全名，否则会让犯罪嫌疑人心里感觉到审讯人员对他有针对性，比如他叫林某业，我们要叫他业仔或某业。为了拉近与犯罪嫌疑人的关系，我们可叫他的

小名，对江湖人士可称呼他的江湖绰号，这样的称呼会使他有亲切感。

在审讯时我们要弃用官方语言，尽量使用口语，使他感到处在一种平和而自然的环境中。尤其是对阳江本地的年轻人，我会使用本土方言甚至是江湖上的黑话与犯罪嫌疑人进行交流。遇到什么人说什么话，对有文化的嫌疑人说话要斯文，对涉黑的嫌疑人说话要有匪气。这种谈话方式容易引起他们的共鸣，更有利于诱导犯罪嫌疑人说出心里话。

12.审讯时切忌用一些敏感的字眼，因为犯罪嫌疑人对一些字眼会自动产生抗拒。此时，我们换个说法会使犯罪嫌疑人更易接受。

在盗窃案件中，我们切忌提到"偷"之类的字眼。

如问："你为什么要偷东西呢？"

要改成："你为什么要拿东西呢？"

凶杀案件，我们切忌提到"死"之类的字眼。

如问："你为什么要杀死他呢？"

要改成："你为什么要伤害他"或"你为什么要弄伤他"。

顺便一提，一些凶案，被害人已经死亡的，但估计犯罪嫌疑人尚不能确定的，绝对要说被害人已抢救过来了，应该问题不大，没有生命危险等。必要时，也可和同事在犯罪嫌疑人面前演个戏，故意说或故意接个电话说起此事，给犯罪嫌疑人一种心理上的冲击，认为被害人既然没有死，醒过来绝对会指证他，同时也给了他被法律从轻处理的希望。

|第十五节|　常见的审讯方法

我们审讯犯罪嫌疑人就如攻打一座坚固的城堡，我们不必拘泥于形式，不管是用哪种法子，只要能使犯罪嫌疑人如实供认便是好方法。下面笔者总结一些审讯中用到的技巧。

一、下套问法

下套就是通过引导、诱惑使你说出某种事物、事情的真实情况，是指故意引导别人作出错误的决定或行动，导致有目的的结果，也就是下圈套的简称。

在审讯时，我们要围绕案件的真相来说事，但不要一下子点明，那样容易让犯罪嫌疑人一口否认。多兜圈子是个有效的途径，但不要让对方知道你的意图，然后找准时机，下个套路，使犯罪嫌疑人不知不觉地钻进去。所以,在讯问时，我们要根据犯罪嫌疑人的回答，快速作出反应，甄别真假，迅速调整下套思路。

我将通过一些生活中简单易懂的套路来让大家对下套问法有个大概了解。

套路一

老爸： "在学校谈女朋友了吗？"

儿子： "没有。"

老爸： "电脑怎么没带回来？"

儿子："放学校了。"

老爸："该不是让女朋友在玩吧！"

儿子："没，她自己有。"

套路二

两朋友的对话：

"你还没有忘记他吧？"

"早忘记了。"

"我还没有说是谁呢。"

套路三

某天，我和女朋友到她家见她父母，她妈妈对我女友说："昨天没睡好，你老爸太能打呼噜了。"

过了一会儿，她妈妈又说："你二姨也打呼噜。"

几秒后接着问我女朋友："你男朋友也打呼噜吗？"

女朋友说："哦，他不打的。"

气氛凝固了半分钟。

她妈妈说："哟，两个都睡一起了啊。"

在生活中，我为了想知道新认识的外地朋友是否听得懂阳江话，会用下套问法来测试，是一个非常有效的方法。我会用阳江本地话来问她："你听得懂我们说的阳江话吗？"她若回答"我听不懂你们说的阳江话"，这种回答表示她是听懂了然后故意否认。因为真的听不懂，她会说："你说什么？我听不懂。"

我有个朋友在吃饭时经常会用到下套问法。若他质疑厨房的汤水不是当天炖的，会对点菜的楼面经理说："炖汤还是隔夜的入味，好吃，你这里有没有昨天的炖汤呢？"

有一些楼面经理真的会上当并如实说："××汤、××汤是昨天炖的，你点不？"

审讯时我们也要有套路，通过迂回曲折的盘问扰乱犯罪嫌疑人的脑子，然后冷不防地问一句，让犯罪嫌疑人防不胜防。

如有时在审讯时我会装作忘了犯罪嫌疑人同伙的名字，而对犯罪嫌疑人说："你那个朋友，呀，我忘记了他的名字，瘦瘦的，剪个短头发的，是他说你开枪打人的。唉，你看我这脑子，刚才我还在隔离审讯室问过他呢，这么快就忘记他的名字了。"

这时，大多数的犯罪嫌疑人都会将他同伙的特征对号入座，忍不住上当说："你说的是张某吧？"

这时我再装作记起的样子说："对！对！就是张某，就是他！"

一些话语从犯罪嫌疑人口中说出，会使他的脑里进一步加深他的主观意识，脑海中自我认为张某已供认出他开枪的事，这就是审讯中的下套问法了。

运用下套的问法都是想得到自己想知道的信息，但根据不同的情况，所用的方式方法也不同。如我问某个同事：×年×月×日的一次重要行动，有个刑警队的人和你一起去，人很帅气，眉毛有点浓，工作能力很强，那人是谁？然后我不停地否认他说的名字，"哦，不是他""好像不是这个名字"。同事就会将那天参与行动的所有人都猜一遍，然后我才会回应应该是某个人。其实我是想套

出那次行动都有哪些人参与，这是一个圈套，引导同事说出我想要的答案。

又如在审讯中，你问审讯对象要他同伙的电话号码，他若没存在手机里，那就一定是记在脑里。在这种情况下，为验证审讯对象给的号码是否是真的，我们可改动两位数字再念给他听，如果审讯对象纠正，说明号码是真的。

二、列举法

列举法又称举例法。将了解到的人和事等各种情况，结合案情，挑选一些犯罪嫌疑人所担心的事，一一列举出来，或挑些众所周知的例子说给他听，并加以使他相信的客观分析，从而使他想象到可怕的后果，产生悲观的想法，最后从心理上崩溃。

如有一次，我的一个好朋友被家里的狗咬了一口，自认为自己养的狗肯定不会有病毒的，所以不以为然。但我为朋友的生命健康着想，于是我列举了一些被自己养的宠物狗咬伤并患上狂犬病的事例，并且将发病的可怕情形描述出来。听完我这番话后，他吓得脸色都变青了，马上去打狂犬疫苗了。

所以，我们要积累自己的谈资，要有大量的话语和可以列举的事例。我们要尽可能多地接触生活的方方面面，不管是国家大事、自己从事的行业，还是与身边有关的人和事，都需要我们留心观察、多点关注。只要是认为对审讯有帮助的，我们都要进行思考与分析，不断积累生活的点点滴滴，牢记心中，自然就可以练出在审讯中随机应变的好口才。

三、观相法

心理学家认为，身体语言是内心深处的自然流露，人不可能去压制它，所以身体语言同其他行为相比更能体现一个人的真实想法。

一些国外的纸牌赌博高手通常都要牺牲前十几个手牌局来观察对手的习惯与小动作，拿了好牌或坏牌是怎样的肢体语言、身体如何反应，每一个细节都不放过，所以才会百战不殆。我们在审讯中也一样，要注意观察你的对手。

在审讯中，犯罪嫌疑人通常会为了逃脱罪责而说谎，我们要留心观察犯罪嫌疑人各种各样十分细微的表现，从而得到我们想要的一些隐藏的信息：

1. 犯罪嫌疑人不愿意说案件的细节，因为他们怕说得多漏洞就多，到时无法自圆其说，而诚实的人根本就不怕说得仔细。

2. 犯罪嫌疑人会通过大量的解释来提高自己说法的可信度。

3. 犯罪嫌疑人会出现一些不安的肢体语言，会摆弄手指或下意识地抚摸身体某一部位等。

4. 犯罪嫌疑人听到指证他犯罪时的表情会夸张，但心理学家的研究表明，如果吃惊的表情维持超过一秒，那就是在装，说明他在说谎，真正的吃惊表情是转瞬即逝的。

我们在审讯中首先应观察犯罪嫌疑人走路的姿态、坐姿、神情及他说话的速度、节奏、紧张度，以及口头表达能力，这有助于我们制订合适的审讯对策。因为一个人的行为与他平时的性格、生活水平、文化水平、社会环境、细节行为习惯等有很大的关联。如有的人说话时习惯眼珠子不停地转动，这表明他是边说边思考问题，

这种人内心多疑，不轻易相信别人。有的人说话时习惯挥舞紧握的拳头，他的肢体动作表明了他的心里想控制当前的局面，想掌控一切。

一个人长期所处的内心世界会对他的外貌、气质和精神状态产生很大的影响，当他的面部肌肉组合、体形姿态、眼神、语气定型之后，就形成了这样或那样的外貌，这就是我们常说的相由心生。

每个人的脾性都是长期在某种自然条件或者社会环境下所养成的独有的性情、性格、习性。审讯过程中，犯罪嫌疑人对不同事情的否认、态度、语气、反应都应该是同样的，如若犯罪嫌疑人否认某犯罪行为与否认其他事的态度、语气、反应是截然不同的，就非常可疑！

我多年的审讯经验表明，犯罪嫌疑人对同样的犯罪行为如果是激烈地否认，证明犯罪嫌疑人说的是真的。反过来，之前平淡反应的否认是假的。

例如，在审讯中，我对犯罪嫌疑人说：你是否和你好友张某一起偷窃过东西？

犯罪嫌疑人只是语气平淡地否认说没有呀。

但若我再问他，是否和他老乡林某一起偷窃过东西？

他若语速非常快，态度非常冲动（或非常激动，甚至愤怒）地应答说"没有！"或说"你不要乱编造，污蔑好人！"那么我相信老乡林某是清白的，反之，好友张某是同案犯。

又如，我问犯罪嫌疑人：张某在哪里？（或你与张某那天干了什么事？）

犯罪嫌疑人回答：我又不认识张某。

这就证明他认识张某，因为正常回答是：张某是谁？（真实情况会用上反问，反问是强有力的质问）

犯罪嫌疑人第一时间不假思索的回答是最真实的，是脑子里没故意编造的直接反映。若是编造的谎言，那么他回答的条理性不会清晰，也容易分辨。

四、主动引导法

引导是指思想上或行动上通过用某种手段或方法去带动某事物的发展，引导者处于主动位置，被引导者处于被动位置。

记得有个著名的商业例子，甲乙双方代表在谈合作，其中甲方口若悬河、滔滔不绝地说他们公司的意向，另一方想说却插不上话，眼看就要落入被动的局面。这时，乙方代表用手从桌面上弄掉一支钢笔，他则故意弯着腰从地上找了许久，然后屁股一坐下来，装着没听到对方说了什么，就主动开腔说自己公司的意向和合作条件，瞬间将话语的主动权夺了回来。

有时候，审讯的进展情况并不是审讯人员所能完全左右的，审讯的话题也不是按照审讯人员的意愿来开展的，我们要及时调整。我们也要主动将一些与犯罪嫌疑人有关的罪案事例，挑些为我所用的说给对方听。对他的应答，在进行适时反驳与赞许的同时，还要加上自己的法律见解与导向意见，将他不知不觉地导入我设计的思路。

我们在审讯过程中，面对犯罪嫌疑人不诚实的回答，要马上果断地指出他的错处；面对犯罪嫌疑人装疯卖傻的应答，我们要大声呵斥他，将他重新引导到我们的话题上来。

审讯室，就相当于一个主场，而我，就是一个强大的裁判，可以主宰一切。所以我要有绝对的气场，说的话要令他信服才能引导好他的思想。

五、亲情打动法

亲情的定义就是人们渴求为亲人付出一些或全部的思想。

亲情，特指亲属之间的那种特殊的感情，不管在什么时候都是最难割舍的，是亲人之间无论贫富、无论善恶都会爱着对方的一种血浓于水的特殊情感，它有两个特点：

一是互相的，不是单向的。

二是立体的，不是单方面的。

我们在审讯中要加以利用，打一波亲情牌，一些感情脆弱的犯罪嫌疑人是很容易崩溃的，使用亲情打动的范围与方法可以是犯罪嫌疑人对父母、对兄弟姐妹、对儿女、对伴侣等亲人的思念或愧疚之情。

而对未成年人的审讯，我们在审讯前首先要做通其家人的思想工作，因为在审讯时，大多数的父母亲作为监护人在旁见到犯错的儿女，都是泪眼愁容的。这个时候打亲情牌，当着父母的面说父母养大犯罪嫌疑人的辛苦经历，如何望子成龙，动之以情，绝大多数的犯罪嫌疑人在失去自由的审讯室里都会愧对父母的养育之恩，在父母面前表示一定要痛改前非，重新做人。

六、深入情景法

情景描述法也称脚本法，指尽可能根据已知资料和条件，充分发挥人的创造性思维力和想象力，把事物在一定阶段的发展情景生动、鲜明地描绘出来，以期达到正确预测目的的一种预测方法。

现在许多审讯人员都只是停留在表面，你若不老实交代，你会怎样怎样，你的亲人也会被你连累。这种表述只是点在表面上，于是大部分的犯罪嫌疑人也会应答"随你的便"，或回答"你想怎样就怎样"。

但若审讯人员详细深入地描述一些嫌疑人的母亲被牵连入狱的情景，如他母亲在狱中的艰苦，在狱中新人会如何被人辱骂、殴打，会睡在厕所旁，每时每刻闻着令人恶心呕吐的屎尿味，则会有不同的审讯效果。

深入细节的描述会使犯罪嫌疑人脑中"看到"他母亲在狱中被欺凌的痛苦，认识到这一切都是他造成的，从而对供认案件事实也会抱有完全不同的心态。

有一次，我有一个朋友喝酒的时候，已经喝了一口才发觉杯子里有一只苍蝇在"游泳"。他只是皱了皱眉把酒倒掉，但我说苍蝇很有可能是从卫生间里飞出来的，他开始用茶水漱口了；当我说到，那只苍蝇很有可能刚趴在卫生间的一大堆热屎里吃饱了，飞不动了才跌到你的杯子里，话还未说完，我的朋友就已翻江倒海般地在餐桌上大呕大吐了。

这就是所说的要达到你想要的效果，就要他感观上"身临其境"，脑子里"感同身受"！

我们所能感受到的某件事的震撼力由强到弱依次为：视频>照片>通报>听说。一段几个人殴打一个人的网络视频，非常直观，容易引起众人的讨论、愤慨；而对伤害事件的文字报道，就不那么容易引起读者的共鸣。所以，我们要在审讯过程中通过口述（深入情境法）使对象深刻地感受到"看到"的震撼效果。

七、给予生机法

生机，是一种希望，指盼着能在绝望中出现某种情况或达到某种目的。

一般来说，犯罪嫌疑人在被抓获后，总是抱有一些幻想，或想通过人脉"走后门"来避免受到刑罚，或想祈求被害人原谅从轻处罚。对于犯罪嫌疑人心里的渴望，我都会加以利用，但首先要犯罪嫌疑人认识到他是做错了。如引导犯罪嫌疑人将盗窃的手机物品还给事主，事主原谅了，写了谅解书，事情就好办了，让他心理上有个避免受到刑罚的"生机"。这样就可以引导他将违法犯罪事实讲出来。

这种"生机"简单理解就是一种诱惑。如最近有一则新闻：武汉一名30多岁的男子，站在小区楼外墙水泥板上打算跳楼，众人和警察劝说了6个小时，那人仍不肯回心转意，正当大家束手无策之际，他的一个好朋友提着一兜十三香小龙虾和两瓶白酒喊他喝酒，他竟被美食诱惑，放弃了跳楼。

给犯罪嫌疑人一个希望，他就会被你牵着鼻子走。在审讯时，我有时会问犯罪嫌疑人是否认识公安部门中的哪一位同事，到时让他来帮你求求情；有时也会当着犯罪嫌疑人的面接个电话，在通话过程中转头问犯罪嫌疑人叫什么名字，然后就对电话中的那头说是这个名字，目的是让犯罪嫌疑人以为有人在帮他求情。此时，他就会产生一种希望，会非常配合我的问话。当然，他肯定会问是谁打的电话，我会含糊地回答"是谁你不清楚吗，反正是位人物"。其实，这个电话是我和同事早已商量好时间打的。正所谓兵不厌诈。

八、编造法

编造，就是凭想象力有针对性地去捏造虚构的事实，使别人相信，来达到自己的目的。

有时候，和犯罪嫌疑人交谈时，为了弄清事实真相，要在时机成熟的时候编造一些使他相信的故事，引导他的思维"走向"我设定的审讯提纲。

犯罪嫌疑人在审讯过程中处于被动状态，审讯人员不问不说，他也在沉默中度过。但他的心理活动是非常脆弱的，如果审讯人员编造一些有利审讯的故事，在狭小的审讯室空间里，他绝对认为是真的。

有时，我也会利用一些特殊的节日或特殊的情景来编造一些容易使犯罪嫌疑人相信的事。如当时刚好打雷闪电，我就会编造出一个人不久前做坏事被雷击的故事来吓唬他。反正，在审讯中只要是能使他如实供述的方法，都是好办法。

如2014年秋，公安部要求我们对所有的在逃杀人案嫌疑人的直系家属采集血样，以排查、核对监狱里服刑的犯人和无名尸体。我负责带队走访广西壮族自治区、湖南省一带的嫌疑人家属。

当时，在去的路上，有民警说这种嫌疑人家属怎么会配合我们采集血样，这个任务好难完成！

我说，做任何事，都要开动脑筋去想，事情才会变得简单。

这次我用了编造法。我每到一处都会对嫌疑人家属说:"我们广东省公安出了个事,由于没有认真比对血迹,抓错了人,于是我们公安厅要求所有案件都要重新采集犯罪嫌疑人家属的血,防止冤假错案,你家那位也有可能是冤枉的。"

每个犯罪嫌疑人家属听完这段话都会主动捋起袖子,十分配合我们的工作。因为只要有一线希望,他们都要为亲人去争取,这就是亲情、人性。

有时候,编造法也可用于其他方面。

2019年1月有一个非法拘禁案。两名男子为讨债,在一天晚上将一名女事主殴打并拘禁起来。后来,民警设计将主犯林某抓了起来,林某对自己犯法的事供认不讳,但自始至终不肯交代同案犯的身份信息,说是当晚偶然碰见的,也不肯交代同案犯当晚如何违法一事。从种种迹象来看,他是想不连累朋友,自己一个人将事情揽上身。

为此,我们调来了林某的电话通话清单,并将清单里当晚案发时疑似同案犯的号码通过公安警综系统查找出身份、相片,后来通过女事主的辨认确定了王某是同案犯。我又通过公安刑专平台系统对王某进行研判,发现他曾于三年前因聚众斗殴被刑事处理过。于是,我在审讯时拿出王某在押的照片给林某看,并骗他说王某已经被我们抓获了,而且供认的都是对他不利的。林某一听,来火了,马上供述指认了王某当晚参与犯罪的情节。

这个事例告诉我们,由于犯罪嫌疑人被关押在"与世隔绝"的牢房里,根本就不知道他的同案犯究竟有没有被抓、被抓后供述了什么内容,只要"故事"编得真实,犯罪嫌疑人是会完全相信审讯人员的。

这种方法就是利用犯罪嫌疑人心理的不稳定性，去编造不存在的、对他不利的事实，让他气愤、让他心乱，从而达到效果。编造法有时配合离间法，适用于犯罪团伙之中。如在审讯中编造说：张某及方某都说你是带头人，那次打架大家都说是你打电话叫人来砍人的，等等。这时，犯罪嫌疑人就会气愤地将实情道出，说某人才是带头的，他是如何做的，这样我们就能掌握准确的犯罪事实了。

九、夸大案情法

我们举个例子来简单了解下。有一个聪明的小孩和妈妈在商场里逛街时想吃雪糕但却不将意图表露，因为他知道妈妈是不会轻易答应他的。于是，他拽住妈妈的衣服说想买一套变形金刚玩具，妈妈一看5000多元一套，当然不肯买。小孩央求了一会儿后就对妈妈提出买不了变形金刚就买个雪糕吧，这时候妈妈非常乐意地满足了儿子的要求。

有时候，我们想得到期望的东西时，要编造、夸大事实，向当事人施加压力，让他比较两种不同的后果，那么他通常会选择轻的来承担。

如朋友曾向你借了钱，而你又忘记了是400元还是500元，你可以将金额夸大来问他，你欠我的1000元什么时候还？这样对方马上会说，我不是向你借了500元吗，现在怎么变成1000元了？通过这种故意夸大事情的方法，你就可以马上知道你想要的答案。

在审讯中，我会故意将一些已知的案情夸大，使案件结果超过犯罪嫌疑人心理上能够承受的程度。这样会给犯罪嫌疑人足够的心

理压力，让犯罪嫌疑人为了避开与他不相干的重罪而承认轻的罪行，从而达到我的目的，这个方法与编造法有异曲同工之效。

2016年8月，在市区一家酒吧门口，发生了聚众斗殴案件。其中一个保安上前去阻拦，被其中一方持枪打伤手指。后来，我们根据侦查信息，抓获了犯罪嫌疑人侯某。但在办案民警对他进行审讯时，侯某死活也不肯承认是他拿枪打伤人的。

我接手审讯后，将近期发生的一个轰动全市的酒吧命案有板有眼地说给侯某听，并编造说他持有的那支枪是这个命案打死人的凶器，我们正是凭那个命案的枪支线索追寻而抓他的。侯某听后吃了一惊，马上大声否认参与了命案，也马上承认枪是张某借给他的，他根本不知道张某之前用枪犯命案的事，只是这次开枪打伤别人的手指而已。

同样，在一些打架案件的审讯上，我根据侦查情况得知审讯对象打架是赤手空拳的。但我会编造、夸大事实，对审讯对象说有人指认他用刀、用铁水管去打伤对方。这时审讯对象就会为自己辩解，说他只是用拳头去打伤对方而已。你看，只要方法用对了，目的就这样轻易达到了。

因为每个人都会根据现实情况评估当前的形势，做出对自己有利的选择，这是一种趋利避害的心理。趋利避害是人类的本能，这种本能是与生俱来的。所以，我们要在审讯中利用好这一人性的特点。

十、攻其不备的反问法

反问法就是用疑问的句式，表达肯定的观点。反问句表面看来是疑问的形式，但实际上表达的却是肯定的意思，答案就在问句之中。反问的形式比一般的陈述句语气更加强烈。反问，是带有进攻性的问法，类似于质问。

如问："你看完这篇文章了吗？"

反问就是："这篇文章你还未看完吗？！"

如问："你办好那件事了吗？"

反问就是："那件事你还未办好吗？！"

我们在审讯中，要在闲谈中掌握时机，当犯罪嫌疑人思想已经有所动摇的时候，突然抛出一些已知事实。这时候最好是用反问法，语气一定要急点。如问他：

"那你为什么还会××做呢？！"

"那你事后为什么不××做呢？！"

"你能保证别人不争取从轻处理吗？！"

这种反问，实际上是更加强烈地表达了肯定的意思，使他猝不及防，直接道出事实真相。

面对反问的进攻问话方式，犯罪嫌疑人是处在被动的情形下来回答，被动的应答都不是犯罪嫌疑人事先设想好的，思想上的仓促通常只能回答出当时的事实。

十一、反问法的高端形式：重复反问法

为凸显某种感情或某种行为，连续两次以上使用同一话语对同一件编造的事反复去强调，并且用反问法。反问，是带有进攻性的语法，我们要在审讯过程中把握各种时机，穿插并重复地说出来，以增强审讯人员的语气或语势，多次反问直至犯罪嫌疑人相信。

如我们在审讯过程中，根据我们侦查的情况，反复问犯罪嫌疑人同一句话：

我："……那为什么梁某说是你拿枪恐吓对方的？"

犯罪嫌疑人："没有，当时的情况……"

我："如果是这样，那么……"

犯罪嫌疑人："那天我和赵某……"

我："如果赵某……那为什么梁某说是你拿枪恐吓对方的？"

犯罪嫌疑人："梁某后来才……"

我："若是赵某和梁某……那为什么梁某说是你拿枪恐吓对方的？幸好当时没伤了人，你若还是不承认这个事，那么你……"

犯罪嫌疑人："是的，因为……我是迫不得已才拿枪恐吓了对方……"

我们反复对犯罪嫌疑人说同一个事情，会让犯罪嫌疑人心里认为梁某真的指证了他拿枪恐吓对方一事，从而使他心里产生放弃抵抗的念头。

我们在审讯中重复说同一个证言、同一个虚构的事情，潜移默化中使犯罪嫌疑人认为审讯人员说的是事实，这实际上就是一种心理暗示。这就是著名的戈培尔效应：重复是一种力量，谎言重复一百遍就会成为真理。

十二、激将法

人类的思维方式是相对固定的，而且有规律可循，激将法可以改变人们的观点，使软弱的人变得坚强，使犹豫不决的人变得坚定，其利用的正是人类思维的特点。

激将法，是在时机成熟时，向犯罪嫌疑人故意提起一些令他愤怒的事，利用他的自尊心和逆反心理，激发起他的情绪，使他瞬间失去理智。这种愤怒的情绪使他放弃了已想好逃脱罪罚的说辞，从而得到不同寻常的说服效果。

就像电影《让子弹飞》中老六剖腹验粉的那场戏，堂堂的鹅城县长的儿子，被胡万联合卖凉粉的诬陷吃了两碗凉粉只给一碗的钱。当时胡万说，你就是仗着自己是县长的儿子，吃东西不给钱，有本事剖开肚子看看到底里面有多少碗粉？血气方刚的老六辩不过，就马上剖腹证明自己的清白，这就是激将法的功力了！

激将法是一种很有力的口才技巧，在使用时要看清楚对象、环境及条件，不能滥用。同时，运用时要掌握分寸，不能过急，也不能过缓。过急，欲速则不达；过缓，对方无动于衷，无法激起对方的自尊心，也就达不到审讯目的。所以，我们在审讯过程中要把握好犯罪嫌疑人性格等具体情况，如此才能有针对性地用准方式方法。有时，我会在审讯中通过激将法来刺激某些犯罪嫌疑人，让他在不自觉中吐露真相。这一招对于性格暴躁、倔强的人特别有效果。

如在2012年秋天，有一个被害人报案称，在市区一休闲吧门口被一伙蒙面年轻人砍了好几刀，应该是和近期他纠缠他前女友邹某一事有关，因为邹某的现任男友杨某曾扬言要教训他。根据侦查情况，我们依法传唤了犯罪嫌疑人杨某回所讯问。

面对审讯，杨某认为公安机关没有掌握他的犯罪证据，一直否认犯罪事实。后来，我分析杨某的性格属于冲动型，便用**激将法+编造法**有目的性地对杨某说起，受害者一直对杨某的女友邹某念念

不忘，受害者表示还是很爱很爱他的前女友，还说杨某搞偷袭是鼠辈的行为，让人看不起，邹某终会回到自己身边。在我的一番刺激下，杨某听后大怒，激动地直说为什么他当时没把这人砍死。

炫耀是一种基本人性，如某些人藏有枪支，他心里无时无刻不想在朋友面前威风一下，来证明他的强大，还有些人在激动之下（或喝醉后）会忍不住在情人、朋友、工友前吹嘘："我杀过人！你算什么。"说真的，我们由此也破了不少命案。

对于这种性格倔强、直性子的对象，我们在审讯中要把握好他长期压抑的心理，一引即爆！

十三、离间法

离间，是指挑拨朋友、同伴的关系，使他们不和睦，以达到预定的目的。

史上最有名的离间计当属周瑜用的。在三国赤壁之战的初期，曹孙两军摆于赤壁，互相苦无破敌良策。曹操的军师蒋干，自愿通过自己与周瑜的同窗关系去劝服周瑜。

周瑜正在为曹氏手下有两位深得水军之战谋略的将军蔡瑁、张允犯愁，而蒋干竟然送上门来，周瑜马上就明白了蒋干的意图，于是便设一招离间计。

等到蒋干来的时候，周瑜便规定只准述朋友之情，而不得谈论军事，结果使得空有一身本事的蒋干没有发挥的余地，闷闷不乐，酒足饭饱之后，两人同榻而眠，到深夜蒋干清醒过来，便偷看周瑜的公文，发现蔡瑁、张允呈周瑜愿意投降的文书，于是将这一"天大的秘密"回去向丞相报告，曹操大怒，将两将斩杀。

而在审讯过程中用这种方法，我一般是对犯罪团伙或多人作案用的，用来离间他们之间的关系，通俗点讲就是要他们"大难临头各自飞"。

根据案件掌握的情况来分析，对团伙中的每个犯罪嫌疑人要多用**反问法**，如为什么某某说这件事你是带头的，为什么某某会说你怎样怎样，并且在适当的时候故意透露一些只有团伙成员才知道的罪行，等等。

我们在审讯时使用**离间法**结合**激将法**和**编造法**，编造一些让犯罪嫌疑人相互之间产生猜疑的话语，使他们在心理上产生矛盾，从而互相指证对方，我们则可以从中获得想要的信息。

十四、跳问法

跳问法通常来说，是人们在做决策时，思维往往会被得到的第一信息所左右，就像沉入海底的锚一样，把你的思维固定在某处。而以一个限定性的词语或规定作行为导向，达成行为效果的心理效应，被称为"沉锚效应"。

什么是跳问法？我举个简单的例子：

一条小食街相邻有三家早餐铺，最拿手的都是煎鸡蛋，味道、环境都差不多。但是第一家的营业额一般，第二家的营业额还可以，第三家铺则生意很好。

原因在于，第一家的客人来了，服务员在给客人点餐时问："请问你想吃点什么呢？"（客人在考虑吃什么，煎鸡蛋只是众多食品的其中一种选择）

第二家的服务员则会推荐说："我家煎鸡蛋的味道很好，要不

要点一个尝尝？"（客人对推荐的煎鸡蛋，在吃与不吃之间选择）

生意最好的第三家铺的服务员则会说："我家煎鸡蛋的味道很好，你是点一个还是两个？"（客人对推荐的煎鸡蛋，在点一个或是点两个之间考虑）

经营策略、推销手法的不同，造成生意兴旺与否也不同。

生活中，有时候我为了得到真相，也会用跳问形式。有一次，我和朋友去吃饭，一般酒店的炒瓜类菜品，厨师常见的做法是用开水将瓜类烫熟，阳江俗称"飞水"，飞水后再炒，这样省时但味道不好。当时朋友点了一个生炒苦瓜，注明不飞水，生炒即是下锅直接炒，当炒苦瓜端上来后，一人尝了一块，朋友们对是不是生炒有了不同意见，于是我叫厨师来。

我对厨师说："今晚的炒苦瓜真好吃（先称赞这道菜的味道，等同称赞这道菜的做法，为跳问作铺垫），但不知你飞水时是飞2分钟还是放到开水里就马上捞出来呢？"（正常问法是：你的炒苦瓜这道菜有没有飞水？跳问法是让他在马上捞出来，或是浸2分钟再捞出来，这两种答案中作选择。）

厨师反应好快地回答："我没有飞水啊！"（没有从我给出的两种答案中选择，而且是立马回答，我判断这回答是真话。）

我说："但这瓜炒得软软的，入口刚好，好像是飞过水一样？"

厨师："哦，我只是先炒了会儿苦瓜，将苦瓜起锅后再炒豆豉等配料，然后再放苦瓜与配料再炒会儿，苦瓜是炒了两遍了，所以合口感吧。"

朋友们听了，都明白了答案，纷纷对我问话的方法表示赞扬！

在审讯过程中，我们可以采用跳问法来缩小选择范围，来让对方给出你想知道的答案。比如，你问审讯对象："你有没有吸毒？"在是与不是之间，审讯对象一般都会回答不是。这个时候，我们就要采取跳跃式问法，像第三家铺的问法，让对象在点一个鸡蛋和点两个鸡蛋中选择。

如问："你有没有吸毒？"

跳跃式问法："你最近一次吸毒是什么时候？"

深一层跳跃式问法："你最近一次吸毒，是你自己吸的，还是和朋友一起吸的？"

这种盘问技巧就是让审讯对象在最近一次自己独自吸毒和与朋友一起吸毒的选择中去考虑。不论他回答是自己，还是和朋友一起，你想让他开口承认吸毒的目的都达到了。

想证明审讯对象当晚打架是否持枪，一般会问："当晚打架有持枪吗？"

跳跃式问法："你当晚打架开了几枪？"

深一层跳跃式问法："你当晚打架开枪后，是否将枪藏起来了？"

更深跳跃式问法："你当晚打架开枪后，把枪藏在家里还是你朋友处？"

是不是觉得问法的不同，得出的效果完全不同？

对盗窃犯罪嫌疑人的审讯：

如问："你有没有偷东西？"（在是与否之间的选择，审讯对象一般都会选择否。）

跳跃式问法："你最近一次偷东西是什么时候？"（审讯对象会在最近一次与相近几次来思考。）

深一层跳跃式问法："你最近一次和谁一起去偷东西？"（审讯对象会在最近是一个人去偷或与其他人一起去偷中做选择。）

或者更深的跳跃式问法："你将偷的东西卖了，共寄了多少钱回家？"（那么审讯对象会在寄了一次还是多次钱回家中做选择）

后面深层次的问法，不论案犯如何回答，你都能得知他偷东西的事实，你的目的也就达到了。

犯罪嫌疑人在面对审讯时，第一反应都是否认，所以我们不要直接问他是否犯罪了，而是要通过跳问法，让犯罪嫌疑人来不及反应而在不知不觉中承认其犯罪行为。这样的讯问方法可以很自然地让对方进入你所期望的状态，从而让你掌握主动权。

十五、倒叙问法

倒叙是具体描述事情的一种方式，陌生的叙事方式会增大认知负荷，当犯罪嫌疑人费劲地倒叙某事情的经过时，编织谎言就会显得非常困难，容易自相矛盾、露出破绽。

在审讯过程中，有些犯罪嫌疑人极力否认自己有作案时间。这时我们可以先让犯罪嫌疑人讲一遍案发时段他在做什么，往哪个方向去了，然后又做了什么，等等，先用纸简单记下来。

这时，若要弄清楚犯罪嫌疑人供述的是否是真话，我们要再问些与案情无关的废话来扰乱他的思维，或与他谈人生，或与他谈家庭。然后再让犯罪嫌疑人将他案发时段做的事情按时间反向顺序来叙述，如从晚上到傍晚到下午到中午再到上午，一件接一件将发生的事情经过倒叙一遍，若犯罪嫌疑人是做假口供，那么他将难以编造与之前正常叙述一样的事情发生过程。因为倒叙问法会让一个说谎者的脑中产生凌乱的画面，致使他不能将编造的事情经过、发生的先后顺序再准确、完全地拼凑出来。

其实，在审讯过程中隔上一段时间再去从犯罪嫌疑人口中印证他曾承认的事实经过，他之前若是说谎的，那么再复述事情时都会有偏差，更何况是将事情经过倒过来再叙述一遍。

所以说，审讯过程中的倒叙方法是甄别犯罪嫌疑人是否如实供述的一个非常有效的办法。

十六、法律说法

一部分犯罪嫌疑人在被抓捕后有着畏罪心理，当面临要被法律追究的后果时，他的罪恶感才会被唤醒，害怕罪行被揭露受到处罚而产生一种内心恐惧。这时用法律知识对他们进行有目的的教育，会使审讯效果更好。

对犯罪嫌疑人进行法律教育，具有预测作用，对审讯有着非常大的帮助。也就是说，通过法律，犯罪嫌疑人能预知在什么情况下，司法机关会做什么处理，引起的法律后果和责任是什么。

通常，我也会将一些有关坦白从宽、抗拒从严的法律规定讲给犯罪嫌疑人听，但我不会古板地照字读书般地告诉他。我会煞有介事地说是2015年公安部、最高人民检察院、最高人民法院、司法局四个部门联合发文，要办案人员必须执行的法律上的规定。我甚至会举两个从轻判决的案例，使审讯对象入心入脑地记住。

附上可以从轻的法律规定：

（1）犯罪分子犯罪后，犯罪事实及犯罪分子均未被发觉，因其自首才得以顺利侦破该案的，轻处40%；

（2）犯罪分子犯罪后，犯罪事实已被发觉，但尚未明确犯罪分子而自首的，轻处30%；

（3）犯罪分子犯罪后，仅因形迹可疑或因其他问题被审查、查询、盘问，而主动供述司法机关未掌握的罪行的，轻处20%；

（4）犯罪分子犯罪后，犯罪事实和犯罪分子均已被发觉，犯罪分子尚未受到司法机关讯问或者被采取强制措施而自首的，轻处20%；

（5）犯罪分子已被追捕或通缉，自动投案，如实供述罪行的，轻处15%；

（6）交代司法机关尚未掌握的同种较重罪行的，轻处10%；交代司法机关尚未掌握的同种较轻罪行的，轻处5%；

（7）被告人自愿认罪的，轻处10%；既自首又自愿认罪的，按自首的比例轻处；

（8）一般立功，轻处20%；

（9）重大立功，被检举人可能判处无期徒刑以上刑罚的，轻处70%；被检举人可能判处10年以上15年以下有期徒刑的，轻处50%。

但我是不会像有些民警那般说你交代了就放你回去这种骗人的话的。说真的，犯罪嫌疑人应该也不会相信。这样一来反倒会使犯罪嫌疑人认为我们毫无诚信地去骗他，使审讯变得更难。我会提到受害人谅解书的重大作用并与他分析他在案中可以从轻的情节，如初犯、协从犯、未成年、检举、立功等。若是案件中有视频证据的，我会提到法律规定的对视频等证据的认定，让他放弃抵抗。

我手头上保存着一些顽固不化的犯罪嫌疑人的判决书，判决书上写着"某某认罪态度恶劣，不肯承认自己的罪行，依法重判"。需要时我会拿出来给犯罪嫌疑人看，并说明不如实交代的犯罪嫌疑人被重判多少，同案坦白了的犯罪嫌疑人又是如何轻判的，通过这种简单明了的对比来诱导犯罪嫌疑人如实供认。

如有的犯罪嫌疑人会问他的罪行会判多少年，我会从法律角度的各方面对他分析说：你犯的事情并不大，从法律规定来说可能会判3年，但你是从犯，又如实供认自己的罪行，我们办案民警会在起诉书上写明这些建议轻判或建议重判的理由。若是判3年，你有了这些轻判的理由，最多会判2年，在监狱服刑表现好的，又可以减刑，最多坐一年多一点就会出来。通过分析，让犯罪嫌疑人明白，如实供认在法律上的好处与不认罪的加重后果，从而达到我们的目的。

所以，我们要站在犯罪嫌疑人的角度来看待问题，要像是一个他聘请的律师一样，为他详尽地分析他需承担法律后果的利与弊，只要他相信我们是真心为他好的，那么他就会将案情和盘托出。

十七、心理暗示法

心理暗示是指人接受外界或他人的愿望、观念、情绪、判断、态度影响的心理特点，是日常生活中最常见的心理现象。心理学家巴甫洛夫认为，暗示是人类最简单、最典型的条件反射，从心理机制上讲，它是一种被主观意愿肯定的假设，是由于主观上已肯定了它的存在，心理上便竭力趋向于这项内容。

比如说，你收养的小孩，有朋友说小孩像你，你便会暗示自己去寻找相似的面部特征，心理上就会越来越觉得真的是像。当你常

常转头往后面看，你的朋友也会跟着你看；你往天上望去，连路人都会被你感染到，也会跟着往天上望去。俗话说的夫妻相也是这种原因，一些进化生物学家认为，这是因为我们潜意识里觉得，与自己长相相似的人更值得信任，这也是心理暗示的一种。

所以有时我们利用"天时、地利"这种方法去审讯时，要通过心理暗示去做文章，让审讯对象想象到可怕的后果，从而对你坦白。

有一次，我在市场买些食材回家宴请朋友，我故意说，鱼是阳春市一个好朋友用山泉水养大的，特别鲜美，据说有许多领导都去买他的山泉水鱼吃。鸡是我专门开车到双捷镇向一老乡买的，听说是喂剩饭和谷，不喂饲料的，是在山上放养的，只只鸡能都飞上树的，当然价格也比市场的高好多。在我的心理暗示下，那顿饭，朋友们吃得津津有味、赞叹不已。

又如，我和朋友吃饭，我提供普通的进口红酒，但我若说某领导特别爱喝这酒，并且从酒的工艺、酒浆挂杯深厚度、橡木桶低温储存、现在由于贸易战没法再进口了等方面吹嘘一番，绝对会影响朋友们饮酒的感受。

在审讯过程中，因为你说的一些事实，一些软硬兼施的心理暗示，使犯罪嫌疑人感到了事情的严重性，犯罪嫌疑人会因为无法承受这种心理施压，怕自己担负不起这种后果，在巨大的心理压力面前选择讲出案件的事实真相。

如针对酒驾的顶替者，我们会将产生的严重后果（伤者伤势的严重程度、死亡、家属扬言报复的后果、他的家人、他的将来等）利用深入情景法——列举出来，使他感受到服刑后的、失去一切的压力，从而迫使他供述当时发生的真实情况。

我在审讯过程中，不会明确指出犯罪嫌疑人所犯的事，但会侧面说出他犯错会造成的后果。这种心理暗示法多用于审讯性格不稳定的年轻人，如在团伙的聚众斗殴中，暗示就因为他的参与与作用，致使对方死亡，使他从心底里感觉害怕，认识到自己所犯下的错；或在暴力案件中暗示由于他的过错，造成对方可能会报复他的至亲之人；或在盗窃案件中暗示他犯下的罪行使亲人失去了对他未来的期望，从而使犯罪嫌疑人供认自己的罪行，以求减轻自己心理承受的压力。

这些审讯办法，在审讯中可灵活多样地使用，各种问法要视当时的情况在适当时候配合使用。

| 第十六节 |　　兵不厌诈

兵不厌诈的意思是用兵作战不排斥运用诡变、欺诈的策略或手段克敌制胜。我们的审讯也是，面对对手，为了使犯罪嫌疑人开口，我们在审讯时要根据不同的情况，开动脑筋，用巧妙的手段、多样化的审讯形式来达到我们的目的。

1993年春季的一天晚上，群众报警称有一名男性死者倒在市区

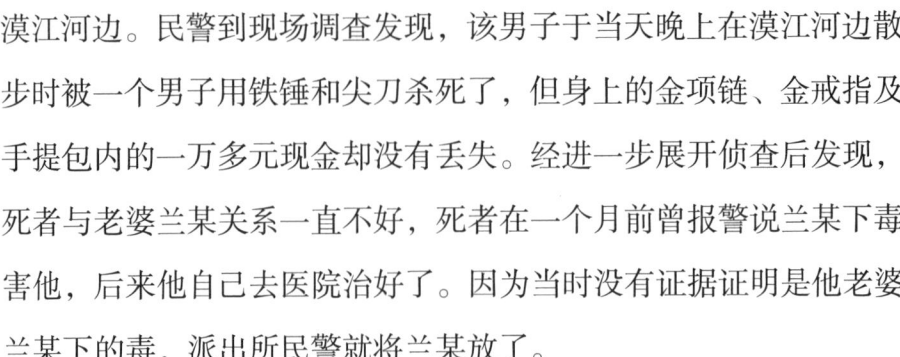
漠江河边。民警到现场调查发现，该男子于当天晚上在漠江河边散步时被一个男子用铁锤和尖刀杀死了，但身上的金项链、金戒指及手提包内的一万多元现金却没有丢失。经进一步展开侦查后发现，死者与老婆兰某关系一直不好，死者在一个月前曾报警说兰某下毒害他，后来他自己去医院治好了。因为当时没有证据证明是他老婆兰某下的毒，派出所民警就将兰某放了。

而死者当晚刚从情人家里出来就遭毒手了，应该是凶手在他情人家附近守候而将他杀害的，说明凶手了解他的生活情况；身上的财物没有丢失说明凶手不是为财而来，刑警队领导认为该案很有可能是一宗雇凶杀人的案件。根据侦查情况，专案组民警抓获了涉嫌雇凶的兰某和云南籍凶手韦某。民警按之前的风格审讯，一直磨到了晚上，但两人还是拒不承认犯罪事实。

无奈，办案民警只好将两名犯罪嫌疑人关押在分局的临时关押室里。该临时关押室只有两个相连的单间，单间的铁门上端有一个小通风口，关在两个单间里面的他们可以相互通话，但却看不见对方。民警将他们分别关进去后，在外墙上的中间隐蔽处悬挂一部微型录音机，然后大模大样地回去了。

到了第二天早上，民警取来录音机一听，在4点多时，兰某与韦某两人在确认没有民警在旁的情况下，就讨论制订攻守同盟、死不承认的计划。这下民警牢牢掌握了雇凶杀人的证据，在录音面前，两名犯罪嫌疑人迅速招供了。

这种兵不厌诈的策略，使我印象深刻，后来我也用过。那是2018年4月的一天深夜，有一伙人在一家酒吧的大厅里听歌时不满意服务员的态度，进而殴打服务员，并将大厅里面的桌椅砸烂。民警根据线索抓获了一个犯罪嫌疑人。但这个年轻人在审讯时承认当时是在现场，但没有参与打人和砸东西，至于打砸的人他一个都不认识，由于酒吧大厅的监控比较模糊，未能证实该犯罪嫌疑人的说法。

于是，我在与他聊天时，将掌握的部分案情故意透露给他听，并叫民警将他的手机还给他，然后将他关押在一楼办公区的候问室里。

一夜过去了，我再次收缴了他的手机。一检查，微信聊天记录里面全是和同案犯讨论如何对付警察盘问的通话内容。至此，该犯罪嫌疑人不得不全盘交代那晚参与打砸的同伙及案件的所有细节。

| 第十七节 | 设局

我们在审讯过程中常常会遇到某些顽固不化的犯罪嫌疑人。他们之所以有恃无恐，一是能指证他的证据单薄，二是可以证实他犯罪事实的犯罪嫌疑人尚未落网。

这时我们要利用审讯室与外隔绝联系的条件设一个局，在我们的话语引导下编造出一个故事，让审讯对象相信知情的犯罪嫌疑人已被抓捕。这样一来，断了的"桥"便被重新搭上了。而这座

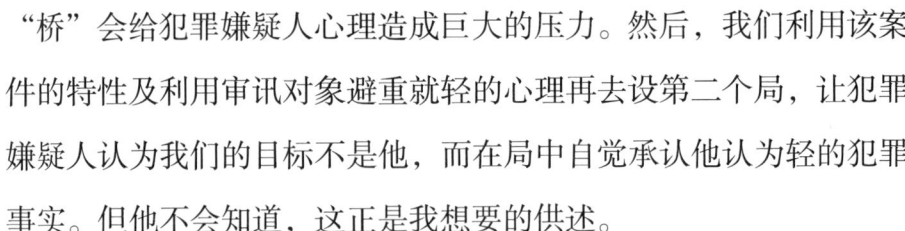

"桥"会给犯罪嫌疑人心理造成巨大的压力。然后，我们利用该案件的特性及利用审讯对象避重就轻的心理再去设第二个局，让犯罪嫌疑人认为我们的目标不是他，而在局中自觉承认他认为轻的犯罪事实。但他不会知道，这正是我想要的供述。

之前，我在抓捕篇第十七节中提到，2017年冒出一个以刘某某为首的"4·18"特大黑恶犯罪团伙，该团伙以放高利贷、暴力讨债、打架、盗抢以及寻衅滋事等犯罪为主，严重地影响了江城区的治安，造成广大群众人心惶惶。市公安局有关部门立即开展研判及抓捕工作，组织警力一举抓获了这个犯罪团伙40余人。

该犯罪团伙的一号人物刘某某将一些高利贷借款单交给一个叫徐某春的二号人物，然后徐某春指挥他的手下黄某、张某等人去借款人屋里，通过泼红漆油、砸窗户等恐吓手段逼欠债人父母还钱。黄某、张某等人还通过暴力讨债得到的报酬招兵买马，在社会上肆意聚众斗殴、寻衅滋事等来提升自己的"江湖地位"。

但黄某、张某等人从没见过隐藏在背后的一号人物刘某某，而在这次抓捕行动中，唯一能指证刘某某的二号人物徐某春逃脱了，这等于是这个案件唯一的桥梁断了，前面的路将异常艰难。

由于当天凌晨我带队参与了对这个团伙的抓捕行动，到了中午才回家休息。晚上我回到大队，刑侦局长正与办案人员、法制大队民警讨论是否对这个一号人物刘某某采取刑事拘留等事宜，因为刘某某在审讯中自始至终都不承认他的犯罪行为。面对一些已收缴出来的借据，刘某某承认自己给徐某春一些借据去收债，但一直否认自己知道徐某春是通过何种手段去收债的。

收缴的刘某某的两部苹果手机关机了，顽固的他硬说忘记了开机密码，侦查人员无法掌握更多的犯罪信息。这样一来，没有能指证刘某某的证据，传唤时间一到，就要将刘某某释放。若是这样，公安机关将会成为一个笑话，这种情况是不允许发生的。那么审讯刘某某，让他承认自己的所作所为就成了关键。

审讯民警换了一批又一批，还是未能突破刘某某，传唤时间即将到了，在外围负责抓捕行动的我得知后，主动请缨来对他进行审讯。我知道，要想将刘某某入罪：

一是必须要使刘某某承认徐某春的暴力收债行为是他指使的；

二是让他承认自己知道徐某春用暴力手段去为他讨债。

于是，我心中有了一套审讯方案。

在这个案件中，由于我参与了前期的调查取证与研判，所以我了解黄某、张某利用暴力讨债的报酬去买枪买刀在夜总会、酒吧等地闹事来扩大影响力的罪行。我对整个犯罪团伙人员及案件的构成思考了一会儿，心中已有了一个策略，于是我对刘某某的审讯采取一种避重就轻的迂回战术。

我对刘某某说：你知道今天我们抓了多少人回来？

刘某某：知道，刚才在市公安局大厅里，我看见蹲在地上戴着黑头套的有三四十人，但是我都不认识他们啊！

我说：那你知道这些人是干什么的？你的好兄弟徐某春你有看见不？我们也抓了他回来了。（**编造法**，诓他，这是整个策略的计划之一，因为抓的人数多，都是戴着头套的，他也认不出来，而且他看见这种情景，应该相信我们公安机关收网抓捕的能力。）

刘某某：都是戴了头套的，我不知道哪个是徐某春，听之前的

民警讲过，他们是持枪打架、盗窃的那伙人吧？

我：那你知道为什么会抓你回来吗？（**反问法**，勾起他的好奇心，这也是方案的一部分。）

刘某某：不知道，我又没参与他们的打架行为。

我：因为这伙人都是你的好朋友徐某春的手下，而徐某春是为你追讨债务的朋友，所以我们的领导就认为你也是这个无恶不作的团伙的成员。（将他已知的情况对他说出来，让他相信我说的话，这同时也是为我的审讯方案作铺垫。）

刘某某：我的确不认识他们，我也没有参与打架和偷东西。

我：我知道，所以你要和他们撇清关系（**主动引导法**，让他认为我是为他着想，引导他的思维跟着我走），因为据我们掌握，你只不过是给些借据让徐某春帮你去收，谁知徐某春叫的这伙人都是惹事之徒。比如，说前几天在金莎夜总会的枪案，又比如上个月在索吻酒吧的打架案，都与他们有关。（将徐某春这伙人的恶性案件列出来，让他误认为这伙人才是公安机关主要的目标，这是我策略中的重要一步。）

刘某某：哦，我真不知道他们还犯下这么多事。

我：这次主要是这伙年轻人在社会上闹得太疯狂，又是枪又是刀的，网上都说阳江治安太乱了，所以我们要抓他们。而你，只是被动抓进这里的，因为与这伙人有些牵连。（有了之前那伙人恶性犯罪的铺垫，将案情本末倒置反过来讲，他参与的事由主要讲成次要，使他思想防线放松。）虽然不是大事，但是我们要弄清楚才能知道你是否参与了那些打架，对不？

刘某某：对对！我真的没有参与他们的打架行为，我只是交些借据叫徐某春去收。

我： 本来我是不相信你的话的，但是徐某春在审讯过程中说你的确没有参与打架斗殴，还说你不知道那伙人打架的情况。（**编造法**，继续诳他，这是三十六计中的兵不厌诈，因我之前做过的铺垫说过徐某春已被抓了，一个谎言重复地说，就会变成真的了。）

刘某某： 是的，他最清楚我与那伙人的关系了，也知道我没有参与那些打架。（从刘某某的回答来看，他已相信徐某春是被我们抓了，这样徐某春作为犯罪中间人的这座断了的桥梁又被我搭上了。）

我： 徐某春也交代说，你只是给了些借据让他去收，让他赚点生活费，还说也发过泼红油漆的图片和视频给你证实是做工了，叫你等着收钱。（时机成熟了就转入主题。运用**编造法**，因为刘某某故意关闭手机，不让我们检查里面的内容，所以我判断他手机里面有收债视频和图片等犯罪证据，于是我大胆诳他。）其实这些没有伤人的都是小事，因为说真的，有些人就是老赖欠钱不还，通过法院去追讨，一是时间太久，二是欠债的人早已将财产转移了，根本没法追回借款，所以人们就喜欢找你们帮忙（将违法的事说得合理化）。说心里话，若不是徐某春下面这伙人在社会上打打杀杀，我们根本都不会叫你回来的（继续将他的罪行弱化到最低）。

刘某某沉思了一会儿。

我接着严厉地说： 你涉及的本来都是很小的事，但若连徐某春证实的、供认的事实，你都不老实和我们讲清楚，不单单是我局的领导，就是我也真的怀疑你有份参与一系列开枪打架案件！（又哄又吓，软硬兼施这招对什么阶层的人都有效。）像你这种有关系的人，这点小事肯定有一些有能量的朋友能帮到你。（**给予生机法**，多年的办案经验使我认为，幕后动脑指使的人都是在社会有关系的人。）

刘某某"唉"了一声，应该在做心理斗争，在权衡承认后的利弊。

我接着说：徐某春的手机上有与你联系的图片及文字内容，我都看了（**编造法**，在他相信徐某春已被我们抓了的前提下，我之前做的铺垫就是为了现在这个编造的说法），初步证实你没有参与打架、盗窃的事，但也证实了他给你发过他泼红油漆和砸玻璃窗的视频、图片。若你连这种铁板钉钉的事都不承认，那我们就认为你所讲的一切都不可信，到时恐怕你就真的有麻烦了！（**主动引导法**，给犯罪嫌疑人压力，让他明白，主动权还在我们办案人员手中，引导他产生"避重就轻"的心理，别为他所犯的"小事"而惹上大事。）

刘某某听了点点头说：是的，是有那么几次，徐某春发过泼红油漆和砸玻璃窗的视频和图片给我，告诉我已去恐吓了欠债人的家属了。

我：你说说具体的日期、地点？

刘某某：……

就这样，在我的步步紧逼下，刘某某如实供述了他多次明知或暗示徐某春暴力收取高利息债务的犯罪事实。后来，这个案件到了检察院与法院都是以组织、领导、参加黑社会组织罪来起诉及判刑的，而刘某某就是以主犯的身份被起诉和判刑的。

点评：

这次我是利用了犯罪嫌疑人避重就轻的心理，故意设一个本末倒置的局。将他的犯罪事实说得轻微，让他感到原来警察的目标不是他，他只是被其他的恶性案件牵连进来的，所以他为了与那些恶性案件划清界限而不得不承认自己认为比较轻的罪行。

所以说，对不同犯罪嫌疑人、各自不同的性格，我们也要用不同的审讯方法。

｜第十八节｜　利用犯罪嫌疑人之间的特性

在有些案件中审讯对象之间的家庭地位、社会地位悬殊。此时，审讯人员可以利用"不公平"性来激发他们之间的矛盾，分化审讯对象的关系，使地位卑微的一方产生怨气，从而听从审讯人员的劝导，将犯罪事实供述出来。

下面这个案例是我在抓捕篇第十五节提到过的。在2017年5月的一天晚上，市区一家酒吧里面发生了一宗寻衅滋事案件。一个喝醉酒的客人在酒吧里调戏酒吧的女服务员，在场一个男青年上前制止，并与调戏者发生口角。与调戏者一起在场的另一个男青年马上打电话喊来七八个年轻人来酒吧。他们脸上戴着口罩，手上拿着大

砍刀和木棒，冲进酒吧对那个男青年一阵殴打，打断了男青年两根肋骨并将酒吧内部的设施砸了。

经过一段时间的侦查后，我们抓获了调戏者关某，再后来通过快递钓鱼的抓捕手法抓获了另一个男青年陈某。

陈某面对民警的审讯，一直否认那天晚上是他打电话叫来的那伙打架滋事的年轻人。民警提供了当晚酒吧内的视频，他观看后狡辩说，当时是有在打电话，那个电话的内容忘记了，但肯定不是叫人来打架的。

民警审了三个小时，还是无法拿下陈某。向我汇报后，换我来会会这块"硬骨头"。

案发当晚陈某与关某是一对一的口供，没有其他证据能证实陈某的犯罪行为，所以我推断陈某的心理也应该是：我咬住不承认，你能奈我何！

如何去突破他的心理防线？

如何寻找他的突破口？

纵观全案，在了解到犯罪嫌疑人关某家里的特殊性后，我心里已有了审讯方法。

我客气地对陈某说：你好，我是这个派出所的所长，这个案是我负责的（表明我的身份，也使他明白我的话语是有分量的、可信的，为下一步审讯作铺垫），关某也是我抓的。

陈某点点头表示明白，也表示了友善的态度。

我：你知道你的朋友关某是什么人吗？

陈某：知道，他父亲是个有钱人，他是个富二代。

我：那晚案发之后，关某没有给你钱去外面躲躲吗？

陈某：没有给我钱，那件事后，我很少和他在一起。

我：那你知道他早段时间被我们抓了吗？

陈某：听说了。

我：他是个富二代，挨不得一点苦，我们刚将他押回派出所，他就什么都承认了，也表示愿意赔偿给伤者，他交代是你打电话叫人来打那个男的。

陈某：我是在场，但我没有打电话叫人来，也没有参与打架。

我：关某的家庭势力通天，估计他父亲已打点了检察院和法院的办案人员了，相信他也判不了多长的刑期（突出关某家的势力，会左右案件起诉审判的公正性，为下面的话作铺垫）。

陈某：他判多久与我何干？

我：你家里不富裕，又没上层关系，若不趁着关某还关在里面，如实承认你当晚的事，可能你坐牢的时间比关某还要长。（这段话勾起陈某的不安心理，因为他认为关某才是犯罪的始作俑者，是主犯。）

陈某：为什么？

我：因为你不肯承认，那么法官就会认为你不老实，就会按关某所说的供词来判，你知道关某是怎样说的吗？

陈某：这我哪知道？

我：他说他当晚没有指使你打电话喊人来，是你自己主动打的电话喊人（其实关某已承认是他指使陈某叫人来打架的，**编造法+离间法**，无疑使无权无势的陈某有种被关某弃车保帅的感觉，从而心中极度不安）。

陈某有点愤怒： 他乱说！

我： 你要知道，关某的父亲势力很大，你若还不说出实情，法官肯定会判关某只是惹事的人，而判你是主动喊人来打架的主犯（**激将法**，突出关某家的权势是有能力将他变成主犯的，让他心中慌乱，心乱才会听从我的劝导），关某父亲的目的是关某被判轻些，才不会理你呢，到时你就后悔莫及了。

陈某更加愤怒： 有钱真的大过天？

我故意讽刺他： 怎么你的思想好像小孩一样单纯？你不知道，现在有钱真的是可以大过天！之前轰动阳江的黑社会案件中赫赫有名的韦某你听说过吧？

陈某： 听过。

我： 他在这个犯罪团伙中是一个头目，平日罪行累累，那次法院对这个犯罪团伙的判决，韦某的一个跟班江某被判了14年，他才被判了2年，听说是花了不少钱才判这么少的，如今的社会，就是有钱人为所欲为的世界，对吧？（**列举法+编造法**，利用江湖上的一些传言编造故事来说服陈某，让他认同有钱能使鬼神推磨这个观点，只有承认了这个观点，他才会听从我下一步的劝导，这是整个审讯策略的重点。）

陈某点点头，应该认同了我的观点。

见时机成熟，我接着劝导说： 你只有承认了关某是指使你打电话喊人来的主谋，情况才会不一样，法官也只能认定关某是主犯，因为关某只要还被关在牢中，他的父亲就会花钱为他走关系，我相信结果一定是判得非常轻的。你身为从犯，应当判得比关某还要轻，他判一年，你最多是半年，他判半年，你最多是三个月（**给予**

生机法，让犯罪嫌疑人明白承认案件真实情况的好处，而且在关某是主犯，他是从犯的情况下，他也能享受到关某家里势力关系的照顾），明白吗？

陈某：嗯，实际上也真是关某和那人争吵后，对我说要我叫人来报复那个多管闲事的人，我才打电话喊朋友来的。

点评：

整个审讯不到5分钟就攻破了犯罪嫌疑人的防线。这次我利用主犯家里的势力做文章，让犯罪嫌疑人感到主犯家里的势力可以颠倒黑白，让他做"替死鬼"。

反过来，若犯罪嫌疑人承认了他的犯罪行为是主犯指使的，还可以享受到主犯家里势力带来的轻判的好处，这就是人性。所以，我们在审讯过程中要利用案件中人物的特殊性，找出犯罪嫌疑人的心理弱点。

| 第十九节 |　　引爆积压已久的苦水

在有些疑难案件中，侦查手段已经穷尽，虽然所有的侦查结果都指向同一个犯罪嫌疑人，但却没有任何实质性的证据能证实他犯罪，所以在审讯过程中我们也没有任何证据能抛出来指证他。这一类犯罪嫌疑人的心理防线通常是非常坚固的，所以我们要思考在审讯中如何找到犯罪嫌疑人的弱点，用什么样的方法去攻破他的心理堡垒，使他供认整个犯罪过程。

在我接触过的案件中，有一些存在犯罪嫌疑人饱受冤屈、欺凌而报复受害者的情况。这类犯罪嫌疑人的心里面装满了愤愤不平的苦水，思想上压抑着内心的苦闷、感情或者意见。只要我们冲击、引导他的心理，犯罪嫌疑人反而会表现出心理上的解脱和释然，并产生供述自己悲惨经历的愿望和冲动，这也就是他的犯罪动机。

案例

破案篇第六节中提到过一个失踪案件。2015年11月的一天下午，有一个名叫冯某的中年男子，开一辆灰色的汽车从市区的家里出去后失踪了。

据了解，冯某是开车去阳东县塘坪镇里找一个以养殖山羊为业的果园主曾叔收债款后失踪的。经办案民警侦查，判断失踪者冯某应该已遭不测，根据种种迹象，曾叔作为重大犯罪嫌疑人被传唤回刑警大队。

与此同时，市公安局刑警支队组织了江城、阳东区局的大量警力对曾叔果园里的几座大山及他的住处进行搜查，希望能从中找到被害人的尸体。

在这个案件中，找不到冯某的尸身，也没有任何人证、物证能证实曾叔是杀人凶手，审讯突破成了唯一还原案件真实情况的途径，审讯机会也只有一次，若是不能突破，此案将永远成为悬案。

这种重大疑难案件的审讯工作,自然落在了我的身上。

如何在审讯中寻找犯罪嫌疑人曾叔的突破口呢?他若矢口否认,又该采取什么样的办法呢?

像这种毫无证据证实的命案犯罪嫌疑人,我要先和他交谈,了解他的人生、家庭、性格等,从中去分析寻找他的弱点来作为突破口!

在审讯室里,我先和犯罪嫌疑人曾叔聊他的人生、工作等一切信息,然后让他将如何认识冯某、如何向冯某高息借钱、还了多少债务等及冯某失踪当天去果园讨债一事详尽说了一遍。从中了解到曾叔向冯某借了10万元,8厘息,即每个月要还8000元利息给冯某,自借高利贷之日起至今已还了9.6万元利息给冯某了。

我从对话中观察到曾叔是个比较老实敦厚的人,是一个平日里勤勤恳恳在果园埋头苦干的人(**观相法**,可根据犯罪嫌疑人不同的性格特征而实施不同的审讯策略),于是我决定采用单刀直入的问话方式。

我对曾叔说:你刚才说,当天冯某在果园门口处拿了8000元利息就走了?

曾叔:是的。

我:据我了解,你的果园里养殖山羊,效益并不好,你的8000元是从哪里来的?

曾叔:是我以往卖羊赚的钱,一直存起来的存款。

我:什么时候拿出的现金?从什么银行拿的?

曾叔想了一会儿:在农行拿的,当天与冯某通话后就去拿的。

我：你所有的银行存取资料，我们都查询过了，并没有像你所说的那样！你要老实回答！（我马上果断地指出了他的谎言，对这种很少说谎骗人的老实人，在他心里面应该是个不小的打击。而且，这样会让他认为我们已经对他做了大量的调查工作，使他在随后的应答中不敢再轻易说谎。）

曾叔怔了一怔，说：哦，我记错了，那是之前我卖羊的钱，我放在果园住房里的。

我：在离你果园不远处，阳春市车站旁一处空置停车场，我们发现了冯某的车，你知道吗？

曾叔：我不知道。

我：在停车场对面，有一排商铺，其中有一家商铺的监控正对遗弃小车的位置，你知道吗？（这是我抛出的一个撒手锏，推断犯罪嫌疑人遗弃小车后，绝对会留意到这一情况，因为一般人犯罪后总会对四周环境观察一番再逃走的。）

曾叔没有回答。

我接着进攻说：当时监控拍到了你将小车停好后，从小车走下来的视频。（编造法，其实那个监控摄像头很旧，录影效果非常差，当时又是在晚上，我们只从监控中看到一个黑影，根本看不清人的样子。但犯罪嫌疑人是不会知道这些情况的，兵不厌诈，我用这一招来对待他，相信会收到效果。）

果然，曾叔还是不作声，身子却在发抖。

看到曾叔的心理防线已开始有裂缝了，我心想，像他这种老实巴交的人，心里应该是藏不住秘密的，只要我再加点"猛药"刺激一下他郁闷且惊慌的心就行了。

于是我对他说：据冯某的朋友说，早两个月，冯某去你果园处带走了一只羊和朋友去烧烤，应该是强行抓走的吧？

曾叔：是的，当时生意不好，还不上利息，他就过来捉羊。

我故意气愤地说：你是个老实人，起早贪黑，辛辛苦苦在果园里养羊，赚的血汗钱不多，却被冯某这种吸血鬼全拿走了。（在审讯中，我们要寻找出人性的弱点，每个月辛辛苦苦的血汗钱被人轻易拿走，这就是老实人的弱点，我已煽动起他积压已久的委屈情绪了。）像他这种不劳而获的人为了每月的高利息，肯定会威胁你的，你说说，他是怎么欺负你的？（这一刻，我像是他的朋友般站在他一方去关心他，这样会使犯罪嫌疑人产生向朋友吐苦水的冲动。）

曾叔：你给根香烟，好不？

我递根香烟给曾叔并为他点燃了，我知道，在这个关键的时候想抽烟是他心中的一个转折点，是准备作出一个决定了。

我不给他心存其他念头的机会。

我马上紧接着问：冯某究竟是如何欺负你的？我认为绝对不只是抢你的羊这么简单，究竟他欺负了你多少次，才使你这么做？（跳问法+反问法。①跳问法：究竟冯某欺负了你多少次？正常问法是：冯某有没有欺负你？②这种反问说法，是肯定了他受了欺负才不得已杀人，使他心理上容易接受）

曾叔长吁一口心中的闷气，终于承认：唉，的确是他欺人太甚了，我才杀死他的。

然后，曾叔详细供述，冯某以他还不上利息为由，除了抢走山羊外还动手打他，并要求占有果园所有财产的一半，否则就不让他好过。于是，曾叔就预谋主动约冯某来果园，将冯某杀死并埋尸在他住处内的鱼塘边。

点评：

这是一个通过审讯方法成功突破的案例，用时不到15分钟。像这种没有任何证据指证的犯罪嫌疑人，我们要通过审讯前的交谈，了解犯罪嫌疑人的性格、生活、家庭等为我所用的信息，从中找出犯罪嫌疑人的心理弱点。

像这个案件中平日老实耿直的犯罪嫌疑人，其犯罪的心理特征不同于其他的杀人嫌疑犯，肯定是受了非常大的欺侮才犯案的，这就是他的心理弱点。只要我们在审讯中煽动起他积压已久的郁闷且愤怒的情绪，他就会像一个充满压力的气球一样，一戳即爆。

| 第二十节 | 审讯"几进宫"的盗贼

盗窃惯犯的心理特征：一是侥幸心理和倔强的自作聪明心理这两个指标强于正常人，这属于心理障碍；二是错误的人生观和世界观根深蒂固。

他们的犯罪经历较长，多次被判处刑罚，他们不仅反社会心理强烈，还熟悉刑事诉讼程序，有一套对付讯问的经验，在讯问中的心理特点是：冷静、自信、对立、抵赖。具体表现为：

（1）善于狡辩。他们具有反审讯经验，对于审讯中可能出现的情况甚至可能的问话有一定心理准备，具有一套反审讯伎俩。

（2）试探交代。即只交代一点公安机关所掌握的情况。试探的方法主要是注意听、多分析和必要时"叫板"。

（3）要无赖对抗讯问。他们无论在审讯人员拿出证据还是在审讯人员拿不出证据时，都以耍赖的手段直言"不管你们怎样讲，我没做，犯不着，没啥交代的"。

（4）畏罪心理严重。这部分犯罪嫌疑人一般不到有确凿证据认定罪行的地步是不会交代的，但一旦交代，还要在交代前思考如何立功赎罪的问题，一般要尽其所知揭发检举几件重大罪行，以此作为讨价还价的"资本"。

在审讯过程中，我们民警最怕遇到的便是"几进宫"的盗窃犯罪嫌疑人，因为他们有着"丰富"的被抓获经验，有着"强大"的心理素质，懂一些法律，有证据意识，知道罪行的量刑轻重。这类人基本都认定一个死道理——越坦白就判得越重。下面我将列两个审讯案例，来体现如何根据不同的情况制订出不同的审讯方案。

案例一

2013年3月某日晚8点多，有几个群众扭送一个外省籍年轻人到派出所报案，后面还跟着一名女性。据这个女事主称，她将汽车停在广场旁边，下车去附近买点东西，手提包放在汽车副驾驶室座位上，车窗忘记关上了。当她想起转身回去拿包时，却发现一个男子从她的车上将包偷走。她马上大喊，附近的群众帮忙去追，追了几条街道才将犯罪嫌疑人苏某抓住，但包已不知被犯罪嫌疑人扔到哪个角落去了。

值班民警调查此案时了解到犯罪嫌疑人苏某曾因多次盗窃车内财物被判刑，去年下半年才刑满释放。因为不是现场抓获的，手上也没有赃物，苏某就是不肯承认是他偷的包，直嚷嚷警察抓错了人。

要怎样才能将手上没有赃物的犯罪嫌疑人的侥幸心理打破呢？

我想了一会儿，心中有了策略，对这类犯罪行为、犯罪结果不严重的犯罪嫌疑人，采取**给予生机法**为好，让他看到从轻的希望。

苏某犯罪行为的心理与其他入室盗窃惯犯不同，他是乘人不备才犯罪的。这种人在犯罪前后具有明显的侥幸和恐惧心理，主观恶意不强烈、犯罪的心理结构不稳定，是一个典型的机会主义者，畏惧法律与正义的威慑力。面对可以将犯罪行为从轻处罚的诱惑，相信他会把握机会的。

于是，我对苏某说： 广场是个热闹的地方，那里有好几个监控，你今晚所穿的衣服、拿车内东西时的一举一动全部被拍了下来。如果我们是明天抓到你，你还可以有时间换衣服，然后谎称视频中的不是你。但群众一直都追着你并将你抓获，而且在追你的一路上，你并没有脱离大家的视线！这些群众都可作为目击证人。（我选择有理有据的话语进攻，直接攻击他的防线。）

苏某：他们又没有在我手中缴出手提包，怎能一口咬定就是我拿的？

我：从广场的监控可以看到，你在副驾驶室拿包的时候，左手曾按在车门上，然后右手伸进车窗去拿的包，在车门上就肯定留有你左手的指纹和掌纹（不管提不提取得了这些痕迹，先吓唬吓唬他），等一会儿技术中队做鉴定就可以证实了。

苏某应该是心虚没作声，也不为自己辩解了。

我接着严厉地说：你若还是不主动承认你犯的错，那么我们根据现有的人证、视频证据及车上指纹证据就能将你从严处理！（告诉犯罪嫌疑人我们掌握的证据足够将他拘留，打破他心存侥幸的心理防线。）

苏某看着我，眼神有些慌张但依然嘴硬说：你若是有证据就抓我坐牢吧，反正我也经常坐牢的，习惯了。（这种话是审讯对象经常会说的，也是审讯对象最后的一个顽抗招数，有些民警审讯到了这个时刻就不知如何应答了。）

为了不让审讯室里面的气氛僵化，我转个话题说：这位女士的包里面有一些证件和银行卡，一旦丢了，补办起来是很麻烦的（因为像苏某这种机会主义者，本性并不坏，从事主补办证件是件麻烦事的角度来勾起他的良心，同时也为下一步的说法作铺垫），你知道吗？你若将扔包的地方告诉她，她肯定会非常感激你的。

苏某没有作声。

见他无动于衷，没有我预料中的反应，于是我出新招：你知道，女士的包里面装着多少现金吗？包里面的首饰价值多少钱吗？

苏某摇摇头：我哪知道？

我：对呀，你逃跑时是无暇翻看包里面有什么东西的（这句话是肯定了他的犯罪行为），那我告诉你，包里面有现金3000多元，但包里面的一对钻石耳环价值1.5万多元。你想想，若是这个包给别人捡到了，由于事主的损失重大，对你的处罚将会加重很多（**法律说法**，对他说明了包里面有非常贵重的物品，若是给别人捡走了，将会加重对他的刑罚，以这种很可能会发生的情况来加重他心里面的不安感）。但是还有一个办法可以减轻你犯的错，就是告诉事主你扔包的位置。包包找回了，这件事也没有造成严重的后果，且当事人又谅解你了，写一份谅解书给派出所，那么你所犯的错就轻得多，我们也会从轻处理的（**给予生机法+法律说法**，以犯罪从轻的角度来说服犯罪嫌疑人，使他明白交出手提包是唯一对他有利的事），你应该明白吧？

苏某闭上眼喘着粗气，没有回答我，应该在思想斗争中。

我觉得关键的时机点到了，于是继续进攻：你扔的那个包，现在我们警察和事主正一起在沿途找，相信应该很快能找到。就怕是给路人捡走了，那样事主的损失就无法挽回了，你就会被从重处理。但无论是哪种情形，你都失去了从轻的机会，对不对？（站在苏某的角度来与他理性分析情况的发展，让他知道要珍惜从轻的机会。）

苏某点点头。

我接着说：所以你要立即告诉我们扔包的地方，争取在我们或者别人找到包之前，这才是你唯一能获得从轻处理的机会。（从找包的时间紧迫性与对他的处理后果来分析，继续加强**给予生机法+法律说法**，对于这种机会主义罪犯，让他明白到从轻的机会只有一个，从而放弃抵抗的心理防线。）

苏某想了想，觉得我说的有道理，马上就交代了在逃跑转入某小巷子时将手提包扔到了一排屋与屋之间暗沟里的犯罪事实。

点评：

在审讯过程中，我们要用肯定的语气表明，我们有足够的证据将他处理，并适时将一些犯罪嫌疑人认可的证据列举出来，以打破他的侥幸心理。

对犯罪行为、犯罪结果不严重的犯罪嫌疑人，可以采用**给予生机法**和**法律说法**，利用犯罪嫌疑人想被从轻处理的心理，通过事主"原谅他"这一招数，诱使他说出可以使他被刑事拘留的被盗物证的去向。

案例二

2016年3月的一天中午，有一个青年人在市区××酒店的大厅里装作是用餐客人，趁隔壁餐桌的客人不注意，伸手去偷客人的钱包，但马上被事主发现了。在事主追赶他时，他见状不妙便将钱包往旁边扔，并趁着事主拾钱包时跑掉了。但酒店的监控摄像头将他当时盗窃的行为拍了下来，视频非常清晰。

接到报警后，我们通过研判，发现犯罪嫌疑人与之前几宗酒店食客财物失窃案中扒手的作案手法和相貌特征相似。过了几天我们根据线索抓获了犯罪嫌疑人韦某。但韦某在审讯时死活都不肯承认盗窃一事，并说视频中盗窃的人不是他，而是与他长相相似的人。

审讯民警审了几个钟头都无法将他"拿下"，我得知这种情况后，主动叫审讯民警去歇一歇，我去会会这个硬骨头。

我心里盘算要怎样才能攻破惯犯的心理防线？

嗯！对这类思想顽固的犯罪嫌疑人，必须采取不同寻常的审讯手段才能将他突破！

通过与犯罪嫌疑人前期的"家常闲聊"，我了解到他是广西人，有盗窃判刑的案底。这种惯犯，认为不是在现场抓获的，只要不承认，警察也奈何不了他。家庭方面，父亲和妻子还在广西老家生活，10岁的儿子也在老家读书，他每个月都会寄生活费回家的。（判断：韦某的家庭观念很重，可用**亲情打动法**突破他）

我心想，对付韦某这种惯犯，常规的审讯劝说效果应该不大，必须以最近的那宗较轻的盗窃案件作为突破口。（在有些系列案件中，要挑一个容易的案件去突破，当一个缺口被打开了，其他的一切都会水到渠成。）

我：几天前中午你在××酒店里做的错事（不提犯罪等敏感的字眼），幸好事主的钱包已经拿回来了，没有造成事主的损失，你做的事也不算是什么大事。

韦某生起一颗对抗的心：我没做过的事，我是不会承认的。

我：酒店的视频录像将你那天的行为全程拍了下来，还有什么好抵赖的呢？又不是杀人放火的大事！（继续轻描淡写地描述他的犯罪行为。）

韦某：我已和民警说过了，视频中的人不是我。

软的不行就来硬的，我说：我们有当事人对你的人像辨认，那个包上有你的DNA。（**编造法**，适时抛出证据，哪怕是编造的。）

韦某顽抗到底： 那么你有证据就抓我坐牢，不用在这里白费口舌了。

我： 那我告诉你，现在的法律规定，录音录像都可以作为证据使用。既然你还是不肯承认你的所作所为，到时我只能派民警到广西当地的村里，让你家里人及邻居来辨认录像里偷钱包的人是不是你，这种辨认在法律上是认可的。（录音录像及辨认都可以作为证据使用的**法律说法**是为**亲情打动法**作铺垫，面对犯罪嫌疑人的顽固思想，抛出这个撒手锏，因为他的家庭观念非常重，这种**亲情打动法**会重重打击他的心理）

果然，韦某突然间愣住了，也没心思回应我。

我接着说： 到时，全村人都知道你是干什么的，你将会使你父母蒙羞，他们会因为此事而抬不起头来，包括你儿子的同班同学也会排斥、奚落你儿子。曾经有过许多类似的事，被长期嘲笑的小学生，由于他们的心智还不成熟，患上自闭症的有，甚至跳楼自杀的也有，反正没有一个有好结局的（**亲情打动法+深入情景法+列举法**，使他深入地"看到"他至亲至爱的家人受到此事影响，后果是多么严重）。其实，我们本不想这样做的，不想你儿子美好的将来毁在你的手里，但这些后果都是你自己造成的（面对这个困局，他是可以挽回的，是选择父母、儿子的将来还是他自己，迫使他选择）。

韦某低下了头，双手捂着脸，陷入了心灵挣扎当中。

我乘胜追击： 其实你也明白，你的事判不了一年几个月的，在牢中表现好的，刑期减半，一年内就可以回到家里（**法律说法**，通过对他进行法律分析，尽量将他的服刑期限降到最低，减轻他的心理压力）。男子汉大丈夫，错了就要认，别让你犯的错将至亲至爱的家人的一生都连累了，到那时候，后悔就来不及了（再用**亲**

情打动法，激起他作为一个有担当的男人的责任感）。

在一场有理有据的心理战中，犯罪嫌疑人韦某终于败下阵来，承认了一系列酒店盗窃案。

点评：

在这宗案件中，我通过审讯前的交谈得知犯罪嫌疑人的家庭观念比较重，这是一个突破口。在审讯过程中我说明了根据法律规定，录音录像都可以作为证据使用，然后深入地开展攻心战，让犯罪嫌疑人"看到"他不交代的可怕后果。

不论是盗窃案还是其他的案件，我们的审讯都要以心理战为主。我们是正义的一方，主动权也掌握在我们自己手中，要利用犯罪嫌疑人的弱点，穷尽一切谋略去战胜狡猾的犯罪嫌疑人。

| 第二十一节 |　团伙案件的审讯

青少年的团伙作案，由于其思想极不成熟，世界观还没有形成，因此容易相互影响，当一群人干事儿的时候，碍于面子又不得不参与，所以会形成一定规模的犯罪团伙。在审讯过程中，我们应注意从他们的从众心理入手，只要方法对路，还是能够比较容易地分化他们之间的关系的。

根据初期掌握的证据及抓捕时缴获的赃物，我们要在审讯前将这个案件的构成、抓获的各个犯罪嫌疑人在案件中的地位、作用、涉及的案件情况讲解给审讯民警听，制定有针对性的审讯策略。

若审讯对象是这个团伙的头目，我们要适时摆出团伙成员的供述及证据，要将一些只有他们才知道的隐秘的犯罪行为列举出来，并说明若不是你们同伙的交代，我又怎会知道这些事？以此来打破他的侥幸心理，然后再从法律从轻的角度来说服他，使他觉得只有坦白才是唯一出路。

若审讯对象是团伙中的一名普通成员，我们要运用**编造法+离间法**编造一些事来分化瓦解他们之间的关系。如编造团伙头目或其他成员都说他才是案件的策划者，将大家犯下的罪行责任都推给他，使他感觉到被他的同伙出卖了，从而达到分化瓦解的目的。

我们要在审讯前，在微信里建一个工作审讯群，除了将我们掌握的证据列举在群里，还要求在审讯过程中，每个审讯民警都要将犯罪嫌疑人交代的与案件有关的供述，如作案时间、地点、作案人、策划情况、作案手段、工具、造成后果等在群里及时发布，让其他审讯民警及时掌握最新的案件审讯情况。

我们在审讯中，对各犯罪嫌疑人的情况越是掌握得详细，对个别不肯承认罪行的犯罪嫌疑人越是容易突破。

案例一

这个案例在抓捕篇中提到过。2015年7月起，一个多月来，我市的江城区、阳东区、海陵区等停靠在大路边的货车频频被偷油，犯案数十起，司机们怨声载道，社会议论四起。经过缜密侦查，确定是我市相邻的茂名市电白县的一伙年轻人，结伙租车来我市专门犯的案，在电白警方面的配合下，我们抓捕了多名盗窃犯。

在审讯过程中，绝大部分嫌疑人都交代了犯罪事实，其中有个别顽固分子——如负责租车并参与偷油的孙某不肯承认他的罪行，这种难啃的骨头，当然就由我去"啃"了。

我循例给孙某递烟点火关心他，也可能是之前的审讯民警见他不肯承认，而对他大声呼喝吧，我的关心有种巨大的反差，无疑提升了他对我的好感。

我对犯罪嫌疑人孙某说：你们偷路边货车的柴油与入室偷东西不同。入室偷东西会影响屋主的人身安全从而造成恐慌，给屋主造成的损失也大。你们的行为与我市近期频频发生的砸汽车车窗偷车内财物也不同，因为砸车窗偷车内财物同样会让车主感到阳江的治安非常差（通过与其他的盗窃行为对比，让犯罪嫌疑人觉得他们所犯的罪并不是很严重，从而使他紧张的心放松了不少），而你们的行为是非常轻微的。

孙某神态放松了不少，只是看着我没有说话。

我接着说：货车司机没有把车停在有保安收费管理的车场，想省钱，就这样停在大路边，他们自己都没有去保管好自己的财物，说起来，他们本身都有责任的（说出车主的不当做法，继续减轻他的罪恶感）。若将货车停在有保安看管的停车场内，你们肯定不敢去偷油的，对吗？

孙某还是没有应答，但他也没有像初审那般极力否认他的所作所为。

我：你知道这次因为这个案件，我们从电白县抓了多少人回来吗？我想你也清楚吧？

孙某：知道。

我：租车行的老板万某与收购柴油的廖某都带回了，他们非常配合我们的工作，把你们的事一一说清楚了（抛出这些人证，证明我们阳江警方的办案证据是充足的，证据链是完整的，断了他的侥幸心理）。对了，你租过几次车？卖过几次油？

孙某没有正面回答：我是为他们租车的，反正我没有去偷过油。

我：你的几个同伙都供认你是在电白县负责租车的，然后一起去阳江偷油（侧面反映了他的几个同伙都供认了，这一招胜过一些民警直接说："你的同伙都承认了，你赶快承认！"），你的同伙为了从轻处理，将主要责任推给你，说你是头目（**编造法+离间法**，利用团伙成员大难临头各自飞的特性，对他们进行分化瓦解）。但我了解到你们将偷来的柴油卖掉后，你拿了属于租车的钱后，大家再将钱平分。总的来说，你并没有多占一分钱，算不上头目（站在他的角度看问题，说出他的心里话），但这个情况必须由你自己去说清楚，否则你会被他们"摆上台"。

孙某：他们血口喷人，任凭你怎么说，我是没有去偷油的。（从之前的不作声到现在的为自己辩护，审讯对象的话语渐渐多了，这是好现象，有利于进一步沟通与引导。）

我继续强调孙某作为主犯的刑责：从法律角度来说，主犯比从犯判得重得多，刑期至少多50%。若你的朋友判2年，你至少要判3年。（**法律说法**，虽然《刑法》第27条第2款规定，从犯应当比照主犯从轻、减轻处罚或者免除处罚，但没有具体地规定减轻多少。我故意直接说是多50%以上刑期，是想让审讯对象听后受更大震撼。）你若不坦白，主动为自己发声澄清，相信法官是会根据其他人如房某、沙某、邓某、苏某等的供词（我故意将同案犯的名字说出来，使孙某直观地感受到房某等人都供认了他们的犯罪行为，并且指认他就是这个团伙的主犯，这种说法比有些民警对审讯对象说他们的同伙都供认了高级得多），从而认定你是主犯。

孙某有点着急了：他们说什么，法官就相信什么？

我：当然啦，因为团伙案件中每个人的地位、作用，法官是会根据你们同伙的供述来判定的。就像我们传唤了几个可能是利用打麻将方式来赌博的人，带回的四个人中只要有两个人承认是赌博，其中每盘的赌注是多少，我们就可以认定这四个人是在赌博而作出行政处罚（**列举法+法律说法**，通俗易懂的举例，让审讯对象明白同伙供述的重要性）。而且，除了你的同伙指证你之外，租车行老板万某也证实你租的车就是作案工具。

孙某：那是因为我之前曾在那家车行租过车，所以大家就提议我去租。

我：你若是不能证明自己不是主犯，继续说自己没有参与犯罪，你还会多一条"不如实供述自己的罪行"的罪名。因为你犯案后，未能认识错误，未有悔改之意，你会因此而被加重刑罚的。这样一来，你朋友判2年，你可能要判3年半。（**法律说法**，与其说表面上是帮他分析不如实供认的法律后果，不如说是从心理上吓唬他，让他了解他所承担的"不公平"的法律后果，使他觉得不承认罪行需承担的刑期已超出了他的想象。）

孙某终于崩溃了，说：你刚才不是说都调查清楚了吗？钱都是大家平分的。好吧，我说！我只是参与，真的不是主犯。

点评：

一般团伙成员之间都是为了利益凑在一起的，不会有真正的义气存在。所以在寻找团伙案件的突破口时，往往可以利用团伙成员"大难临头各自飞"的特性，用**离间法**对他们团伙进行分化瓦解。

对于团伙中的顽固分子，要利用审讯对象与外界失去联系的独特环境，通过**编造法**说其他同案犯都指认他是团伙头目，在犯罪中起到主要作用，再用**法律说法**来和他分析他需承担"不公平"的法律后果，使他从心理上感到不平衡，从而为自己辩解、供述团伙犯案的犯罪行为。

案例二

2016年下半年，有一个外省人与本地人结合的盗窃团伙，在市区大润发商场、沃尔玛商场等地利用顾客推购物车进出二、三楼及到收银台买单注意力分散时，扒窃悬挂在购物车上的手提包或包中的钱包、物品等。

这伙人，一个做掩护一个偷，得手后迅速将物品转交给第三人，一段时间内屡屡作案，群众议论纷纷，压力自然又落在了江城刑警大队。

经查看商场内的视频及开展一系列侦查，警方确定了汪某、张某、苏某等6名犯罪嫌疑人，且都是有扒窃或盗窃前科的。

一天深夜，刑警大队组织收网，将这6名犯罪嫌疑人抓获归案，由我任审讯组组长。

因为不是在现场抓获的，所以这6名犯罪嫌疑人都矢口否认。审讯民警将商场内的扒窃视频（由于商场内二、三楼出入口光线较暗，视频有点模糊，但还是可以辨认出作案人）给犯罪嫌疑人看，但犯罪嫌疑人仍不肯招认。

我仔细观察了这伙人，并了解了他们的犯罪前科，有好几个是50多岁"几进宫"的"老贼"了。要突破这种"身经百战"的惯犯的确是有难度的。我心想，只有在这伙人当中找出一个相对容易突破的犯罪嫌疑人，才能了解到他们内部的分工、销赃等情况，再根据我们掌握的视频和受害人的指认，将他们绳之以法。

于是，我决定对其中一个30多岁的"年轻"犯罪嫌疑人苏某进行思想突破。因为通过观察，我发觉苏某的双手一直都紧握着面前的审讯椅子的边缘，这是心理紧张的表现。一个心理紧张的人同时也是心理脆弱的人，换言之，这是一个易被攻破心理防线的人。（**观相法**，在审讯中，犯罪嫌疑人的手用力去握着某样东西，是想努力控制自己紧张的情绪，通过用力去减轻、缓和不安的心理。）

我循例关心地递烟、点火、递水并与他聊起他的家庭状况、他的成长经历、他的理想。

我对苏某说：从你的理想看得出你是一个有抱负的人，是全家人的希望，绝不是父母与孩子眼中一事无成的废人（**亲情打动法**）。看看你同年的同学哪个不在踏踏实实地工作、创业？我猜想每年的同学聚会你自己都会觉得脸上无光而不敢去见大家吧？

（**反问法**，通过对其现实的所作所为的不齿，激发出他曾经的伟大理想。）

或许是我的话说到了他的心坎儿上，他也不回答我，侧过头看着墙角。

我继续说： 你看看你的同伙，到现在已经是50多岁了，还在干着鼠辈的勾当，整天担惊受怕的，是不是你也想到了50多岁也像他们一样？（继续用**反问法**，让犯罪嫌疑人看到他可悲的将来。）

苏某依然看着墙角不说话，但是我分明感到他的神情有点不对劲。

我突然感觉到，应该是我的话太过犀利了，药力过猛，伤了他的自尊心。于是，我马上停了下来并问他：还需要抽烟吗？（觉得策略不对，要即刻调整，因为每个人的思维都是不同的，一些谈心方法，尤其是**反问法**对一些人有效，但也可能引起个别人的反感。策略随着变化而变化，有时候在一个审讯过程中要尝试多种劝导渠道。）

苏某接过香烟，还不忘说声谢谢，给香烟这种招数，一直都是万试万灵，气氛一下子又活了。

我心想： 对这个犯罪嫌疑人用**亲情打动法**、用人生的理想来激将，好像都不能打动他，看来只能在刑罚的轻重上试试了。（大多犯罪嫌疑人一旦被抓获，心里除了想逃脱罪责，就是想被判轻点。）

于是，我边给他点烟边开始劝导他：刚才我们民警给你看了商场内你拿别人包里手机的视频了吧？虽然你之前不肯承认视频中的人是你，我还是要给你讲清楚，现在的法律有规定，一切合法的录音录像都可作为法庭上的证据（**法律说法**）。这个视频，已经有受害者对视频中的你进行辨认了，法庭肯定是会采纳这种证据的。在很多案件里，我们也曾提供过视频证据上法庭，全部都作为了定罪量刑的证据。（其实，不管有没有这类案件，我都要说得像真的一样，让犯罪嫌疑人信服。）

苏某开始有点不自在了，开始大口喘气。

我见状判断犯罪嫌疑人苏某平日里应该是生性暴躁、容易激动的人，采取激将法比较可行。

于是，我接着用比较凝重的语气说：由于视频中是你动手去拿的东西，所以你的那几个同伙都说你是头头，每次的钱也是你拿得最多（其实没有这回事，但使用**编造法+离间法**，分解他们之间的信任，通常是非常有效的）。我相信你不是，但如果你不去辩解，我们只好采信他们的讲法，将你列为这个团伙的一号人物，那么你判得就绝对会比他们重得多！（**激将法**，对犯罪嫌疑人说明法律上的严重后果。）

苏某有点激动，大声说：他们冤枉我？我坐牢出去杀了他们！（"坐牢"，这个词从犯罪嫌疑人的口中出来等于间接承认了他的犯罪行为。这种信号也提醒了我，犯罪嫌疑人的防线即将崩溃，我必须把握好这个稍纵即逝的机会。）

我乘胜追击：那你知道，他们为什么要你当动手偷东西的那个人，而他们只负责转移到手的物品吗？因为他们一开始就有私心，准备一出事就把你推出来，让你当承担责任的"冤大头"！（继续深入地使用**离间法**，继续分化瓦解他们，并且利用苏某易激动的性格做文章。）

苏某喘着粗气，情绪更加激动。

我继续火上加油：想必汪某、张某他们心里现在都在暗暗嘲笑你，为什么你这么容易受他们摆布？（**激将法**）

苏某听了突然激动大叫：去他的×，都是平均分的钱，哪来的头头？

之后犯罪嫌疑人苏某的态度马上发生了变化，将和这伙人认识不久后一起商议到商场作案的事交代了，但也仅限于有视频的那几宗扒窃案。

点评：

对于团伙作案，尤其是"几进宫"的惯犯，我们要善于观察他们每个人，从中找出在审讯中易突破的犯罪嫌疑人。只有先突破了其中一个，才能掌握他们团伙成员之间的具体分工等一系列情况，为对其他犯罪嫌疑人的突破提供非常有用的信息资料。

每个人的性格都不尽相同，都可以作为我选择审讯方法的参考。在这个案件中，我观察到犯罪嫌疑人是一个性格暴躁的人，于是选用**激将法+离间法**来突破他。

在对团伙的审讯过程中，我通常会面对一些多次犯罪的犯罪嫌疑人，有些避重就轻地只承认部分犯罪事实，我会利用一些犯罪嫌疑人也认同的社会传言，来将他的其他罪行问清。

如我会运用**编造法**对犯罪嫌疑人说："你也曾听说过一些人被判刑了，但一出监就被守在监外的民警抓去了，为什么？就是他之前没有彻底将他犯的事说清楚，所以要抓他再去审判，再去坐牢。"

这时候，我也会运用**法律说法**将一些法律规定说得掷地有声："其实你也清楚，你所犯的事是一定要被追究的，但若将你所犯的事一齐去审判，刑期会比一宗宗分开判少得多，因为刑期是会合并执行的。"

我在一些类似的审讯中，也曾问清了不少有余罪的犯罪嫌疑人。有些时候，面对犯罪嫌疑人就是要靠讲法律及软硬兼施才能收获审讯成效。

案例三

我曾在抓捕篇第十七节提到过，2017年冒出一个以刘某某为首的"4·18"特大黑恶犯罪团伙，该团伙以放高利贷、暴力讨债、打架、盗抢以及寻衅滋事等犯罪为主，经一段时间侦查后，我们组织警力一举抓获了刘某某等40余人。

其中一些犯罪嫌疑人涉及多种犯罪，如其中一个犯罪嫌疑人黄某。根据我们掌握的证据，黄某是这个团伙的一个小头目。黄某手下有一伙年轻人跟着他做各种违法的事，他除了帮团伙的二号人物徐某春暴力讨债外，还涉及多宗寻衅滋事、故意伤害、盗窃等案件。

当时，黄某对他的违法行为一概否认，但由于其他团伙成员的指认与供述，我们依法刑事拘留了黄某。

在这个涉黑恶团伙案件中，我担任审讯组组长。在厘清了这个团伙的架构及刑拘时各犯罪嫌疑人的材料后，我安排办案民警到看守所开展审讯工作。我则挑一些不肯承认犯罪事实的"硬骨头"逐个击破，黄某便是其中一个！

我在看守所见到黄某，他没有了刚被捕时天不怕地不怕的那股狠劲，但横硬之气依旧。

我对犯罪嫌疑人黄某表明了我的专案组长身份（让他知道我是一个对这个案件有决定权的人，来提升我在他心目中的威信，那么我说的话，他就会相信）。果然，黄某对我的态度马上恭敬了许多。之后，我循例和他交谈了他的家庭、成长经历及他的理想等（一般犯罪嫌疑人对不涉及他犯罪的事都会如实倾吐，这也正好让我掌握了他的内心世界，为下一步审讯做信息分析）。在交谈了解后，我明白他曾是一个理想宏远之人。

于是，我对他说：我听你说了这么多，你有着与众不同的远大眼光，将来必定能成就一番事业。但你看你现在的所作所为，与你的理想格格不入，难不成你想以后做黑社会老大？

黄某：我知道的，现在的社会环境，做黑社会老大死得快，像阳江之前称霸一方、绰号叫"锤头笠"的黑老大，他就死得快。

我：那为何你又在外面犯下那么多的事？

黄某没有作声。

我：你要知道，没有证据，我们是不会将你刑事拘留在这里的，你的那些"马仔"个个都未成年，毫无心机，对我们什么都交代了（将他担心的隐患指出来，断了他顽抗的后路），都说跟着你有种威风感。但我也知道，你不是真正的头头，徐某春才是（指出

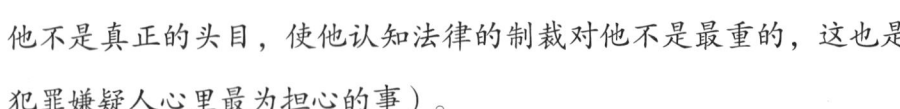

他不是真正的头目，使他认知法律的制裁对他不是最重的，这也是犯罪嫌疑人心里最为担心的事）。

黄某点点头：他们也不是跟我的，只是平时他们被欺负了我都为他们出头，我也是跟着徐某春的。

我：对，就是这种义气害了你。这种真男人义气，阳江没有几个了。大家都说你是头头，但我知道，遇到不平的事，你只想为了你的兄弟、朋友们出头，所以大家尊重你而已。（赞许他为朋友两肋插刀重情义的行为，让他对我有好感，这种沟通是成功的第一步）但你这种侠义行为，久而久之，大家就当你是他们的大佬了。

黄某叹了叹气说：你说对了，可能是义气害了我吧。

我：说实话，现在的人太赖皮了，欠钱就是老大。有些债权人去法院起诉，欠债人名下又没财产，不知何年何月能收得到钱。我有个朋友正是这样，法院判决下来2年了，也没拿到钱。（**列举法**，举个例子来说明现实的状况，从某种程度上认可他这个讨债行业，使他对我的话语有认同感，认为我说得在理，同时，这也是**下套问法的前期铺垫**。）

黄某：对呀。

我：即便如此，你们泼红油、砸玻璃也是不对的（像朋友般指出了他的不对之处，实际上是肯定了他的犯罪行为），其实你们可以多点上门问啊，像新闻报道里面，有些人就是天天坐在欠债人的屋门口，欠债人忍受不了就自然会还钱啦。（**下套问法**，先肯定了他暴力讨债的违法行为是社会现状的无奈，再转到一个令他认为弱智的问题来刺激他的回答思路。）

黄某果然中计：哼！去屋门口蹲？是去乞讨要饭吗？！那些是

白痴才干的事，我们就是泼红油、砸烂他们的屋，有一些人还是不肯还钱！（**下套问法**的效果出来了，暴力讨债已经承认了，但还需犯罪嫌疑人承认其他的犯罪行为。）

我：你从徐某春那里拿账单去收数，赚点费用，可能也是为了和你的兄弟、朋友们在平时的生活里多姿多彩、天天有酒有肉吧？但你们经常在夜总会里打架，甚至去偷东西就是你们的不对了！（继续肯定了他的暴力讨债行为，然后不露痕迹地转到了他的另一个犯罪行为，同时也让他的思维无暇醒悟过来再为暴力讨债一事辩驳。）

黄某：的确，天天在外面混，是需要钱的。我只是去收债，但我没有去偷东西呀。打架这种事，在夜总会里喝了酒总是会发生的。

我：但你的小兄弟林某、肖某、吴某等几个人都说是你带头去偷摩托车的电池，在哪里偷的、偷了几次都交代得一清二楚。（**编造法**，编造故事时，要将他同案犯的名字说出来，这样会使故事更真实，更易使审讯对象相信）

黄某：我真的没偷东西。（我从他的回答分析：暴力讨债、打架斗殴的事都承认了，但盗窃一事不肯承认，应该是他认为砸门窗、打架是英雄行为，而盗窃是鼠辈行径，所以不肯承认。）

我：你曾听说过一些人被判刑了，但一出监就被守在监外的民警抓去了，为什么？原因就是他之前没有彻底将他犯的事说清楚，所以要抓他再去审判，再去坐牢，你听说过吗？（**编造法**，虽然只是社会传闻，但让审讯对象相信就行了。）

黄某点点头：听说过。

我：现在关于你违法的证据已经非常充足了，你所犯的事是一定要追究的。但若将你所犯的事一齐去审判，刑期会比一宗宗分开判少得多，因为刑期是会合并执行的（**法律说法**）。

黄某：我知道法院将几种罪合起来判，刑期是会少很多的。

我：从你之前做的事来看，你都是干一些男人血气方刚才干的事，如打架等，所以我也相信偷东西不会是你先提出的，应该是你的那伙未成年朋友提出的，但他们为何又将偷东西这个事说是你带头的？（**反问法**+**离间法**，离间法是对犯罪团伙最有效的一招，能分化瓦解他们的关系；而使用反问法则是肯定了他的犯罪行为，让他感觉到他是被同伙出卖了。）

黄某：这些兔崽子，平时我对他们那么好，现在这样对我？！

我：这个社会是非常现实的，每个人都有私心，关进了牢房，谁都想为自己开脱罪责，争取判轻点，早点出去。更何况，他们是未成年人，我们审讯时要求他们的父母在场，在感受到父母那份浓浓的亲情与期盼时，哪还会记得你这个所谓的大佬，对不对？（继续使用**离间法**，分化瓦解之战术，亲情部分的说法合情合理，使犯罪嫌疑人明白其他人为了自保已经将一切违法之事供认了出来，并且将主责推给他。）

黄某叹了一口气。

我：林某、肖某他们都是未成年人，而且又如实供述了自己的犯罪行为，是会被判得轻的，但如果是你带他们去偷东西的，起码你多了一条罪名：教唆未成年人犯罪。这是一条重罪，你知道吗？

（**法律说法**，通过阐明法律，将黄某逼上可能会被重判的绝路。）

黄某彻底投降了：唉，我是一直都不主张去偷摩托车电池的，心里觉得这么做不好，刚开始也是林某、肖某先去偷的，后来吴某等几个见来钱容易，大家都去偷了。但一直以来，我都没有自己动手去偷过一次，我只是在旁边望风，帮忙卖电池而已。

接下来，在我的盘问下，黄某详细地将他犯下的每一宗案件都交代了。

点评：

对于犯罪团伙的审讯，我们要善于利用已掌握的资源，多用些"挑拨离间""分化瓦解"的策略。

不论多难的对手，信心排第一，策略排第二。每个人都有弱点，在交谈中要善于把握时机，不断变化你的进攻套路，总有一种方法可以攻破他的防线。

|第二十二节|　如何打破攻守同盟

攻守同盟原指国与国之间订立盟约，战时彼此联合进攻或防卫，也可指犯罪集团、犯罪团伙中的成员在实施犯罪前或实施犯罪后，相互约定、隐瞒事实真相、互不揭发或提供伪证的行为。

现实中的一些案件，大部分都是在案发后，犯罪嫌疑人之间为逃避罪责，制订被抓后如何应对审讯的周密的串通计划。在下面的案例中，犯罪嫌疑人亲兄弟之间的约定，使这种攻守同盟的关系更加牢固，我们在审讯中若不能破坏犯罪嫌疑人之间的关系，那么我们便要从其他方面去考虑突破。

案例

这是一个信访案件，2015年夏天的一个夜晚，王某在外面吃完晚饭后回家途中，被佘家三兄弟报复，被打成重伤。这案件导致受害人王某多次上访，上级领导也多次批示要侦办好此案。

引发该案的原因是受害人王某在与周某（女）发生矛盾后动手打伤了周某，经法医鉴定为轻微伤。后来在办案单位多次调解不了的情况下，周某的三个儿子在一天深夜里在王某家附近守候并将王某打伤了。由于案发地没有视频监控，也没有其他目击者，唯一的证据只有受害者王某的单方面指证。

但由于王某频频上访的压力，办案单位岗列派出所就将佘姓三兄弟传唤至派出所审讯。经过了差不多24小时的审讯，3个犯罪嫌疑人一致矢口否认动手打过受害人。

眼看法定的传唤时间即将到了，这单一的证据不足以对三兄弟执行强制措施，若是就这样将三兄弟放了，那么这将是对法律的一种嘲笑，受害人所受的伤害将无法被治愈，也将继续走上访这条漫长之路。

于是，我临危受命。我简单了解了案情，同时也向审讯的民警了解了这3个犯罪嫌疑人审讯问话时回答的状况。我挑选了三兄弟中最小的弟弟，因为这个犯罪嫌疑人在回答讯问时喜欢辩解，其他两个犯罪嫌疑人则话语较少，有时甚至沉默不语。（**观相法**，因为多说话为自己辩解的人，在心理上通常都希望审讯人员能相信他的话，这是缺乏自信心的表现，这种人的心理比较脆弱，易攻破，于是我挑选他作为这个案件的突破点。）

我对佘某说：你母亲被打，但凡是个有孝心的人都会帮母亲出头，这点我非常敬佩你，孝顺的人才会发达（夸奖他，认可他的孝心，也使他对我有认同感）。其实之前你母亲的医药费有16 000多元，王某的伤也花了17 000多元，两相抵消，差不多不用赔了，加上你这种行为是有前因后果的，从法律上来说是一种非常轻的行为。（通过**法律说法**，使佘某知道双方使用的医药费差不多，使他错认为，王某伤的程度与他的母亲差不多，这种说法会使佘某心理放松下来。）

佘某有点气愤：之前王某和我们在派出所协商了几次，但是就是不肯赔钱！

我：王某这种人，打一个手无寸铁的妇女，打完还不赔钱，真是个人渣！（在审讯过程中，要从他的角度看问题，说出他的心声，使他认同我的观点，并煽动起他的情绪，使他失去防守的理智。）

果然，佘某非常气愤地骂起了粗口：这个王某就是个扑街王八蛋！（他的防线已彻底被愤怒冲垮了，时机成熟了。）

我没有直接问佘某他们三兄弟当晚报复王某的事，因为我知道他一定会否认的。我绕过这个问题，直接用亲情打动法从他母亲处突破。

我接着说： 但你要知道，这件事，是因你母亲被打而起，她必定对王某怀恨在心。我们的领导一致认为，是她指使你们去报复王某的，所以准备将你的母亲一起抓进监牢。

佘某有点激动说： 关我妈妈什么事？你们想抓我就抓我好了。

我： 我也认为不关她的事，应该是你们几兄弟自作主张为母亲出头的吧。你们三兄弟都是年轻人，个个都身强力壮，坐监的苦可以挨。但你想想，你们的母亲年纪大、身体弱，在监牢里面恐怕挨不起。里面坐牢的都是恶人，都是一些凶悍的女人贩子、女卖淫头目。我们在办案时也听到一些女犯人说，有些柔弱的女性在牢房里被女监霸喂屎灌尿，有些则被人脱裤子羞辱，在这些恐怖的行为下什么人性的尊严都没有了，有些女性受到欺凌后还会在牢房里自杀。你母亲是善良之人，绝对会在狱中饱受凌辱，你是个孝顺之人，应该不想让你母亲受这种活罪吧？（**编造法+亲情打动法+深入情景法**，其实现在的监狱里是非常文明的，但通过编造一些使审讯对象当真的事，让审讯对象眼里出现他母亲被人凌辱的画面，那么审讯对象的心里就会产生强烈的不安感，认为是自己连累了母亲受苦受难，从而放弃抵抗如实交代来洗清母亲的嫌疑。）

佘某听后马上泪流满面，大声疾呼这件事与他母亲无关。

我抓紧机会追击： 若真的与你母亲无关，你必须如实说出当晚发生的实际情况，否则你母亲将会受牢狱之苦。

在"看"到母亲会因他受苦受难后，佘某哭着回答： 我说！我说！

于是佘某马上如实详细地供认了是他们三兄弟咽不下母亲被打这口气，当晚瞒着母亲，去守候报复受害人王某的犯罪事实。

点评：

后来，参与审讯的几位民警都问我如何让犯罪嫌疑人开口承认犯罪事实，我说抓住犯罪嫌疑人的弱点进攻。在这个案件中，他们的弱点就是他们的母亲，既然他们是因为母亲被欺负而去报复别人，可见母亲在他们心目中的地位是多么崇高。

民警说，我也威胁他们三兄弟说不承认就抓他们的母亲去坐牢，但为什么你说就行，我说就没有效果？

我笑着说，这就是语言的魅力了。

事后，刑侦局长非常佩服我的审讯技巧，别的民警审了一天一夜犯罪嫌疑人都没有承认，而我在短短的6分钟里到底是如何攻破犯罪嫌疑人的心理防线的？于是，还专门叫刑警将我审讯的视频调出来让大家学习。

┃第二十三节┃　如何对付醉酒的借口

醉酒状态犯罪心理，是指犯罪人因饮酒过量，其神经系统的兴奋功能削弱，导致注意力、感知力、记忆力及思维能力下降，在意识模糊状态下实施犯罪的心理特点。主要表现为：

（1）意识模糊；

（2）偶发性犯罪；

（3）犯罪行为失控，在醉酒状态下，犯罪人的理智水平下降，情绪冲动，行为失去控制；

（4）犯罪后有悔恨心理。

对醉酒状态下的犯罪嫌疑人，我们在审讯中要抓住他犯罪清醒后的悔恨心理，制订有针对性的审讯方法。

案例

2019年1月的一天早上，市区一个住宅小区的住户发现在小区里面停放在路边的汽车被人用锐器划花了，沿着这条长路一走，有十多辆受损的汽车。

从小区的监控视频中发现，是当天2点多的时候，一个喝醉酒的中年人沿途用钥匙划的。过了几天，我所民警就凭线索将犯罪嫌疑人单某抓获了。在民警对他的审讯中，单某一直都以当天深夜喝酒喝多了，什么都记不起了为由，拒绝承认是他的所作所为，但他愿意赔偿所有车主的损失。

了解到这种情况，我只好亲自审讯单某。一般来说，喝醉酒的人当时的状态是酒醉心头醒，是借酒发泄近期的失意心事。

要怎样才能让他承认他对自己当晚的犯罪行为是心知肚明的？

我心中马上制订出了一个审讯攻略。

于是，我对他说： 从小区的视频中来看，你当时走路已是摇摇晃晃的，应该是你喝醉了无目的地去划损车辆的，不存在故意去损毁某辆车的可能。（尽量用和谐的方式去形容这宗案件，使犯罪嫌疑人感到这只是一件做错的事情，只要努力点，就会大事化小、小事化了。）

单某：不管是不是我损毁的，我都愿意赔偿他们的修车费用。

我继续抛出我准备好的"思想诈弹"：这件事情发生后，我以为你会主动去赔偿车主，争取他们的谅解，但你没有！你知道吗？我要的是你真心地对自己做错的事去悔改，而不是等到我们抓到了你，你才愿意赔偿，若是没抓到你，你是不是不想赔偿了？（**反问法**是肯定了他当晚的所作所为，并且让他知道，我们是有证据抓他的，逼他朝我希望的方向回答问题。）

单某回答说：不是这样的，我是想赔钱，但是我那天晚上的确喝多了，真的忘记当晚发生了什么事，断片了。

我接着问：那你当晚是真的喝醉了吗？

单某：真的是喝醉了。

我：我看你的样子挺能喝的，你平时能喝多少酒？（**下套问法**，为下一步埋下伏笔。）

单某：我平时能喝一斤多高度白酒吧。

我假装称赞他说：哗！你真是好酒量啊！我平时喝半斤白酒就醉了（以我为例子去称赞一个人，更真实，会使他飘飘然，放松心理防线），以你这么好的酒量你会喝醉？那你那天晚上喝了多少酒？什么酒？多少度的？（**下套问法中设置的问题**，问话中设下个圈套，若他清晰回答当晚的情况，则证明他当时没有喝醉。）

单某：那晚真的喝了很多，晚饭时和两个朋友共饮了3瓶1斤装的53度海之蓝白酒，单我一个人就喝了1斤半。夜宵时又和另外的朋友喝啤酒，我一个人又喝了3瓶啤酒。

我：吃宵夜时你喝的是外国的啤酒吧？外国的啤酒酒精度数特别高的，要不然你也不会喝得那么醉。（**下套问法的过程**，继续设陷阱，让他不知不觉掉进我设的圈套里。）

单某：没有呀，我喝的是青岛啤酒，大瓶装的，平时未曾试过喝这么多，可能是那晚心情不好吧。

我马上转入正题进攻说：你看，你连你当晚喝的是什么酒、喝了多少都记得清清楚楚，证明你当时根本没有失忆（运用**下套问法**得到我想要的结果后，马上指出他的谎言，不给他辩解的机会），你只有真心悔改，我才会给你机会。你若还是一味否认，不正视自己的错误，我为什么要给你机会？（**给予生机法**，对渴望将大事化小的犯罪嫌疑人特别起作用。）

单某低下头思考，像是在努力回忆当晚的情形。

我接着拿出当晚的小区监控视频对他说：你仔细看看视频中的人是你吗？（在即将突破，但犯罪嫌疑人犹豫不决之际，亮出证据，使他心存侥幸的思想完全落空。）

单某：是我，视频里面的人是我，我愿意赔偿一切损失，请你给我个机会。

我：那你记得当晚划花了几辆汽车吗？

单某：我记得好像是三四辆。

我：那你是用什么东西去划车的？

单某：忘记了。

我：那你平时身上有什么利器或钥匙之类的？（帮他分析与回忆，因为我要弄清他的作案工具，夯实案件的证据。）

单某：平时身上没有刀之类的利器，钥匙是每天都带的。

我：那你当晚是用什么东西去划车的，想到了吗？

单某：对了，我想起来了，是用我家的大门钥匙去划的，当时就是从裤袋里掏出来，沿着回家的路随手去划的。

我：据小区来报案的车主，被划花的车共有14辆，你怎么说是三四辆？

单某：真的只记得是划了三四辆，若也划花了其他的车，我也全部赔偿。

点评：

像这种给犯罪嫌疑人心存希望的审讯方法，即是给予生机法，我是常常会用的。犯罪嫌疑人认为事情可以朝化解的方向发展时，审讯人员的语气要增加威严性，从他态度上做文章，要他认识到自己的悔意，否则就"威胁"不给他机会。

对付以喝醉酒，忘记当时发生的事为借口的犯罪嫌疑人，用下套问法来诱套出当时的情形，无疑是个好方法。

| 第二十四节 | 对女性犯罪嫌疑人的审讯

对于女性犯罪嫌疑人，要以感情击破为主，因为女性比男性更

加重视感情。有研究表明，女性偏向感性，而男性偏向理性。女性相对于男性更感性，所表现的情感更丰富。主要表现在爱情、事业和对自己外表的赞誉上。

女性心理特征最突出的表现是比男性富有感情。这是因为女性的神经系统具有较大的兴奋性，对任何刺激反应都比较敏感，无论是愉快的或是厌烦的。所以，对于女性罪犯，要从细小之处突破审讯。审讯前，我们要了解犯罪嫌疑人的家庭生活、爱情等情况，通过仔细观察她的衣着打扮、言谈举止来判断她的性格、品味、爱好等，从而找出她的弱点去击破她。

案例一

在2017年春节后不久，派出所辖区内有一家××酒店半夜被盗现金6000多元。从视频中可模糊地看到，一个已辞职3个月的女服务员张某（18岁）当晚从后门进出过该酒店。酒店的后门从未上锁的这个情况，只有内部员工知晓。当晚值班的老头又睡熟了，犯罪嫌疑人可能就是趁此机会进入酒店偷窃。

过了好几天，办案人员在一家游戏机室找到她并将她传唤回派出所问话，不管办案人员怎么审，她就是不肯承认偷窃一事。

后来，我赶回派出所了解情况后，细细打量了一番她的着装打扮，并从她的说话语气、行为举止上感觉到她是一个涉世未深、做事不经大脑、性格耿直的女子。（**观相法**，一些人的面相由于长期的性格积累，会形成一种特有的格局，就像有些人一看就像单位领导，有些人给别人的第一印象就像奸诈之人，这就是相由心生。）

再细看，张某的左手腕处贴着一张止血贴，于是我的脑海里产生出一系列的推理：

（1）我的第一反应是那是自杀的伤痕（犯罪嫌疑人身上的细节+生活常识）。

（2）一个年轻的女孩会有自杀的行为，绝大多数都是为情（生活中的推理）。

（3）这说明她有一个她非常深爱的男朋友，那么她偷的钱也应该是为男友买礼物的（深入推理）。

（4）对男友这么好，却还伤心到自杀，这又说明她男友做了她认为不可原谅的事（终极推理）。

于是，我将这些信息作为审讯突破口和女孩交谈（这个女孩的心理创伤就是一系列推理后得出的突破口）。

相对那些几进宫的顽固分子来说，我选择直接进攻初次犯罪且涉世未深的女孩张某：我对你的第一感觉是，你是一个感情专一的好女孩（好话多说，使她对我有好的印象），应该有一个很爱你的男朋友吧？

张某欲言又止：有，但他对我……（一说到感情，女孩就很直接）

我：你男朋友对你不好吗？（看似是关心，实际上是引她打开心扉，心扉一开，心理的防线也跟着会开。）

张某：他之前对我非常好的，但近几天对我不理不睬了。

我：他为什么不理睬你了？是不是有什么隐情或是爱上了另一个女孩？（一直以她的感情为主要谈资，因为感觉到她心里充满了感情苦水，我要引导她倒出这些苦水，不知不觉打开心扉。）

张某：嗯，我和他只是因为一些小事吵架了，然后他就没日没夜地在网吧打游戏，不理我了，听说现在和另一个女孩好上了。

我：那你还爱他吗？

张某：爱，好爱他的！

我：你说好爱他，爱到什么程度？（让她回忆与她男友的一切，从而使她陷入感情世界中，那么她的心理防线就会形同虚设了。）

张某：他去过我家，我也去过他家吃过饭，我们已经见过双方父母了。

我：这么说来，你们俩的感情是非常好了，你可以为他做一切事情吧？也曾买过礼物送给他吧？

张某：是的，我是真的非常爱他，他从来没有买东西送过我，都是我送他的。之前在酒店工作的工资，我全部都给他用了。

我：那他因小事对你不理睬，就真是他的不对了，枉费你对他那么好，现在还交上新女朋友了，真是渣男！（女孩的心理弱点大多数是感情问题，所以我要用感情上的事来刺激她，这样容易使她情绪崩溃。）

张某的眼眶开始红了：就是，我对他那么好，他居然会爱上别人，现在电话、微信都不回复我了！

我：你对你男友这么好，甚至连早些天从酒店拿来的钱都为他花了（说"拿"而不说"偷"这种敏感的字眼，让她放松警惕性），相信你也为他买了礼物，他却这样对你，真是枉费你对他这么好！一个猪狗不如的渣男！（从她的角度去骂她男友，实际上就是在加强刺激她的感情，让她的心失去自制，时机一成熟，马上就自然地转入主题。）

张某的眼角已渗出了泪水：他就是个猪狗不如的渣男，枉费我对他的感情了，算了！当我眼盲识错人了。（犯罪嫌疑人在审讯过程中哭了的话，一般均表示设防的心即将崩溃，我要抓住这个机会。）

见到张某并没有否认我说她从酒店拿钱一事，我马上抓住时机，直截了当地问：对了，你前几天从××酒店拿来的钱为他买了什么礼物？你这么好的一个女孩子，他竟然不懂得珍惜？（用**第三重跳问法**来确定她的犯罪行为。正常问法是：你早几天有没有从××酒店里拿钱？第二重跳问方式：你早几天有没有从××酒店里拿钱为他买礼物？并接着用**反问法**继续从感情上打击她已逐渐崩溃的心。）

张某哽咽着说：买了一台手机送给他……

在我不断煽动起张某伤心的情绪后，她终于"哗"的一声大哭起来，边哭边向我交代为了挽回男友的心而偷钱买了一台苹果手机送给男友的犯罪事实。

案例二

审讯要先了解犯罪的构成，有针对性地问。就如2016年我局收网了一宗网络电信诈骗案，在外省抓了10多名犯罪嫌疑人回阳江。分局刑警大队由于审讯室比较少，只负责审讯6名犯罪嫌疑人。我作为刑警这边审讯小组的负责人，与民警们一起在1个小时内将其中5名犯罪嫌疑人都突破了，只剩下1名女犯罪嫌疑人白某。

我们掌握女犯罪嫌疑人白某的情况是：她的男朋友将诈骗所得的赃款存入了她的银行卡并一直使用，但她在审讯中一直狡辩称她根本不知道他男朋友是干什么的，也不知道男朋友借她的银行卡用来干什么。

对于这个案件也是要从法律角度考虑罪与非罪的界限。

落实罪名需满足两个条件：一是白某必须知道她男朋友实施了网络诈骗的犯罪行为；二是白某必须知道她男朋友向她借的银行卡是为诈骗犯罪所用。这两个条件缺一不可。

在和白某前期的交谈中，我得知她和男朋友同居了几年，感情非常好，已经到了谈婚论嫁的地步了。（前期对对手的了解，对于审讯来说必不可少。）

于是，我决定在审讯中对犯罪嫌疑人白某以其与男朋友的感情作为突破口。

我对白某说： 你的眼光很好，挑选的男朋友很优秀（称赞她及她的男朋友，使她放松警惕）。他若是不去骗别人的钱，在外面做些生意，以他聪明的头脑必定会成功，对不对？

她低头不语。

我： 我刚才见过他，他也认识到自己做错了，说好后悔将你也连累了，说非常爱你！说你是他今生今世最爱的人，说以后只要你不嫌弃他，愿意等他，他一定会娶你，今生今世好好地爱惜你！（**编造法**，我临时编的，因为说起恋人对她的真爱及承诺，是最容易煽动起她的情绪的。）

白某开始有点动容： 嗯，他现在还好吗？我也是非常爱他的！

我提高语调说：你说你非常爱他，你们也到了谈婚论嫁的阶段了，但你这样纵容你男友去骗别人的钱，你是爱他吗？！（运用**反问法**是肯定了她知道男朋友犯罪的事，并继续以她的感情为煽动点）你这是害了他！

女犯罪嫌疑人白某红着眼，低下头没有说话。

我继续施压：你知道吗？你男朋友说他是为了彩礼，为了你们有一个美好的将来而做错了事（**编造法**，继续编造一个使女子感动的情话）。简单来说，他是因为你而被抓去坐牢的！（寻找人性的弱点，使她对男朋友被抓一事背负上责任，当一个女人知道是她使心爱的男人犯了错，那么她会非常自责，这样就可以从其感情方面打开缺口。）

她果然哭泣了起来（感情与心理防线已被我煽动得崩溃了）。

我见状，马上抓住稍纵即逝的时机，像是她的朋友般数落她：你要明白，爱一个人不是和他风花雪月！不是和他吃吃买买！爱一个人一定要为他着想！明知他做错了就要规劝他不要再错下去！那你说，你总共规劝过多少次你男朋友不要去骗钱？（这是**第三重深度跳问法**，正常的问法是：你知道你男朋友去骗钱吗？再深一点跳问是：你是否规劝过你男朋友不要去骗钱？）

白某边哭边说：我真的劝过他好几次，叫他不要去骗人，简单点生活就好了，可他就是不听！

我乘胜追击：那你就不应该借银行卡给他，你这么做等于是变相鼓励他继续错下去！（趁她心理防线崩溃之时，我明里像是朋友般骂她，实际上是继续加剧她的内疚感，为的是得到答案。）

白某哭着说：他之前对我说是拿我的卡去网上购物，到后来，我见到手机信息显示有大笔钱存入，我才知道他借我卡的用途。那时候，我也劝过他，但他说攒够了钱马上收手。

行了，就这样，我这边负责的6个电信诈骗犯罪嫌疑人的审讯全部成功突破！

案例三

在女性犯罪嫌疑人中，最让审讯民警头痛的还是"老鸨"，在古代就是开妓院的老板娘，现在则是表面上开一些桑拿、发廊之类的服务场所，暗地里则容留失足妇女卖淫的人。这类"老鸨"大多都见过风浪，特别顽固，善于胡搅蛮缠，心理素质强大。

2012年8月的一天夜里，我所在的派出所值班民警根据群众举报在市区创业路端掉了一个以发廊为幌子的卖淫场所。在发廊二楼的房间里现场抓获了一对卖淫嫖娼的男女，带回了发廊老板娘和3个发廊女。

只有老板娘在主观意识上知晓自己实施了引诱、容留、多次介绍他人卖淫的行为，才可将老板娘入罪，所以审讯工作成了关键。

我们审讯了老板娘花某一夜，掌握的情况有：

（1）现场被抓获的卖淫女承认每次卖淫都给老板娘花某30元介绍费。

（2）由于没有现场抓获，三个在场的发廊女只承认是洗头的，不承认卖淫这回事。

（3）关键的老板娘花某也不承认她知道店里有卖淫嫖娼这回事，说是发廊女自己的行为，她也从没有收过介绍费。

办案民警没招了，向我汇报。我在了解案情后得知，花某因组织卖淫曾被公安机关处理过2次，是个对付审讯的老手，心里马上对花某制订审讯攻略，心想必须拿下这个难搞的人物。

花某对常规的法律说法、坦白从宽等已经"免疫"了。于是，我还是从和她聊她的人生开始。（从抓捕到审讯，犯罪嫌疑人一开始是存在对抗情绪的，在审讯室里，有一个关心她心理的人和她的聊天，无疑会使她更加放松，而且通过交谈，她会对我增加信任感，认为我是一个懂她的人。）

从交谈中，我得知她离过婚，有一男一女两个小孩，对现实不满，但为了生活也是要向现实低头，曾经奋斗的高等学府与如意郎君如今只剩下记忆了。交谈中，我发觉她情绪已开始变化，在唏嘘往事了。（聊人生、聊家庭，尤其是女性，容易从中发现她最在乎的事情，了解她曾经的理想，这样就可对症下药了。）

对！将犯罪嫌疑人这种失意的人生作为审讯的突破口，这是一个绝好的进攻机会。

于是，我对花某说：按你的学识，的确应该有个更好的人生，绝不会在阳江这种小地方开店的，应该在上海、北京等大城市做大生意。（认可她之前的理想，继续让她陷入对往事的美好回忆。）

花某：唉！没办法，一切都是天注定的，若当初不是为了男友而辍学，说不定就真考上了清华大学呢。

我：人生的选择非常重要，能影响你一生，你同意不？你看，你与男友结婚后又离了，他走了，连孩子每个月的抚养费都没有给，幸好有你父母帮你。但你开发廊，长期没有真正关心过你的小孩，你想你的小孩长大后像你一样走你的路吗？（**亲情打动法+反问法**，从她的不如意人生转到她的下一代，由浅至深的进攻方式，让她感同身受地理解。）

花某：当然不想，我也想多陪陪他们，也想他们好好学习，不要像妈妈那样早恋，影响了一生。

我：所以，你要真正教育好他们，给他们作出榜样。你知道吗？你的两个小孩在学校，已经有一些同学对他们指指点点了，说他们是"鸡婆"养大的，你知道这样会对他们的心理造成多坏的影响吗？（继续用**反问法**，这是作为一种铺设的反问，用"鸡婆"这种不雅称呼来试试她的反应与承受程度，为下面的谈话内容做评估。）他们会抬不起头来，那么幼小的心灵就因为你的工作承担那么大的伤害，以后他们的人生路相信也是黑暗的。

花某开始焦急地说：我真的没有想过，我会对他们造成这么大的影响啊！

我见花某对我的话语有共鸣，时机应该成熟了，我马上用严厉的语气对花某说：你之前有两次都是因为开"鸡店"而被我们抓过，在学校早就传开了，但你还是不会为孩子们着想并悔改！让他们背上一生的骂名！据新闻报道的真实例子，一些孩子因为在学校被同学长期嘲笑而患上抑郁症，严重影响了生活与学习，一些心理承受能力差的孩子甚至会选择自杀。若是这样，你对得起他们吗？（反问法+列举法，这种反问通过列举一些事例来抓准她的弱点，效果显著。）

花某没有作声，眼泪已在眼眶中打转。

我接着进攻：他们是你十月怀胎生出来的，是你的骨肉，以后他们的人生会因为你做这种违法的事而灰暗，你的人生已经是失败的，你还想要你儿女的人生也是失败的吗？你还是一个好妈妈吗？你就没有想过他们这一生会怨恨你吗？（母亲对子女的爱是世间最伟大、最无私的爱，而连续三次直击心灵的亲情打动法＋反问法，使犯罪嫌疑人想到是她的原因影响到儿女的健康成长，这种她之前从未考虑过的事，被我运用**反问法**狠狠"鞭打"了心灵，使她的心理防线瞬间崩溃。）

花某眼泪顿时猛地流了下来：是我对不起他们，是我错了，我一定会改，以后一定不会再做这种违法又丢脸的事了！

接着泪如雨下的犯罪嫌疑人花某马上就承认了一系列组织、介绍、容留卖淫的违法事实。

在送她去刑事拘留前，她对我说：幸好有你今天这番话的提醒，才让我有对家庭、对小孩救赎的机会。我之前对小孩的种种影响，也应该得到上天的惩罚。但之后，我会去找一份好的工作，多陪伴我的小孩，谢谢你，真的谢谢你！

点评：

对于女性犯罪嫌疑人，审讯时以感情事来进攻会容易许多！

因为女性比男性更注重感情、心灵比较脆弱，一旦心房被语言的箭击中，"城门"马上便会大开。这也是我提到的我们要有洞察人性弱点的能力。

| 第二十五节 | 因家庭矛盾而报复的案件的审讯

绝大多数亲密关系都来自血缘。而夫妻，他们很有可能是八竿子打不着的两个人，却因为爱走到了一起，生活在一个屋檐下，从毫无关系发展出一种爱的关系。但是，在有些时候，爱有多深，恨就有多深，有许多犯罪都是由国爱生恨引起的，图一时之快来报复对方。对于这种心理扭曲的犯罪嫌疑人，在审讯时我们要抓住他的心理弱点，点燃他心中充满怨恨的"导火线"，心里面一旦爆炸，心理防线也就随之崩溃了。

案例

我曾在破案篇第十三节中提到，2017年6月的一天晚上，5个蒙面青年走进市区仙踪路一家名叫花厨海鲜的餐馆，用棒球棍砸了店内物品。

民警经调查发现，原来女铺主林某与她丈夫黄某长期不和，在发生这件寻衅滋事案件之前一个小时，黄某的餐厅被他老婆林某进去砸碎了一些餐具。结合其他调查情况，林某的店应该是黄某找人去砸的。

事情已过去了许多天，一直没有确切的证据证实是黄某指使人去做的。但由于林某一直上访，局领导比较重视，于是我们依法将黄某传唤回派出所。案发时间过了这么久，黄某肯定已经在心理上做足了防护措施。果然，办案民警向他询问花厨海鲜餐厅被砸一事，他一概否认有参与，否认指使其他人去砸。

如何突破犯罪嫌疑人黄某的心理防线呢？

我接手审讯后，心里有一个审讯策略：刺激黄某说出他家庭不和睦的方面，那么他的情绪就会失控。一失控，思想就会受我引导，从而说出真相。

于是，我对犯罪嫌疑人黄某说：听你老婆林某说，你们准备离婚，对不对？

黄某：是的，多次协议离婚不成，我们都请了律师，准备上法院打官司。

我：那你们双方走到今天的地步，是谁造成的呢？我听你老婆林某和你丈母娘说，是你这方造成的！（家庭中的矛盾，公说公有理，婆说婆有理，反正是说不清的，但可以用来激发起犯罪嫌疑人愤怒的情绪。）

果然，黄某一听就来火了，我倾诉他谈恋爱以来女方家人（尤其是他的丈母娘）对他的种种不好（将他的心理防线转移到他的一种情感宣泄，这是成功的开始）。我则像好友一样分析他的家庭情况，对他表示同情（通过聆听他的心事与交谈，迅速取得他的信任）。当我和他讨论他对离婚财产分割的看法时，感觉到他对女方家里一脸愤恨（**观相法**，应该是对女方提出的财产分割建议极度不满），我知道问出案件真相的时候到了。

于是，我话锋一转，对他说：看来你老婆家里人对你的确不好，但为什么你老婆说是你做人太过分了，说你花心成性呢？（**激**

将法，继续煽动犯罪嫌疑人的情绪，让他失控，从而使他之前设的心理防线随之失控。）

黄某果然大骂：我花心？我是和她闹离婚后才与一个女的交往，他家里人看见我有了女朋友后，更加疯狂地辱骂我，不时上门去家里、去店里用歹毒的语言骂我和我的女朋友。

我：你和她闹离婚后才交的女朋友，很正常呀，她骂你已经是不对了，骂你的女朋友更加不对啦！（虽然我表面上是站在他的角度骂对方不对，但实际上是在他愤怒的情绪上火上浇油，加剧他的心理失控。）

黄某激动地说：对呀，她就是一条疯狗，见人就咬！

我趁热打铁：你和林某虽然感情不好，但在法律上你们还是夫妻，那家花厨餐厅你也有份儿的（让他明白到他砸的是自己的产业，来说明这件事情不重要），虽然她先去砸了你的餐馆（故意提醒他，他是先被砸的那一方，是一个受害者，持续激发起他的愤怒情绪），但不管怎样，你喊人去报复砸她的餐馆也是不对呀！（表面上是说他的行为不对，实际上是肯定了他犯罪行为的事实。）这样一来，反而加剧了你和你妻子的矛盾，以后更是不能和好了。（**高级激将法**，在他们夫妻已反目成仇，离婚已成定局的情况下，我故意说他砸他老婆餐厅的做法使他们夫妻感情复合更难，这句话犹如火上浇油，使处在愤怒状态下的犯罪嫌疑人失控的情绪瞬间爆发。）

黄某一听，果然中计。更加激动地说：她这种泼妇，就是跪下来求我，我都不会和她和好。她的餐厅是我叫人砸的，她做初一，我做十五，我也知道这样做是不对，但谁叫她先惹我的！

人在激动情况下说的都是不经脑子过滤的实话，这一仗，我又赢了，但我要继续夯实他的供述以及要从他口中套出那晚动手砸餐馆的那伙年轻人的身份。

我乘胜追击，故意数落他： 你老婆只是到你餐厅摔了两三个碟子而已，可你叫人把她的餐厅砸了个稀巴烂，这就太过分了！

黄某：说真的，我也不知道当时他们会砸得那么厉害的。

我：当然呀，因为你的朋友知道，不管他们砸烂什么东西，结果都是由你来负责的，所以他们就往死里砸了。（这是**下套问法的铺垫**，话语中继续肯定了砸东西的就是他的朋友，这样容易诱导审讯对象说出他们的身份。）

黄某：应该是吧。

我：那你事后有教训你朋友说他们砸得太过分了吗？

黄某：他们是为了帮我出气，我怎会教训他们呢？

我：我看了你朋友砸花厨餐馆的视频，觉得他们是一伙凶狠的人，你是个做生意的正经商人，你不要和他们经常在一起，否则也会害了你。（**下套问法的过程**，以朋友关心的口吻来劝导他，容易使他敞开心扉。）

黄某：我明白的，他们本来就是在外面放高利贷的，经常打架斗殴的，要不是当时太气愤了，我也不会找他们。（从黄某的话语中可以看出，他的心理已经是完全投降了，那么问出他朋友身份的最好时机到了。）

我：这件事后，我们也调取了你当晚的电话通话清单，知道了你这几个朋友的身份（兵不厌诈，实际上那天晚上和黄某通话的人特别多，难以判断是哪几个人参与了打砸行为），其实我们公安机关早已经掌握了这伙人的犯罪行为，他们经常暴力讨债，伤人无数，犯案累累，已经被我们刑警大队立案侦查了，近段时间准备对他们收网。（**编造法**，这其实是根据黄某刚才的话语临时编造的。）所以，你要主动说清楚，他们是谁？你有没有参与他们的暴力讨债行为？（**下套问法中设置的内容**，用编造的另一宗恶性案件来吓唬他，利用他急于撇清与这伙人关系的想法，从而套出我想知道的答案。）

黄某急忙说：他们当中，我只认识贺某、杨某和李某，我真的没有参与他们的暴力讨债行为，平时也很少和他们联系。（运用**下套问法**得到我想要的结果。）

之后，黄某马上如实供述了那晚砸餐馆的事发详细经过。

点评：

1.一些因家庭矛盾积怨而去报复的犯罪嫌疑人，心里长期受委屈，像是一只充满空气的气球，一捅就破。只要我们像朋友般去引导他，去激发、点燃他心里的火药桶，他必定会向我们倾诉心里的那一肚子苦水。

2.我们长时间未有证据证实他是犯罪嫌疑人，就算他已在心中默念了千遍不能承认，但只要我们掌握了犯罪嫌疑人的弱点，就能突破他的心理防线。这就需要培养在审讯中对犯罪嫌疑人的心理识别能力和掌控能力。

|第二十六节| 对未成年犯罪嫌疑人的审讯

　　现在各种各样的犯罪主体趋向年轻化、团伙化、暴力化、凶残化和智能化，不少是未成年人犯罪。这是由于青少年的心理、生理尚未完全成熟，社会经验少，缺乏对复杂事物的判断能力，加上社会环境和各种媒体的不良影响，导致犯罪呈低龄化趋势。其犯罪的心理特点有五方面：

　　（1）认知方面。认知能力低，多数人具有吃喝玩乐的幸福观、亡命称霸的英雄观、封建帮派的友谊观、无政府主义的自由观、愚昧无知的法治观等。

　　（2）情感方面。情绪极不稳定，易冲动，喜怒无常；缺乏必要的正义感和道德感；常出现不满、孤独、苦闷、冲动等不良心境。

　　（3）意志方面。具有明显的两极性和冒险性，或表现为自卑、意志力薄弱；或表现为自负，意志力畸形发展，并有较强的冒险、侥幸心理。

　　（4）格特征方面。性格多任性、粗暴，既自尊又自卑，重义气，却对一般人缺少同情和尊重，对劳动缺少责任感。

　　（5）动机方面。常见的犯罪动机主要有物欲动机、性欲动机、报复动机及嫉妒、自我显示、寻求刺激、好奇等。

　　对于未成年人犯罪，按法律规定，是需要父母在场审讯的，有的民警认为这样就增加了审讯的难度。

但其实不然，任何事都有正反两方面，因为不论这些未成年人平时在家里对待父母的态度如何，一旦因犯事被抓了，他们弱小的心灵便会像无依托的浮萍一样，总会想得到最亲的人庇护。多年的审讯经验告诉我，只要我们运用得好，对犯罪嫌疑人的父母加以利用，打感情牌，用**亲情打动法+反问法**，审讯工作反而更加容易。

案例一

2013年，有几伙年轻的"杀马特"（杀马特是指一些行为、打扮另类、怪诞的青少年）在全市几个县区开着改装的鬼火摩托车，拿着钢管、管制刀具在大街上横行霸道、寻衅滋事、聚众斗殴、无恶不作，造成广大市民的恐慌，也是在明目张胆地挑战公安机关的底线。

我当时是专案组的组长，对其中一伙活跃在市区的"杀马特"开展案件的侦查、抓捕工作，最后一举抓获14名犯罪嫌疑人。由于涉及的人数较多，必须厘清各人的主要犯罪事实与在团伙当中的作用和地位，因此审讯显得非常重要。

由于这些"杀马特"绝大多数都是未成年人，审讯时，必须通知家长全程陪同。

有一个犯罪嫌疑人姜某，17岁，在"杀马特"团伙当中是头目之一。办案民警通知了他的父亲到场，但姜某在审讯中当着他父亲的面态度也依然十分恶劣，对平时在街上的寻衅滋事行为矢口否认，只承认与一以唐某为首的团伙有过打架行为。但他主观认为他们被那一伙人打压欺负过，是受害者，只是为了还击才报复对方。

了解到民警在审讯中只是一味对姜某进行吆喝，却没有利用父母的亲情去打动姜某，在无法突破的僵持情况下，我决定亲自去审讯。

我分析犯罪嫌疑人姜某属于性格火暴、有仇必报的人，平时做事直爽、爱恨分明、心机不深。（**观相法**，判断对这种人不可强碰，只可感化，把他说得服理，他是什么都会交代的。）

于是，我拿起姜某父亲的手对犯罪嫌疑人姜某说：你看看你爸爸的手，全是老茧，每天在家种田，面朝黄土背朝天这般辛苦养大你，供你读书，希望你出人头地（**亲情打动法**，尤其是当着犯罪嫌疑人父母的面，效果更好）。你再看看你自己，17岁了，本是读书的好年华，你却游手好闲，整天惹是生非，你对得住你父母吗？（通过他父亲工作的勤劳辛苦与他选择的人生进行强烈对比，用**反问法**来使姜某心里产生内疚感。）

姜某的父亲听到我的话，也默默地看着这个不成器的儿子。

姜某看了看父亲，小声说：我从小就不是一块读书的料儿，每次上课都会打瞌睡的。

我：我读初中时，和你一样也是看着课本就会头晕的（**列举法**，以自己为例，更有说服力）。有一次，我妈妈骑摩托车送我上学时摔了一跤，住了好多天医院，自那次起，我觉得不能对不起我妈妈，于是每次上课都认真了（**编造法**，根本没有的事，但亲人的感情总是最易打动人的）。你是不是要气得你父母生病才会改过自新？

姜某没有作声，低下头不敢面对父亲了。

我接着说：你知道你妈妈为什么没有来吗？她是怕看见你手上

的手铐，怕控制不住自己想哭的情绪，怕你看到她伤心，怕你为她担心，所以才不来的，你知道吗？现在你的妈妈应该在家中以泪洗面了，你觉得对得起他们吗？（**亲情打动法+反问法**，继续在情感上加码，以父母血浓于水的亲情感化犯罪嫌疑人，连续反问姜某，这种进攻式的问话方式，使姜某在心里产生对不起父母的感觉。）

姜某抬起头看着父亲说：我对不起你和妈妈，我以后一定好好做人，不会再在外面惹事惹祸了，再也不会让你们担心我！

我：嗯，你还年轻，未来的路还很长，你是一个有担当的人，相信你以后一定会成为一个顶天立地的汉子。（说赞扬他的话，效果会更好，在这个关键时刻，赞扬的话会更加巩固犯罪嫌疑人想痛改前非的心。）

姜某有点动容，说：之前我一直认为在社会上打打杀杀有种威风的感觉，从没想过爸妈为我担心。

我：嗯，你看看在社会上混的哪一个有好下场的？不是被人砍断手筋、脚筋就是被抓坐牢！至于曾欺负过你们的以唐某为首的那个团伙，我们也正在布置抓捕当中，你放心！（彻底使犯罪嫌疑人没有了心理障碍，同时也使他明白，公安机关不会放过每一个涉黑涉恶团伙。）

姜某：嗯嗯，你们一定要抓到那伙人。

我：当然了，那你现在当着你父亲的面说，你有决心改正吗？

姜某：我会的，我说得出做得到！

接着，姜某将他和这伙"杀马特"团伙的犯罪行为一一如实供认了。

案例二

2015年夏天，在22时至凌晨时段，各大商场的停车场经常发生停放的电动自行车被盗电池的案件，经过侦查，刑警大队抓获了5个未成年的犯罪嫌疑人。

其中有一个未成年犯罪嫌疑人敖某只有15岁，算上这次，已经是第三次被"请"进刑警大队了，每次都因不够刑事责任年龄而做教育处理。

这次面对这个年轻的"老手"，审讯人员在他的父母到之前在中队办公室对他进行了谈话式的审讯，希望从中得到系列性盗窃案件的具体情况。但敖某居然一口否认，应该是知道不论供认与否，我们都会释放他，那他也没必要出卖他的"朋友们"。

办案民警向我汇报后，我说不急，先等一等，等敖某的父母到了，通过亲情去感化他。

一会儿，敖某的母亲张姨到了，一看到敖某，也不说话，连连叹气摇着头对我们说：又给你们添麻烦了！

见到审讯的"辅助力量"到了，于是我对敖某说：敖仔，你好好看看你妈妈，在上班当中赶来，这已经是第三次来这里了，来这里不是领奖，是领你，你不觉得羞愧吗？（亲情打动法，当着他母亲的面反问他、奚落他，并在审讯时叫他的小名，当作是代替他母亲来教训他。）

敖某没有作声，一脸的无所谓。

我：你不感到羞愧，但我相信你妈妈会感到羞愧，你妈妈的朋友们每次说起自己子女都是一脸的骄傲，你妈妈呢，拿什么和朋友们炫耀？说你初中未毕业就辍学在外面偷东西了？！（继续用他母亲的感观来教育他。）

敖某还是没有作声，但是低下头来，不敢再面对我了。

我见到敖某的母亲张姨坐在一旁，一副愁容，也没哼一声，再这样下去，恐怕难以突破，必须要让亲情感化他才行，于是心想要下点"重药"来逼张姨开口了。

于是，我对敖某说： 还有3个月，你就满16岁了，到时你若还不知悔改，再去偷东西就会被关到监牢里面去，那个时候你就成了真正的贼仔，一世都会让人看不起。你知道什么叫作"老鼠过街，人人喊打"吗？说的就是大家最讨厌的贼仔！（我虽然表面上是继续充当了长辈的角色来教训他，但我是借这些话来刺激他的母亲，因为作为一个母亲，是无论如何都不想自己儿子将来成为人人喊打的贼仔的。）

果然，张姨接着我的话来说： 敖仔，你知道你爸为什么没有来吗？他在家里发脾气，说生了你这个儿子，没脸面见乡里亲戚了！纵然是这样，你爸爸都不敢将你的事告诉你外公外婆，敖仔，你知道为什么吗？

敖某看着妈妈，不敢开口。

张姨接着说： 他们已经是七八十岁的老人了，怕他们知道，会被你硬生生气死。你知道，外公外婆自小是最疼爱你的，经常瞒着我与你爸买好吃的给你，经常偷偷给你零花钱。敖仔，你对得住外公外婆两个老人家吗？（父母亲的话，总是一语中的，因为他们太了解他们的儿子了，而且说的都是比血还浓的亲情话。）

敖某终于小声地对他妈妈说：妈妈，我错了，对不起外公外婆，也对不起你和爸爸。

我：敖仔，你知道你做错就好，你年纪还小，还有的救，但我还想问你一句，你为什么会去偷东西？（了解他内心的真正想法，从他的思想根源上教育他。）

敖某：想赚钱。

我：那你见到哪一个偷东西的人会发达的？你们将偷来的车电池便宜卖了，能值几个钱？你自己算算你父母、你外公外婆这15年来为你花了多少钱？从奶粉钱到你读书的各种费用，从养你的一日三餐到你的各种零用钱，你就这样报答你外公外婆、爸爸妈妈？

（既然已经突破了，大可不必说这段话，因为这个时候，说多了，说过头了会造成犯罪嫌疑人情绪的变化，可能会产生变数，但我是本着要将敖某彻底教育的想法，真正救赎他而说的。）

敖某：知道了，警察叔叔，我不会再去偷东西了。

接着，敖仔就交代了他自己偷东西的情况，但未涉及同伙如何犯案，看来他还是不想出卖"朋友"，于是我继续教化他。

我：我有一个朋友长期吸食毒品，毒品也摧毁了他的身体，当他认识到毒品的危害后，就想去戒毒，但反复多次戒毒，都不成功，还是会复吸，你知道是什么原因吗？（**列举法**，举一个简单易懂的事例来说服他。）

敖某摇摇头表示不知道。

我：因为他每次见到毒友，在他们的诱惑下，他意志力都会下降，毒瘾会随之发作，然后忍不住复吸，所以你要改变自己，就要远离那些教坏你的所谓"朋友"。

张姨：敖仔，你清楚警察叔叔说的意思吗？

敖某点点头：知道了。

我：敖仔，你要想真正远离这些贼仔，你必须如实讲清楚你与他们所做的事，才能与他们划清界限，你才是真心悔改，让你父母不再担心你。（继续用**亲情打动法**来感化审讯对象，从而达到我审讯的目的。）

于是，敖某在他母亲期盼的眼光注视下，将这一系列的团伙盗窃案详详细细地交代了，张姨在领敖某回去前，紧紧握着我的手，连声说多谢！

案例三

2016年6月，刑警大队收网抓捕了一伙在市区酒吧聚众斗殴的犯罪嫌疑人，这伙人之前也曾在其他的娱乐场所惹过事、打过架。其中有一个犯罪嫌疑人文某，16岁，是在校学生。当晚酒吧门前的监控刚好坏了，没有拍到打架时的影像，但有线索反映文某在斗殴中持枪向天开了一枪。在初审时，他只承认到过现场看热闹，否认参与打架，更不要说开枪这回事了。

有同案的犯罪嫌疑人指认文某在场动手参与打架，但却由于当时的情况十分混乱，没看清是谁开的枪。于是，公安机关依法对文某作出刑事拘留。

刑警们都知道，在看守所的第一审讯十分重要，因为有些犯罪嫌疑人会因被刑事拘留而产生心理变化，对第一堂审讯，或产生悲观情绪，或产生抵触情绪等，我们去审讯前都要做好充分准备。

在小时候，文某的父母就已离异，文某一直由母亲抚养。由于当时文某的母亲何某在外省谈业务未能赶回，在刑警大队办案区的审讯室，办案民警只好通知社区人员作为未成年人的在场人。

由于是涉枪斗殴案件，在市区影响较大，刑侦局长说对我的审讯水平非常有信心，叫我去审讯犯罪嫌疑人文某。

审讯未成年犯罪嫌疑人，首先要做好他在场父母的思想工作，让他们通过亲情帮我去教育、感化犯罪嫌疑人，这就是我这次审讯的策略了。

在审讯当天的早上，文某的母亲何某赶回来了，和我们一起乘车到看守所，一路上我通过何某了解了文某的家庭、生活、上学、性格等情况。

在车上，我对何某先进行劝说： 根据我们所掌握的，你儿子应该是受人摆布，否则他年纪不大，哪来的枪支？

何某： 就是就是，他除了在学校偶尔打过一两场架外，一直都很乖的，一定是被外面不三不四的人教坏了！（在父母看来，自己的儿子就算犯了天大的错，在他们的心目中总是最乖的，因为他们一直都认为，从小到大，最好的教育都给了儿子，若是儿子犯错，肯定不是自己的教育方法出了问题，绝对是外面社会上的人教唆的。）

我： 若是证实的确有人教唆你儿子犯罪，从法律规定上来说，你儿子就会被从轻处理，所以等会儿你在场旁听的时候，也要帮忙劝劝你儿子如实说出教唆他的所谓"江湖大佬"是谁。（**法律说法**，也从母亲的角度来考虑，儿子能轻判是最好不过了，所以何某会接受我的建议。）你儿子是个聪明能干的人，若走上正途，以后绝对是一个大人物！（描绘她儿子的未来前景，任何一个母亲听了都会十分受用。）

何某点头：嗯，多谢你！

在看守所的审讯室里，何某一见到儿子文某穿着一身囚服，眼眶马上红了，文某见到母亲，也像个乖乖仔一样坐在椅子上。

我当着何某的面关心一下文某：在监牢里面，应该没有人欺负你吧，现在都是文明关押了，监仓里面每个角落都有监控器，是不允许有打人现象的。（这段话其实是说给何某听的，让她放心，同时也使她更相信我。）

文某点点头：嗯。

我：像打架这种事，大家年轻时都冲动过，热血过，年轻时我也打过架。（以审讯人员本人为例子，来说明年轻时谁没有错过，谁没有冲动过。这样使审讯对象更有代入感，也易使他认同审讯人员的话语。）偶尔一次的冲动没什么，但你天天跟着社会上那伙游手好闲、整天惹是生非的人一起混就不好了，像酒吧的这次打架，打赢了坐牢，打输了住医院，有什么好处？

文某：我又没有去打架，我只是在旁边看热闹。

我：一般单人单案犯事的，若没有证据证明的，我们也无能为力。但像你这种打群架的，人数众多，平时大家聚在一起吃吃喝喝，你们这种关系叫作酒肉朋友，真正出了事被抓了，总有几个人想从轻处理如实交代的，就像我们抓了一桌在打麻将赌博的人，四个人中总会有两个人以上供认是在赌博的，我们会根据这两个人的供述来认定这四个人都是在赌博而进行不同的行政处罚，如实供认有赌博行为的我们会从轻处罚，反之对不承认的我们会从重处罚。

（**列举法+法律说法**，像这种赌博的案例，我在之前的审讯中也用过，让审讯对象明白到他们团伙当中已有不少人为了争取从轻处理而供认了，并且让他明白法律的规定，通过对违法人员的不同处理来体现坦白从宽的重要性。）你想想，若是没有证据，我们怎么敢将你刑事拘留呢，对吧？（**反问法**，有理有据的反问，向犯罪嫌疑人施加压力。）

文某低下头不敢面对他母亲： 当时我见朋友上前和对方开打了，我不去帮忙会给人笑话的，会说我不够朋友，所以我就上去帮忙了。

我： 当时你不仅上前帮忙打架，你还朝天开了一枪，枪是哪里来的？

文某想了想回答： 没有呀，我只是用拳脚和对方打，没有开枪，我也没有枪。（文某在母亲面前一直都扮作乖乖仔，持枪打架这么严重的事，应该超出了文某在母亲面前承认的限度。）

我： 那天晚上打架那件事，酒吧门口有个监控摄像头，将你们当时打架的一举一动都拍了下来（**编造法**，即使监控是坏的，凡是犯罪嫌疑人不知道的，我们都可以用来编造对审讯有利的话语），尤其是你当时开了一枪后，对方马上就跑了，所幸你是对天开的枪，没有造成严重后果。事后，出警的民警还在地上拾到了弹壳。

文某： 可能是别人开的枪，反正我没有开！

我看了一眼文某的母亲何某说： 我和你妈妈也说过，我不相信你自己会制造或购买枪支，肯定是有人拿给你的，让你到了关键时刻就拿出来吓唬对方。我觉得，这个锅不应该让你来背，你说出是谁给你的枪，别让你妈妈担心了！（**主动引导法+亲情打动法**，将话语引入我设计好的主题。）

何某听到了我的提示，接过话题说：文记，你在妈妈心目中，一直都是一个有出息的人，你年纪还小，不懂得社会险恶，外面的人只会利用你，出了事就让你去承担，这种人心地很坏的，你不应该和他们再混下去，对你一点好处都没有！

我：文记（在审讯中跟他妈妈叫他的小名，使他感到亲切，也使他更易听得进去我说的话），你应该听说过在多年前阳江有个绰号叫"锤头笠"的黑老大吧？他在阳江横行霸道，作恶多年，社会上的人都惧怕他，但后来一样被我们抓起来枪毙了。（**列举法**，通过实例，让犯罪嫌疑人明白所谓的社会大佬的下场，也使他认同我是站在朋友的立场来关心他。）你这个年纪，应该在学校里好好学习，长大了，赚钱了好好报答父母才对。若你还是跟社会青年混日子，不是被人砍伤砍死，就是被警察抓，你还想这样下去吗？（每个人都会有崇拜的偶像，如追星族有喜欢的明星、创业一族会将马云当精神支柱等，未成年犯罪嫌疑人的人生观则是英雄意识强烈，大多数会盲目崇拜社会上"威风"的黑社会头目，所以我们在审讯中要扭转他错误的价值观。）

文某再次低下头：不想！

我：你妈妈昨天晚上连夜从外省赶回，因为担心你，一夜都没有睡，你抬起头认真看看你妈妈憔悴的面容，还不想改过自新吗？还要让妈妈每天都担心你吗？（接连的**反问法+亲情打动法**，唤起文某心底的柔软。）

何某这时已经哭了出来：文记，妈妈为了生活经常在外省出差，对你关心少了，是妈妈的错，但妈妈希望你一定要做一个堂堂正正的人，好吗？别再让妈妈担心你了！（这种母亲大爱的浓烈气氛，相信任何一个孝子都无法抵挡。）

文某的眼眶也红了，对母亲说：妈妈，我改，我一定改！我不会再让你担心我了，你放心！

于是文某就将当晚开枪一事原原本本供认了，并主动说清楚了枪支的来源及藏匿枪支的地方，也将前几次在其他酒吧的打架情况一一交代了。

点评：

对未成年人的审讯，其实是对犯罪嫌疑人的一种救赎。未成年人的心性未定型，心智未成熟，在人生的岔路口上很容易选择错的道路。能使犯罪嫌疑人如实供认罪行，靠的也是对他说大道理，让他认识到自己的错。

作为父母，没有什么事情能比自己的子女重要了，每每看见子女的堕落，他们都会心痛不已，但又无能为力。在被抓获的这种特殊情况下，未成年犯罪嫌疑人都会觉得失去了平时的庇护、失去了往日的自由，而心存困惑与彷徨。通过警方威严的句句在理的教育，加上父母的肺腑之言，相信这些未成年犯罪嫌疑人都有彻底悔改的心意。

所以说，每次成功审讯突破一个未成年犯罪嫌疑人，就等于挽救了他，也挽救了一个家庭。

｜第二十七节｜　对报假案者的审讯

现实中，有不少人为达到某种目的，伪造现场、伪造证据、捏造事实、虚构案情并谎报假案。其目的可分为：

（1）掩盖犯罪。如当事人为掩盖贪污、挪用公款而谎报被盗、被抢等，以此来掩盖真的犯罪。

（2）陷害他人。为嫁祸他人、泄私愤而捏造事实、编造谎言，如恋爱关系破裂就谎报被强奸等。

（3）掩盖过错。当名誉、家庭关系可能会因自己的过错而受到损害时（如通奸被人发觉），为保全名誉或防止夫妻关系破裂而谎报被强奸。

（4）博取同情。利用人们的同情心、正义感来骗取人们的同情，如某市重点中学一名学生参加高考，因故迟到，而谎报被抢劫的警情，希望舆论来同情她、关注她。

我们在接警时要判断警情的真假，因为谎报假案的人存在着忐忑不安、心存侥幸的心理，表现出与平时不同的反常情绪和反常行为。对此，我们要从以下几个方面来甄别：

（1）我们要认真分析报案者的口供陈述，研究是否有不合情理之处。

（2）细致勘查现场，假案现场的痕迹、物证在现场的形成、分布往往违反常理，得不到合理解释。

（3）以侦查实验来证实报案人的陈述是否成立，其报称的细节能否发生。

（4）观察报案人的行为举止，了解报案人的报案动机，是否有谎报的可能性。

下面我来列举两个在派出所接到的假警情案例，看看我是如何揭穿当事人谎报警情的。

案例一

2017年10月的一个星期天下午，在东平镇核电集团上班的张某在他老婆的陪同下到派出所报案称，12时左右，他独自一人走在市区三环路大润发商场附近时，被4个大汉挟持上了一辆黑色的奔驰车。在车上被莫名其妙地说欠了他们10万元，后来他害怕被打，于是叫老婆汇了2万元到他的手机，他将钱转给了绑匪后才被放回去。

他自称是外地人，对位置不熟悉，不知道被汽车带到市区哪个地方哪条街道了。同时他的手机卡也被绑匪扔了，但他对民警说他不认识那4个大汉，自己没有欠债。

光天化日的闹市里，居然有如此胆大妄为的绑匪？接报后，我马上赶回所里，对事主张某问起当时的情况并准备带他到现场看看附近的监控。

张某开始说被吓得头晕记不起当时上车的地点，对那几个大汉及奔驰车的描述也是前言不搭后语，后来干脆说算了，不报案了。

直觉告诉我，张某在有意编造谎言（办案的经验），极有可能是报假案，若是这种情况的话，那么就是编造理由向老婆要钱，后来在老婆的强烈要求下才来报的假案（推理）。

在询问了张某老婆后，张某老婆说张某原本不想报案的，是她强烈要求一定去报案，张某才勉强来的。这印证了我的推理，于是我便构思用哪种方式方法将他的谎言击穿。对于这种只想骗骗老婆的毫无犯罪经验的报案人，我选择用倒叙法测试他说的案情经过细节是否真实，然后以**直接击破+给予生机法**作为突破口。

我：你详细说一遍你案发前发生的事，做过什么，去过哪里，因为我想弄清楚这伙绑匪是从什么时候盯上你的。

张某边想边说：我约10时从东平搭公交车到市区，在大润发旁的早餐铺吃了个早餐，然后到路边的六福珠宝店逛了逛，过了一会儿就搭电梯上大润发二楼逛超市买了瓶洗发水，后来又到四楼看了看游戏城，再到一楼逛商场买了件衣服，然后约12时从大润发出来就那伙人绑上车了。

我：那你现在身体还好吧？有没有被他们打（使用**倒叙法**，必须要聊聊无关紧要的话，让他忘记刚才对案发前经过的回答）？

张某：没有被他们打，只是当时被吓了一跳。

我：你平时爱好什么呢？

张某：爱好看篮球比赛，偶尔会和工友喝上两杯。

我：你能喝多少酒？

张某：高度白酒能喝一斤吧。

我：你一个月多少钱工资？

张某：不多，才4000多元，都交老婆手里了。

见聊天聊得差不多了，我问他：你现在将你上午被绑架的事反过来叙述一遍。

张某想了半天：我被绑上车之前在大润发一楼还是三楼逛，再之前去吃早餐，再之前就忘记了。

由此我更加肯定地判断，张某所说的被绑架一事是假的，因为我问的是他不久前才经历过的事，他应该能将当天什么时间去过哪里、做过什么等详尽地说出来。但若是编造的假行程，沿着时间点倒叙去过哪里做过什么，是编不出的。

我没有马上揭穿这个谎言，因为有些人会撕破脸皮咬死不认的，我要使他主动承认报的是假案。

于是我严厉地对张某说：你这个案件是一件性质非常恶劣的大案，在闹市中绑架索要金额达10万元，这种大案我们是要报公安部的，公安部会派一队精英刑警下来侦破你这个案件，这支队伍曾侦破了全国各种大案要案，从未失手。（**编造法**，故意将案件侦破情况夸大，使报假案的他感到压力。）

张某听后果然不像真正的受害人那般充满希望与感恩，反而神态紧张，身体在微微发抖。（**观相法**，施压后通过察言观色更可以看出真伪。）

我接着一针见血地指出：但若是让公安部的刑警查明你报的是假案，那么你就要坐牢，估计会被判一至两年徒刑。（给他的压力到达顶峰，突出严重的后果。）

张某听后，低下头不敢面对我。

我接着说：其实我知道你报的是假案，应该就是钱包被老婆管死了，你又等着钱用才这样做的吧？若是老公问老婆要点钱，属于家庭内部的事，事情也可以理解（将报假案这种事情讲得不严重，使他容易接受），所以趁我们还未将案件向公安部汇报，还来得及，否则你就要被判刑坐牢了（**给予生机法**，逼使他在两种极度不同的后果中选择）。

张某听完马上就承认了因为赌博欠了工友的钱而想出骗老婆钱财的法子，但想不到老婆强烈要求去报案。

点评：

对于这个假案，当初接警的民警也觉得大白天闹市里绑架的案情不对劲，但也没有深究下去，没有继续盘问了解真相。应该说，该民警缺少责任心，也缺少对挖掘案件真相的好奇心。

对这类不合常理的案件，当事人对案情的经过细节说得比较含糊，经不起推敲，只要一施压，再用点方法马上就可以还原案件的事实真相了。就像是一个去鬼混的男人，骗老婆说整晚去打麻将娱乐了，但只要老婆仔细求证，问他和谁打麻将、谁坐在你的上家下家、在什么地方打、几点钟开始几点钟结束、当中有什么大牌出现、赢了多少钱等细节就可将丈夫问得支支吾吾、漏洞百出了。因为说假话的人心里是慌乱的，临时编造的谎言是不合逻辑的。

但现实中也有涉及隐私的报假案情况，因为隐私是当事人不愿意公开的私生活信息，是不愿意他人侵入的个人耻辱领域。处理这类案件的难度相对较大，询问时真的要讲求策略才可突破报案人的心理防线。

案例二

2018年8月的一天，有一对年轻夫妻到派出所报案，女事主肖某称，两个多月前她在一家酒店的客房里被人强奸了。民警问她，为什么过了这么久才来报案？她说，因为是女性的羞涩事，虽然被强奸了，但是不想去报案，怕传出去丢人。但老公发现了她与她闺密的聊天记录提到和别人发生了关系，质问她，她才来报案的。

肖某称两个多月前的那天晚上，她在一家小酒馆里和一个女性朋友喝酒，酒馆的年轻老板邓某因为之前认识她们，所以也在吧台和她们一起喝酒聊天。大约在凌晨时候她喝醉了，邓某就提出送她回去，她也同意并上了邓某的小车，后来她就糊里糊涂跟着邓某去了××酒店的客房，半夜醒来时才发觉邓某趁她酒醉时将她强奸了。

由于案发的时间久，衣服与体液等证据都没有保存，××酒店的视频也过了保存期限，开房记录还有，但也只是佐证，不能证实是否有强奸的犯罪事实存在。

派出所的办案民警依法将邓某作为犯罪嫌疑人传唤回所调查审讯，但邓某不但否认强奸过肖某，并誓言旦旦地说从来没有和肖某发生过性关系。

由于案情重大，且难以厘清真相，于是派出所民警将警情及调查情况向我汇报，我了解了一些细节，如肖某在与闺密的聊天记录上轻描淡写地说与邓某发生了关系，当中却没有提到是被强迫的。所以，我初步认为这个案件应该是一个假的案件。实情应该是妻子在外面偷欢，被丈夫发现了，就谎称被强奸了，结果丈夫就逼她来报案。

至于当事人邓某不如实供认事实真相，我判断邓某不承认和肖某发生了关系，是因为：

（1）怕老婆知道。

（2）怕证实不了自己清白，陷入麻烦中。

（3）认为已是两个多月之前的事，警方应该什么证据都没有掌握。

因此，他自认为警方拿他没办法，所以否认了一切。对于像他这种自以为是的人，我决定通过列举一些他应该知道的真实案例，再加上我的分析来"吓唬"他讲出实情。

于是，我对邓某说： 在酒店里，我们提取到了你的开房记录和当晚你与肖某入房的视频，你知道，酒店的监控保存期限是3个月的吗？（**编造法**，反正他也不知道我们究竟掌握了多少证据。）你还说你没有和肖某发生过性关系？

邓某面对我摆出证据的反问，只好回答说： 我们是入了房，但没有发生关系。

我接着举了个实例给他听： 前几年，市里有一个案件，江城检察院的一个科员在××酒店与一名女子吃完饭后就去了酒店的客房，后来该女子的男朋友找到了这间房，该女子当场说是这个科员趁她喝醉强奸了她。当时酒店的视频也显示了该女子和这个科员是手挽手自愿入的房间，但是你要知道，在床上，就算是这女子自己脱光衣服，但法律规定，到了最后一刻她不想发生关系，只要是违背女性的意愿都算是强奸（**列举法+法律说法**，这个案件当时在阳江市是人人皆知，而从大家都知道的真实案例中让邓某明白在强奸案中女方口供的重要性），你清楚这个法律规定吗？

邓某：我懂这个法律。

我：那个科员也是口口声声说之前认识那个女子，是朋友关系，当晚她是自愿的。但你要知道，意愿这种思想上的产物是女人说了算的，她说愿意就是愿意了，她说曾反抗了就是不愿意了。最终这个检察院的科员还是被判了两年多，你听过这个事情吗？（**法律说法**，从法律上对他分析社会上流传的案例，为下面的问话作铺垫。）

邓某：我听过这个事情，因为当时这事闹得挺大的。

我：检察院是最讲求法律精神的，它的工作人员尚且如此。所以说，你若还是坚持你的说法，对于这种性侵案，法院是会采信受害方的证言的。我不说别的，先将你作为犯罪嫌疑人刑事拘留你，若确实证实你不是强奸犯之后再释放你，但到了那个时候，社会上都会流传你是强奸犯，你老婆又会怎么看待你？（**深入情景法**，让他看到，若不配合将事情如实说清楚，以后的发展会影响他的家庭及在社会上造成严重后果。）

邓某听后开始紧张了，马上承认：当晚的确和肖某发生了关系，但是我在开房之前就问过她，她说好的，也自愿跟我去房间，你可以看监控的。

我：是的，在外面可以看监控，但在房里面呢？里面是没有监控的，你不详细将里面发生的事说清楚，我们就采信她的口供来立案了。

邓某马上说：在里面是肖某先脱衣服去冲凉的，她冲完凉后裹条浴巾出来，我再去冲凉的。我们自愿发生了两次关系，这样怎算是强奸啊？

我：你这番解释很可能是你为自己开脱罪行，那你还有没有其他证据？

邓某：有，我有个朋友郑某也和肖某发生过关系，在我和肖某发生关系后的第二天中午，我就对郑某炫耀过和肖某在酒店做爱这件事。

我们马上找到了邓某的朋友郑某，郑某承认之前和肖某发生过关系，也证实了邓某的确和他说过此话。这样看来，就如我之前推断的一样，肖某和邓某只是偷情，不构成强奸。

于是，我再次通知报案人肖某来到派出所问话，我知道每个人对承认出轨偷情都是十分抗拒的，尤其是女人，一旦承认了就等于承认自己是一个水性杨花之人，还要面临家庭的破裂。肖某这种人属于经常在外面混的，性格比较浪荡，所以我决定用江湖口吻讲社会现况，用**法律说法**去说服她说出真相。

我对肖某说：从你与你闺密的微信对话中可以看到，你只是谈到与邓某发生了关系，但并没有提到邓某当晚有暴力行为或有威胁言语，这是你当时最真实的感受，也是我们办案最重要的证据之一（**法律说法**，告知她与她闺密的对话可以作为案件证据，来揭穿她报的是假案），所以你应该是被老公发现了你的聊天记录才谎称是被强奸的吧？

肖某没有作声。

我接着说：说真的，我有好多朋友，有男有女，都是夜夜在音乐吧、夜总会喝酒到天亮的，然后就到酒店开房一夜情，我真的佩服他们的身体，天天熬夜都不会累的。其实如今的社会，嘿，大家都觉得，人生苦短，活在当下！有哪个不趁年轻去外面风流快活的？（暗示她的行为在道德上可接受，认同她在外面作为年轻人爱玩的心态，使她觉得整个社会风气就是如此，人生就是如此，让她对她所做的事并不感觉到羞愧，这样才会对我如实供述。）但是邓某因为就和你一次快活开心，就被你告了。你想想，他若是因为冤枉而入了监牢，该有多恨你，坐牢出来后也肯定会报复你，对吧？（将她冤枉别人的严重后果告诉她，让她感到不安。）

肖某低下头：我也是不想这么做的呀，只是我老公逼我来报案的。

我：其实我们也经过调查掌握了证据，证明你当晚和邓某是自愿发生关系的，但我不会告诉你老公，我会对他保密你今天所说的一切。对于这个案件来说，我也会说是因为时间隔得太久，没有证据立案。（解决肖某所担心的家庭方面的后顾之忧，才能让她讲出当晚房间内她所做的荒唐事。）

肖某：嗯，你真的不要告诉我老公，因为我怕他骂我，那晚与邓某去开房发生关系的确是我自愿的。

我：放心，案卷材料是我们案管中心严密保管的，我们警察也有严格的规定，案情也不会透露给任何一个人，包括你老公。（解决她的所有顾虑，才能让她将涉及她隐私的真相说出来。）对了，邓某说起当晚是你先去冲凉的，然后你裹条浴巾就出来了，后来邓某才去冲完凉再做爱的，对吧？

肖某点点头：嗯，是的。

我：做完了这次之后，你们还做了一次，对吧？

提到这么隐私的事，肖某有点害羞了，说：后来是我主动和邓某又做了一次，具体怎么做就忘记了，反正我是自愿的。

点评：

1.对任何案件我们都首先要了解它的逻辑，通过了解时间、地点、涉及的人、发生了何事、造成的后果、有什么证据支撑等来判断所报的案件是否合理合常规。要对报案的事主察言观色，若报的是假案，他们来报案时会心虚，通常都面上带有慌张的神色。值班民警问得越详细，他们露出的破绽就越多，甚至不能自圆其说。

2.报假案的事主与被我们侦破抓获的犯罪嫌疑人不同，他自己已经在家里将整个案情反反复复地想了个透，认为没有破绽才来报案的，而且我们也只能用交谈对话的方式去揭穿他。

因为报假案是要负法律责任的，就像这两个案例，我们都将报假案的当事人行政拘留了。虽然找到了对的策略，但也要下一番功夫才能攻破他们的心理防线。

| 第二十八节 |　如何突破顽固的犯罪嫌疑人

我们在审讯中常常会碰到一些顽固的犯罪嫌疑人，他们在审讯室里只有一个想法：不管你怎么说，我都不会承认。对这种犯罪嫌疑人我们要多尝试方法，找出他的弱点。其实，只要是良心未泯的犯罪嫌疑人都会顾及浓厚的亲情，所以尝试用**亲情打动法+深入情景法**是个不错的选择。

亲情就是亲人之间的感情，父母和孩子之间的感情、兄弟姐妹之间的感情都是亲情。血浓于水，这种亲情任谁也割舍不了，人在危难时刻可以为亲人付出全部。所以，我们在审讯过程中要充分了解犯罪嫌疑人的家庭观念、对父母的孝顺程度、对未来的展望等。只有掌握了犯罪嫌疑人的心理、运用对的方法，我们在审讯中才能战无不胜。

案例一

2015年盛夏的某一天，我们抓获了一伙持枪打架的年轻人。为首持枪的犯罪嫌疑人叫李某，年仅21岁，他承认了持枪打架的事实，但不管民警怎么问他，他都说枪已经扔到漠阳江大河里了。

20个小时过去了，民警也拿他没办法了，就向我汇报情况。找不到枪支，对社会治安是个极大的隐患，于是我决定去说服他。

通过了解，李某是因朋友被人欺负，才帮朋友出头，将对方教训了一顿，所幸对对方没有造成大的伤害。

这类年轻、血气方刚的犯罪嫌疑人，他们城府不深，只要我们审讯方法得当，是不难突破的，关键是要找准突破口。

在和李某做了审讯前的一番交流后，我对李某说：现在的社会，讲义气的人不多了，你能帮朋友出头，难能可贵，我佩服你！（赞许他对朋友讲义气的行为，使他对我有亲切感与信任感。）

李某：我的朋友被人欺负，被人打，我肯定不会放过对方的。

我对李某伸出大拇指：嗯，谁能交上你这种朋友，是他的福气！但你的枪现在藏在何处？

李某：我和之前的警察也交代清楚了，打完架就将枪扔到漠阳江大河了，你不信，可以去打捞，肯定可以捞得上来的。

我：当晚你用来打架的那支枪，虽然只是向天开了一枪，也没伤人，但若是其他人拿你这支枪去杀人了，因为你是枪支的拥有者，到时候杀人需承担的法律后果也要算在你头上，对你的刑罚会加重很多。（**法律说法**，说明了其他人拿他的枪犯法，刑罚也是算在他的头上。）

李某想了想后，低头小声地坚持说：枪真的已扔进大河里了。

从他不敢与我对视、语气低沉的表现来看，我判断他是讲了假话。（**观相法**，眼光不敢对视的人，是心虚的表现。）

我戳穿他的谎言说：打架的事还未了，你还需要枪去防身，去防对方报复，你怎会把枪扔了呢？

李某还是低着头不作声。

我：枪是祸水，只要你还拥有它，你就会使用它，到时候肯定会犯下更大的案子，你也会受更大的刑罚，你明白吗？

李某干脆不理睬我。

看来，李某是一门心思"不管你说什么，我都不会将枪支的藏匿点告诉你"了。

见常规的问法效果不大，我心中已有了新的策略。

我：那你的枪是从哪里来的？

李某说：是从网上花了500元买的，后来将枪改装了，改成有相当杀伤力的枪了。

我：你是在网上购买了枪支零件，然后寄回家里改装？

李某：是的。

我：你买枪支零件的钱从哪里来的，你又没有工作？

李某：是用平时父亲给的零用钱买的。

我：那你的父亲是不是支持你去购买这支枪？

李某：他才不会支持呢。

李某的这句回答，证明了他父亲不支持但是知道他买枪这件事，因为若是不知道，李某会直接回答说他父亲根本不知道他购枪这件事。（推理得出的结论，与人对话，可以从对方的话语中得到很多信息，就像我问朋友是不是经常去嫖妓？他若回答说很少去的，那么我就得出了他曾经去过的答案了。）

根据已设想好的策略，我故意呵斥他：那你买这支枪，你父亲骂了你多少次？（此处用了**第三重深度跳问法**，正常问法是：你父亲知道你有枪这件事吗？再深一点的问法是：你买这支枪，你父亲骂过你没有？）现在你父亲来到了刑警大队，非常担心你！（根本没有的事，是我编出来的，**编造法+亲情打动法**。）

李某在我的严词谴责下说：唉，我爸因我买枪这件事，已经骂我好几次了。

行了，我的目的达到了。

我接着说：你父亲明知你去买枪，不仅不去制止，还帮忙隐瞒包庇，已经犯了包庇罪，因为现在他也有可能帮你窝藏枪支，除非你现在把枪支交出来，否则我们就要将你父亲刑事拘留。（**亲情打动法**，将他父亲承担的法律后果摆出来，让他明白他的所作所为会连累到他父亲。）

李某还是低头不语，但身体在微微发抖，看来心理开始有些不安了。

于是，我乘胜追击说：监狱生活是非常艰苦的，新来的要睡在厕所旁，每夜闻着令人作呕的屎味尿味，根本睡不了觉，还常常会被监霸殴打，你父亲一把年纪，身上的老骨头若是挨上一拳恐怕都会断裂，他甚至可能会被一些穷凶极恶的罪犯侮辱，受尽非人的折磨。你想想你父亲是那么善良，含辛茹苦养大你，你本应要好好去报答这份养育之恩，但你父亲却被你连累，临老去挨这种苦，你忍心吗？（**深入情景法+亲情打动法+反问法**，利用社会上一些监牢里的黑暗传言，将犯罪嫌疑人带入他认为恐怖的场景，让他真实地

"看到"他父亲受尽凌辱的画面，使他产生强烈的负罪感，从而如实交代为父亲洗清嫌疑。）

李某听了我形容他父亲入狱将会受到种种的苦难后，哀求地对我说：真的不关我爸的事，你们别为难他了。

我：好，若枪的确不是你父亲在保管，那你说出枪到底藏在哪里？只有你说出枪在哪里藏着，我才会相信你父亲与此事无关，否则你父亲肯定要被刑事拘留关进监牢的。（用**亲情打动法**逼犯罪嫌疑人选择，是选择父亲被刑事拘留在牢中受凌辱，还是说出藏枪的地方。）

在权衡枪支对他的重要性与其父亲因为他而入狱挨苦后，李某终于说出了藏匿枪支的地点。

点评：

亲情打动法配合**深入情景法**，对有孝心的犯罪嫌疑人来说是一种强大的杀伤性武器。

跳问法每次在审讯中都起到了关键的作用，但纵观整个审讯，你必须明白什么会是突破口，又要通过什么方法去突破。

在一些方法用尽后，我回想起交谈时，李某是个孝顺的人，他父亲可能会是他的弱点。于是，话题马上转到他家里人，用**亲情打动法**来试试。这都是靠之前办案积累的经验。

案例二

2015年8月的一天，根据线索，市局禁毒支队统一布置，分局

禁毒大队早上6点多在某个小区五楼一商品房内对一贩毒分子进行抓捕。但毒贩家的钢质防盗大门异常坚固，民警们用破门工具弄了好久才将门打开。但当时毒贩冯某已经将一装有大量毒品的手提皮包从窗户扔到了楼下，于是民警将房内的抓捕对象冯某和他妻子传唤回刑警大队办案区。

在审讯这一环节，民警用尽各种方法，犯罪嫌疑人冯某始终不肯承认那个手提皮包就是他扔的，他说我要是承认了，不是死刑就是无期徒刑，所以不管怎样，我都不会承认的，你们有证据就抓我入监牢，没证据就放我！

审讯了接近一日一夜，刑事传唤的法定时间已经不多了。于是，局领导又叫我去审，要我务必把这块"硬骨头"拿下来。

我问清案情后，对审讯的同志说，现场不是还带回了犯罪嫌疑人的妻子吗？可以用妻子要承担法律责任来威胁他呀。办案同志回应说，这个情况也说了，说他若不承认两夫妻就都要被刑事拘留，都要判刑坐牢，但他说无所谓，就是不肯松口承认。

看来，犯罪嫌疑人冯某真是个"硬骨头"，寻常的审讯技巧对他已起不了作用，因为他的心结是承认了犯罪行为会被判无期徒刑甚至死刑。

该怎样去寻找他的突破口？

我要通过对他的审讯，让他看到不承认自己的犯罪行为会导致更严重的后果，才会迫使他承认。

我了解了犯罪嫌疑人冯某的心态后，与他进行了一场类似朋友间的关心对话，得知他有2个小孩，一个男孩9岁读小学，另一个女孩3岁刚上幼儿园。其父亲多年前已去世，母亲年老又患上高血压。（通过交谈，掌握犯罪嫌疑人的家庭情况，为下一步的审讯策略做好准备。）

进入正题，我对犯罪嫌疑人冯某说：因为你本人的接触，皮包上必定会留下你的指纹、DNA，这些都可以作为证据。（抛出一些他可以理解的证据，对他的顽固心理进行打击。）

但冯某不为所动，一副死猪不怕开水烫的态度说：无所谓，你想怎么验就怎么验。

我接着说：昨天的行动是市公安局的统一收网行动，你的上线古某和下线谭某、左某等都同时被我们抓了。专案组民警通过市公安局技术支队的支持对你们的交易、行踪了如指掌，也缴获了你们交易的大批证据。（继续摆出证据，并将已抓获毒贩的名字说出来让他知道他供毒品的上下家都已落网，而他们的供述会被用来指证他。）

冯某的态度依然如故：不管你怎么说，我都不会承认那个皮包是我的，你有证据就抓我判刑。

于是，我改变策略，对冯某说：因为你妻子和你及那手提包同在一个房间，没有别的人，我们认为你妻子也知晓并参与贩毒。那个手提包已经送去做技术鉴定了，你老婆在平时收拾房间时极有可能拿起过那个皮包，我们也一样能检测到她的DNA，我们经侦查认为，你老婆一样会作为犯罪嫌疑人被刑事拘留。

冯某：抓就抓，就算你将我老婆抓去判刑，我也不会承认。

这应该就是之前审讯民警所遇到的"瓶颈"了，但审讯民警应

该没有继续深入地将犯罪嫌疑人的心理逼到绝路！

我：好，将你们夫妻俩抓去坐牢，然后你家里只剩下一个年迈有病的母亲和两个没人照看的小孩。你想想，你刚才说过，每半个月，你们夫妻都会带你母亲去治病。你们若都坐了牢，又会有谁像你们一样风雨无阻地搭你母亲去治病？你母亲本来就身体不好，又没人照顾，应该挨不了多久。（**亲情打动法**，让犯罪嫌疑人明白他们坐牢后，母亲会没人照顾。）

冯某有点焦急了：你们既然是统一收网行动，事前也是做了大量的侦查工作，你们应该知道，这件事不关我老婆的事啊！

我：在我们破门时，房里就只有你和你老婆两个人，皮包是谁扔的？也有可能是你老婆扔的，对吧？反正皮包都有你们夫妻俩的DNA！

冯某：你们警察是会冤枉人的吗？

我：我们是讲证据的，当时的情况，就算你承认是你将皮包扔下楼的，你老婆也会构成贩毒的共同犯罪，至少被起诉知情不报的窝藏罪，估计要坐5年以上的牢。（有理有据的**法律说法**，其实就是和犯罪嫌疑人在斗智斗勇。）

冯某气呼呼地看着我，没有作声。

我继续进攻：若是你老婆扔的包，那么她就判得更重，而你一样会因为我们掌握你与上下线交易的证据而重判。

冯某气势软了下来：真的不关我老婆的事，求求你放过她！

我：从我们专案组一直以来的侦查来看，你老婆应该是没有涉及你贩毒一事，但由于你的不配合，我们只有将你老婆一起刑事拘留，作为包庇的共犯。判刑是肯定的了，到时你就后悔莫及了。

冯某没有作声。

我接着说：你们夫妻俩若是被判刑了，最惨的不是你母亲，应该是你的两个儿女，谁会天天有空帮忙接送他们上下学？而且，他们这个年纪正是学习人生道理之时，没有父母在身边教导，非常容易走上歪路，步你的后尘。还有！你们家本来经济环境就一般，若是连你老婆都坐了牢，你母亲的医疗费、营养费及小孩的各种学杂费、生活费又将如何解决？是不是要他们顶着寒冬夏暑在路边乞讨度日？（**反问法+亲情打动法+深入情景法**，我如朋友般的肺腑之言，让他感受那种血浓于水的亲情，并使犯罪嫌疑人"看到"两夫妻坐牢后至亲母亲的病痛与至爱儿女的艰辛成长等生活困境。这是比他被判无期徒刑更让他震撼的后果，也是攻破犯罪嫌疑人心理防线的最有效武器。）

冯某闭着眼，仰天长叹一声：唉……

我见状，知道冯某的心里已经动摇了，我不会让他有喘息的机会，马上接着进攻说：你是男子汉大丈夫，是一家人的顶梁柱，但你若还是执迷不悟，你的整个家庭，包括生你养你、现在白发苍苍的母亲，与你同甘共苦、白头到老的妻子，你的两个宝贝儿女，这些你至亲至爱的人都会被你害惨了！（在他心里的城门即将打开之际，为了打消他的犹豫思想，我继续运用**亲情打动法**，提醒他是家里唯一的男人，要有担当精神，要为这个家作出牺牲，拯救这个家！）

在一番有理有据的心理攻势下，冯某终于向我供认他瞒着妻子去贩毒，也承认了是他将装有毒品的手提皮包扔下楼的犯罪事实。

点评：

这个案例再一次证明了审讯前与犯罪嫌疑人交谈的重要性，了解到他的家庭困境后，将他未想到的至亲至爱之人将面临的困境用**深入情景法**一一列举出来，让他感受到不承认罪行的严重后果。

亲情打动法配合**深入情景法**，在审讯中经常会用到，它会将犯罪嫌疑人带到一个他最不愿意看到的情景。正是这种"真实"的画面，使犯罪嫌疑人心理崩溃。

| 第二十九节 |　　**如何击败特殊身份的
犯罪嫌疑人**

　　我们在办案时往往会遇到身份特殊的犯罪嫌疑人，他们或有权有势，或背后有一股力量撑腰，来保护他们的利益不受损害，所以这些人性格傲慢、气焰很盛，甚至威势逼人、猖狂放肆。

我们在对这类犯罪嫌疑人的审讯过程中，要善于把握他们的情绪。这些犯罪嫌疑人有着有恃无恐的心理，认为只要不承认犯罪行为，警察就没有足够的证据拘留他。就算有，他们背后的庞大力量也会通过关系帮他们摆平险境。所以我们要在适当的时候打碎他们的这种幻想。

案例一

2016年9月，一条由广州南到湛江西的高铁铁路工程正在紧张建设中，阳江路段的雅白线旁的铁路铺轨工作却遇到了阻碍。原因是铁轨经过之处有一个鱼塘，鱼塘老板想借征地来发横财，一直都不同意铁路公司的协议。他在鱼塘的围基处请来一些年轻人把守，还摆放了两辆汽车，扎了几顶帐篷拦挡铁轨施工。

阳江铁路分公司的负责人高某因为施工进展缓慢，影响了整体施工进度而经常受上级批评。在9月的一天中午，高某和阳江材料承包方林某组织了阳江本地的十六七个青年，让他们蒙面去鱼塘处清理路障，另外施工队30多个队员在后压阵。这些先期的"蒙面部队"到了目的地后，将在场的年轻人打得四处窜逃，将鱼塘老板手臂打成粉碎性骨折，并将现场的两辆汽车砸烂，推进了鱼塘。

我们接警后马上立案侦查，在有确切的证据后，在事发后的第三天下午依法将铁路主管高某传唤回来。由于铁路项目不仅是国家的重点建设项目，而且它的建设可以保障阳江市当地经济平稳运行和满足人民生产生活需要，所以传唤高某后，自上而下的压力使办案民警畏首畏尾，对高某的审讯也毫无进展。

于是，我来到了办案区，想了解一下审讯的具体情况，却发现犯罪嫌疑人高某在审讯室里正在用手机发信息。我见状马上制止并问在场民警，为何犯罪嫌疑人在审讯期间可以用手机联系别人？

民警回答说，因为犯罪嫌疑人的身份比较特殊，可以让他自己用手机通知家属因何事而被传唤。

我打开高某的手机一看，信息内容却是他与副主管在商量此事的解决方案，最后副主管的回复如下："你的事，不要承认，上层已和当地领导协调了，今晚19时就会放你出来，你放心。"

怪不得，犯罪嫌疑人高某胆子大地在光天化日之下犯罪，对法律毫无敬畏之心，原来是有大靠山，要在审讯中突破他，必须使他感到无山可依，到时他不攻自破。顿时，我脑子里有了一个计划。

我看着审讯桌上放着为犯罪嫌疑人准备的盒饭，就拿给高某说：晚饭时间，别饿着。（像朋友般关心他，总是能让对方产生好感，同时也可为我的下一步计划作铺垫。）

高某：不用了，谢谢。

我自我介绍：我是刑警大队的教导员，也是负责你这个案件的大队领导，一直以来，我和我的朋友们、亲人们都十分希望阳江市有高铁可以通往广州，那样我们无论出游还是办事都非常方便，所以十分感谢你为阳江市作出的贡献。（这是肺腑之言，同时也可让他对我放松警惕！）

高某：这是我本职的工作，谢谢。

我：现在已是傍晚18时32分了，离你认为会释放的时间还有半个小时，但我建议你还是吃饱饭，别饿着。伤者一直嚷嚷说要找媒体曝光这件事，若连媒体都搞不了，就要去北京上访，所以我们不能就这样将你释放。

高某：我不饿，谢谢。

我：这样吧，我也去吃个快餐，等会儿我再回来，看看到了19时，有领导打电话让我释放你不。若没有，到时我们再谈，好吗？（**心理暗示法**，说明若是到时候没有释放他，即是他的领导已经放弃了他。）

高某没有回答，点点头。

为什么我会这么做？因为我知道，犯罪嫌疑人是一个死心眼儿的人，坚信上面领导层的力量大，认为到了19时会放他。在此之前，我说任何话都没有用，不如等过了19时，待他的信心全无时，再寻求突破。

过了半个小时，19时零几分了，我又来到了办案区，见到了犯罪嫌疑人高某，我指着墙上的挂钟说：时间已经过了，我没有接到任何电话，要不，我们再等几分钟？

高某也没有作声。

我也没有再和他交谈，只是仰头静静地望着挂钟，像是无声地对他说，我们不会释放他。（我知道，这时的高某肯定心急如焚、信心渐失，我不会逼他，但随着时间静静地流逝，他会愈发心慌。）

嘀嗒嘀嗒的声音，在静谧的空间里令人觉得不安与漫长，又过了十分钟，高某开始垂头丧气了（心理战的初步成功）。

我见时机控制得差不多了，就对犯罪嫌疑人高某说：虽然，我是十分讨厌那个鱼塘老板的，他想靠这次来发一笔横财，而完全不顾全阳江人的期盼，但你当天的行为的确是犯了法。

高某没有作声。

我接着说：昨天已有人将一些现场图片，包括浸泡在鱼塘里的小汽车、受伤的鱼塘老板的图片放到网上炒到人人皆知了，若是就这样将你释放了，我们就是犯罪了，那个鱼塘老板必定会将我们警察以玩忽职守的罪名告上纪委、告上北京。所以，就算有领导和我们公安局领导沟通了，公安局的领导会冒着坐牢的风险而将你放了吗？（合情合理的分析，说明了不会放他的理由，让他的信心破碎掉。）

高某望了望挂在墙上的钟，点点头表示认同：唉，应该是不会的。

我：你本来在阳江负责的工程进度非常慢，已经是引起你领导的不满意了，这次又惹出这个祸。你想想，你若是处理这件事的上层领导，会不会这么想，不如放弃你，换个阳江的负责人，免得花费精力，又避免让关系密切的市领导强人所难，干脆让你烂在狱中算了。（**心理暗示法**，与其说是让他体会作为高层的换位思考会怎么做，实际上是吓唬他，让他看到最害怕的后果。）

高某细细思考了我这番话后，真的害怕了，问我：那现在怎么办才好？（听到了犯罪嫌疑人问我应该怎么做才好，这个堡垒基本上开始土崩瓦解了。）

我当然不会错过这个机会，马上将犯罪嫌疑人的想法引导到我的思路上来：首先，你要取得伤者的谅解，让他放弃与媒体沟通将事态扩大的念头，高层见事情压下去了，不会对铁路部门造成不良影响了，他们才会帮你。（**主动引导法**，让他看到溺死前的一根救命稻草，同时也是向他说明了，他别无选择。）

高某：领导，但我在这里被关押着，怎么与鱼塘老板协商？

我：这个，到时我们在对伤者核查情况时，自然会询问他的要求，本着和谐社会的宗旨，我也会对你的同事说明你的情况的。不过前提就是，你必须认识到你这次是做得不对（通过一切的铺垫，这才是我引导的最终目的），伤者才会消气。

高某：是是是，领导，这次是我做错了，主要是被上头批评得太多了，一时犯糊涂了。

高某接着供认了事发的前一天晚上，铁路公司阳江路段不同项目的负责人聚在一起商议如何推进工程进度时，提出用暴力手段强行清除路障的计划，及当天指挥的一切细节。

案例二

1998年3月的一天夜里，派出所民警接到报警：在辖区内有几间住宅被人砸烂了门窗，其中有一间还被泼了汽油点燃了，幸好旁边住户发现得早，一边喊一边救火，及时将火救灭了，屋内熟睡的夫妻俩和一个小孩只是受了轻微伤。

后来经过侦查，这几间住宅所处的地方是争议用地，有一家地产公司要用附近一大块地建造商品楼，这几间住宅也在地块范围内。经查阅警情，这几间住宅在这半年内被恶意滋事数次，但动静闹得最大的是这一次，毁财放火，差点就出了人命！

后来通过侦查已查明，这次带头放火的是这家地产公司的经理关某。经传唤，在人证、物证等证据下，关某承认了犯罪事实，并供出地产公司的老总程某才是这次犯罪的幕后操纵策划人。

但是，除了关某的口供外，没有任何证据能证实程某涉案。且程某当时是我市的名人，有钱有势。由于屋主们不断上访，并且此案件在市里影响较大，当时任派出所副所长的我还是将程某作为犯罪嫌疑人传唤回来问话。但程某态度嚣张，说："你们凭什么叫我去派出所？证据呢？是关经理自己做的，与我何干？要我去，也轮不到你一个副所长来请我，要我接受调查也行，叫你的局长来！"

后来，我只好将此事汇报给局长。局长听后，谨慎问了句："请神容易送神难，这次有把握将他绳之以法不？"

我一腔热血地应道："有！只要能把犯罪嫌疑人程某传唤到派出所，我就会让他承认他是这次纵火的幕后操纵者！"

于是，在我立下"军令状"后，局长亲自带领我们办案组再次去地产公司将程某请回派出所问话。局长交代了几句注意事项后就回去了。

程某到了派出所也不入审讯室，就在所里的小会议室中坐着，说是能到派出所已经是给局长面子了，同时也是想主动证实自己并不是外面传闻那样是放火的幕后指使者。

对于这种强势之人，我表面上的态度是非常客气的，亲自冲了杯茶给他，但我心里盘算着该怎样才能攻下这座固若金汤的城池。这种人平时与领导交往多，内心强大，目空一切，我突然想到只有**激将法**才能浇灭他的嚣张气焰。人的思想一乱，口就会随心，不设防。

我笑着对程某说：程总，这泡茶还好不？在我这里算是最好的了，但像你这种喝惯了好茶的老总，这泡茶，你应该是看不上吧。（以轻松的话题作为切入点，这是使他放下戒心的第一步。）

程某哼了哼：还好啦。

我：阳江这么多富豪，我是最佩服你的，因为你之前也是穷人一个，凭自己的努力一步一步成功的。我还听传闻说，你发了财后，也会捐钱给农村老家修路、建学校，对吧？（勾起他满满的自豪感，对我也放下了敌对的态度。）

程某：是呀，当初是只身打天下，也尝过穷滋味，有今天的成就，我不能忘记扶持家乡建设啊！

我：程总你在阳江是数一数二的人物，听说你认识许多领导，厉害啊！（继续恭维他，抬高他张狂的自信心，给他一种高高在上的优越感。）

程某高傲地笑了笑：省里的领导都认识。

我：以你今时今日的地位，你准备开建的楼盘面积很大，那几块争议用地应该就不用和他们屋主去争了吧？（从奉承的话毫无痕迹地转入主题）

程某：哼！我想得到的东西，从来还没有得不到的！我清楚，那些屋和地是政府当初征收用来建垃圾场的地，但后来因为周边的居民反对而成了争议地。我一介入，政府同意不建造垃圾场了，改变用途做商住小区，那几块屋和地当时政府已经给了征收费的，只不过当时的屋主们见地不是政府要用而是我要用，至今不肯搬走，想赖在那里向我要多点钱而已。但我已向政府买了地，我是不会再给钱的。

我：哦，原来如此，那是这几家的屋主过分了。（站在他的立场说出他的观点，让他认可我的话语，放下对我的防备心。）唉，但是由于你地产公司的经理关某已经将你供了出来，这几家屋主都知道是你教唆关某去放火的，我怕他们对你不利啊！（**激将法**，其实程某接触的社会上的人很多，对他不利的是属于小概率的事，但可挑起程某的嚣张气焰，同时也说明了关某已指认他就是幕后操纵者。）

程某有点气愤地说：关某这个软骨头，什么事都干不好！

我：程总，其中有个屋主说，知道你与领导关系好，通过正常渠道肯定动不了你（借他人的口，说出程某自信不会被处理的结果，让程某更有恃无恐地说出他的心底话），所以他就放声说要报复你，你要小心啊。（**编造法+重复用激将法**，从关心他的角度说出的话语，更能使他不知不觉中计，所谓报复一事，纯粹是我自己临场编造的，但这句话能激起程某心底的火与傲气。）

程某听后心头火起，大声说：我会怕他们这几个穷鬼？我用根手指都能捏死他！

我趁热打铁：不怕一万，就怕万一啊！程总，毕竟你叫人去烧他的房屋，他们是会做出对你不利的事的！你要小心啊！（关键转折点，表面上是关心他的人身安全，但话语中已经肯定了他的犯罪所为，并继续运用激将法不断煽动他、诱导他说出真相。）

程某大怒：你去告诉他们，有胆就来动我！他们的屋子就是我指使烧的，他们又能怎么样！这几个人赖在我的地方不搬走，就是想敲诈我的钱，这次烧不死他们，下次他们就不会这么幸运！（这就是我们要在审讯中洞察人性的弱点，犯罪嫌疑人的狂妄，就是我这次审讯的突破口。）

虽然程某已经落入我设的局，承认了犯罪事实，但我继续夯实他的口供证据：程总，你嘴上是这么说的，其实从你支持家乡建设可以看得出你的心地是非常好的。你也是想尽快动工，放火烧他们的房子也是想吓唬吓唬他们尽快搬离，对吧？否则，他们怎么会没事？

程某：嗯，对呀，我的楼盘工期已经没有时间了，我才叫关经理去放火吓他们的。

案例三

2017年10月的一天晚上，我所辖区一家高档夜总会第一天开张试营业，有4个男青年在外面酒吧喝酒喝得差不多后，来夜总会试试新场的热闹气氛。夜总会的保安在门口安检处检查出其中一个男青年携带一把匕首，就要求收缴他的匕首。这几个年轻人见状上前和保安发生口角并动手打了起来。夜总会方认为这伙人故意带刀来闹事，马上组织30多个保安将这几个人拖入大堂殴打。

后来，这伙人的十几个朋友也到了夜总会门口，要求夜总会方马上放了这几个年轻人，双方剑拔弩张，气氛十分紧张。派出所与巡警接到报警后赶到现场，才将双方控制住，并将大堂的几个伤者送到医院治疗。

由于当晚来夜总会消费的客人较多，许多客人已将打架过程用手机录像并传上网，一时间，全阳江市人人皆知。

入院治疗的4个人当中，有两个人的伤势比较严重，伤情鉴定已达到轻伤。经侦查，该夜总会是一家全国连锁店，当晚的绝大部分保安都是为庆祝新店开张而从外省市临时抽调来的，发生斗殴这件事后的第二天都回到各分店了。这给侦破工作带来了难度，经过几天的侦查，有证据显示夜总会副总经理孙某、保安杨某在场指使并参与殴打了那几个男青年。

抓获了保安杨某后，副总经理孙某已逃之夭夭了。由于夜总会连锁店的总老板同时也是一家上市公司的老板，与一些省领导关系非常好，他认为他们的员工是为了保护夜总会的利益才打人的，所以通过关系一直对这个案件施压。但经我们多次向他们公司总部派来的负责人依法教育、解释案件并阐明利弊后，孙某终于回来投案自首了。

但案件的处理并不顺利，据办案民警反映，孙某由于有公司上层领导撑腰，对审讯很不配合，只承认事发当晚在场，但拒不承认在现场指挥和殴打受害者。

大厅的监控显示，孙某之前穿着便服在大厅里吃喝着，后来就入装备室穿上了一套防暴服并戴上了防暴头盔，出来后手持长木棍对大厅的几名受害者进行殴打。

于是，我决定亲自审讯孙某，对于这种有靠山、有背景的犯罪嫌疑人，我必须在审讯中挑明这种关系，让他认为我是迫于上层的压力而帮他解决问题，从而使他相信我的劝导，这就是这次审讯的策略了。

我开门见山地对孙某说： 你回来投案自首是好事，但你不如实供述，只能叫投案，不能算自首，那从法律的角度来说就不能从轻处理你。（**法律说法**，让他明白自首与投案的区别。）

孙某： 我刚才和你派出所的民警都交代清楚了，我是在场，但我没有指使，也没有打人，我只是听说你们找我，我才来配合你们工作的。

我： 这几个社会青年，经常在酒吧喝酒闹事的，你们那天的强势，他们是没有遇到过的，这给了他们一个教训；从另一方面来说，你们做得非常好，不像有些酒吧，经常有人捣乱。这一次，你们打出了声威，相信以后都没有人去你处故意捣乱了。（从他的角度来赞许他们那晚的做法，使他对我产生好感。）

孙某： 是的，那天晚上的那几个年轻人就是故意带刀去场里捣乱的。

我： 但是我认为，打人始终是不对的（不说"打人是犯法的"等敏感字眼，让他放松戒备心），相信夜总会大厅的监控，作为内部主管的你也看过，你穿上防暴服后参与打人，并在大厅里指挥其他保安去打那几个年轻人。

孙某： 我也知打人是不对的，但那晚的那种情况下，不打趴下他们也是不行的，当时场面也是有点失控了。但我没有去指挥保安打人啊，我在劝架，而且视频中那个穿防暴服打人的也不是我。

我： 虽然视频中看不到你的脸，但你穿防暴服后露在外面的部分衣服、你的裤子、穿的鞋、身高体态都和你当晚衣着特征完全一样，经你夜总会的员工辨认，视频中穿防暴服后参与打人的就是你（亮出部分证据，给孙某压力），但不管怎样，这件事情已发生了（说这件事情，而不说这个案件，是让他思想上放松），到现在也要有个处理结果，对不？

孙某：这个事情到如今，是要有个结果了，所以我们公司也与伤者和解了并支付了赔偿金。

我：你知道我们为什么会去找你吗？

孙某：不知道。

我：这件事情的几个受害者都指证你在场参与指挥和殴打他们，我们也做了笔录，做了对你的人像辨认，所以我们才会去找你。（继续对孙某施压，让他明白我们是有足够的证据来处理他的。）孙总，这件事情，你们的总老板也和我们的局领导打了招呼，想要通过投案自首这种方式来从轻处理你（说到人情关系这种隐蔽的点子上，让他知道，他的总老板已经为他出面，让他吃个定心丸），所以我才和你敞开心扉来说话（这种交谈方式，就像是个朋友去帮他解决一个难题）。

孙某：多谢你们，有劳你们了。

我：因为受害者的笔录指证你是铁板钉钉的事，已是不能更改的，若不是看在你总老板的面上，我们已经对你上网通缉了。（**给予生机法**：①因为他知道总老板的能耐，所以继续搬出他的总老板这张牌，使他明白如果没有这股力量，这个案件的后果是非常严重的；②同时也侧面让他知道我们完全有证据将他绳之以法，重挫他的底气；③还有反映到他脑子里的是，因为他老板与我局领导的关系，我是在帮他。）倘若到了那种情况，你就没救了，你明白吗？

你以后要好好多谢你的老板！

孙某连连点头： 我明白，我十分感激老板为我做的一切。

我： 你明白大家都为解决这个事而做的努力，但你公司与受害者签的调解书有个非常大的漏洞，这个漏洞会使你得不到从轻处理。（**主动引导法的铺垫**，表面上看为了他可以从轻处理着想，实际上却是回到了我设计的审讯方案上来。）

孙某： 什么漏洞？

我： 你公司与这几个年轻人签的只是对他们被打这件事的谅解，对不对？

孙某： 对呀，有什么问题？

我： 我们抓的又不是公司，而是你个人，所以对方的调解书上一定要注明，他们是对你和保安杨某那晚的行为造成的伤势谅解，否则我们只认为他们只是对这件事表示谅解，而不是对你和杨某，那么你和杨某就不会被从轻处理，你明白吗？（**主动引导法设置的内容**，并从**法律说法**的角度将事情说到点子上，并循序渐进地进入主题，让他认为我完全是站在他那一边去帮他解决问题的。）

孙某点点头： 对，明白明白！

我： 所以，你必须对当晚你的行为如实说，才算是自首的从轻情节，有了这份受害者对你的谅解书，再加上你是来投案自首的，以及对这个事的一种悔意态度，我相信，对你是会从轻处理的。这才不会辜负你总老板的心意呀。（**给予生机法**，不管怎么说，以他认可总老板的能力作为他的突破点是最好的，这是**主动引导法的结果**。）

孙某： 我明白了，谢谢你。

然后，孙某就对那天发生在夜总会他指挥并殴打那几个男青年一事如实供认了。

对于审讯，应根据不同的情况用不同的方法，对特殊人物也要用到特殊的计策。世间没有坚固的堡垒，只有无穷的策略，我们要牢记这句话。

点评：

这三个案例，主角都是有特殊背景的人物，他们平时自信心满满，认为任何事都可以凭强大的关系网摆平，对付这种人：

（1）利用案件的特殊性，在适当的时候用法律的力量打破他们的心理防线，使他平日里引以为傲的势力关系在审讯室里荡然无存。

（2）利用他认为可以凌驾于法律之上的心态激发出他的狂妄，套出他们"就是我干的又怎么样"之类目空一切的话语。

（3）利用他与领导关系好，告诉他领导已和我们打了招呼，让他感到我对他所说的、所做的都是为了他着想，一步步将他引到我需要的方向上来。

｜第三十节｜　直击灵魂的审讯

直击灵魂是指通过谈话有针对性地进入他的思想、精神等领域，让某些话、某些行为触动他的心灵深处，使他彻底审视、改变自己以往错的行为。

有时候，直击灵魂的谈话式审讯会彻底改变一个人的人生，勾起他内心的道德感，重塑对自己行为、意图或性格好坏的认识。语言就是这么奇妙，我在2019年1月遇到的一个警情救助更是彰显了语言的重要性。

案例一

那一天中午，有一个20多岁的女孩和朋友在市区三环路的"东平鸡饭"餐厅里吃午餐。吃完后走了不远才发现手机还遗忘在餐厅的桌子上，急急忙忙地回到餐厅，却发现手机不见了。这时，邻桌用餐的食客告诉她，刚才有一个美团外卖的送货员拿走了她的手机，于是她马上拨打了自己的手机，却是关机状态。

女孩报警后，派出所民警找到了美团外卖的经理，了解到当天中午那个时段只有一个姓柯的外卖员到那间餐厅取过外卖。经理马上找到柯某一起到派出所，柯某承认当时去过餐厅拿外卖去送货，但矢口否认拿了女孩的手机。

于是民警带着他们几个人一起到用餐地方，仔细查找了几遍，餐厅里外都没有视频监控，无法证实这个说法的真伪。民警也搜查了柯某在单位的保管箱及他所乘坐的送货摩托车车厢，都没有发现女孩的手机，民警只好又将他们带回派出所。

在派出所里，那女孩都急得不得了，说手机里面有许多重要相片和资料，并对柯某说，想用钱来赎回手机，但柯某都一口咬定没有拿走女孩的手机。

不能解决的案件，值班民警总会向我汇报，于是我了解了事情的来龙去脉后，也单独对柯某做了一个交谈式的了解。了解到柯某的父母是农村的，他从小就一个人出来去工厂打工养家，前年成家，老婆没有工作在家里照顾小孩，生活过得比较拮据。

和柯某聊了一段时间后，我说：你看看那个女孩，急得快要哭了，手机里面的资料对她非常重要。

柯某：我看得出，但我真没拿她的手机呀。

我：你这种行为属于民事上的侵权行为，属法院管辖范畴的，就算我们有证据，也不能把你怎么样（**法律说法**，坦诚告知，让他明白我和他说的是真心话，并且让他知道他的所作所为是非常轻的），我只是帮那个可怜的女孩，手机对你来说，不值几个钱，但对那女孩来说，却是重要无比的，你想想，对不？（勾起他的同情心，同时让他觉得有一种做好人好事的责任感，及对做坏事的内疚和悔恨。）

柯某：我知道，若是我拿的，我会还给她的，但我真的没有拿走她的手机。

我：你是从农村出来的，你和你的父母一样，都是善良耿直的人，不应该为了一点小利就将你的正气磨灭掉。（称赞他是一个有正气的人，为下面的谈话作铺垫。）

柯某：我在美团做工的第一天，经理就对我说了公司的规定，说美团的人一定要正直，不可以拿客户的东西，不可以让客户投诉，轻则罚款，重则开除，连保证金5000元都要没收。我去年还帮你们警察追过贼呢，你说我怎会做拿别人手机这样的事呢？

我：你在美团做了多久？

柯某：做了三个多月。

我：觉得这份工作如何？

柯某：比之前在工厂做要好，只要勤劳点，一个月赚8000元至10 000元没问题。

我：那这些工资够养家糊口不？

柯某：够。

我：你的养家糊口只是解决了全家人的生活及温饱，但你是否想过你这种行为会导致你的私欲膨胀，人一旦有了贪念，有了这一次，你就会有下一次，以后你的正气就会消失。（从谈话中得知他是一个有正气的人，那么我就要让他明白到贪念的可怕，有了第一次必定有第二次及无数次。）

柯某：我明白。

我：进一步来说，你平日里的所作所为、你的心术正不正会潜移默化地影响到你的下一代。你有一个贤妻良母，正在家中谆谆教育着你的儿子，希望他长大后成才，你这一代穷点不要紧，关键别让你的行为影响到你的儿子，别让他也是一个心术不正的人。你要知道，父母的言传身教对孩子的成长是最重要的（反复地说到他的行为会影响到下一代，这也是一种**亲情打动法**）。拾金不昧是我国的传统美德，这种美德就要让下一代传承下去。

柯某：嗯嗯，我知道。

一番谈话后，柯某一直都没有承认手机是他拿的，我也只好让他回去了。

这次攻心战失败了，使我对这个女孩的指认有了动摇，也使我对自己的审讯水平产生了怀疑。当晚，我反复想着，总结着失败的经验，心想，若是再遇到类似的审讯对象，还有什么方法可以令对方投降。

第二天9点左右，我在办公室里办公，楼下的民警打电话说有人找我，我说我在办公室，一会儿门推开了，我一看，居然是柯某。

柯某手里拿着一部手机递给我说：所长，这是那个女孩的手机。我觉得你昨天说的话好有道理，我们作为成年人，就应该有正气，为下一代树立好的榜样，昨天我做错了。

我接过柯某交来的手机说：今天你做得很对，我一直都觉得你是一个正直的人。我就想问你一句，昨天你为什么一直否认说不是你拿走的手机呢？

柯某：自从你们调查这个事，经理陪同我到派出所、到现场，我从一开始就对经理撒谎说手机不是我拿的。我之前同你说过，美团公司的制度是非常严格的，我拿别人手机这种行为，肯定要被开除的，包括保证金5000元按规定都会被没收，所以我不敢承认我犯了错。

我：那你今天就不怕被公司处理了吗？

柯某：昨夜我想了一晚上你说的话，觉得你说得非常有道理，我要树立作为父亲的榜样，言传身教，要在家庭中起到模范作用，我不能因为我的过错而影响到我儿子的将来。昨夜整夜失眠，心里非常难受，非常自责，我宁愿受公司的处罚，因为就算公司要开除我，我还可以去找另外的工作，但今天我不来，以后都弥补不了我的错。

我：知错能改，善莫大焉。你做得很好，相信你会为你的儿子树立一个好的榜样，也相信你儿子将来是个有出息的人。

柯某：谢谢你昨天对我的教诲！

我：嗯嗯，手机我会交还给事主的，你的事我也不会对你公司经理说的，因为你今天的行为表现，也使我感觉到世界还是美好的。

案例二

2017年3月，一名广西籍的犯罪嫌疑人蒋某因涉嫌盗窃被刑警大队抓获了。蒋某有因犯盗窃罪坐过几次牢的经历，有丰富的反审讯经验，是个狡猾的"硬骨头"。

对于这种"几进宫"的惯犯，要如何在审讯中找到他的突破口？正常的审讯方法应该作用不大，只能在与他交谈并了解他的人生、家庭、性格等信息后才能从中找出他的突破口，知彼知己，百战百胜！

我和他交谈，先从他之前的工作聊开，聊起他的家庭、理想等（通过交谈，了解他的性格、爱好、抱负等，从中找出他的弱点，

为下一步的审讯寻找突破口）。我了解到他曾经吸过毒，但戒掉了，是一个非常孝顺父母的人。

于是，我心里马上制定了一个审讯策略，对他说：看得出你父母对你的期待，望子成龙是每个父母的心愿，虽然你做了错事（不说"犯法"之类敏感的字眼），但你还年轻，还可以有美好的未来。

蒋某只顾抽烟，没有回应我。

我接着说：我身边的一个朋友，姓邓，之前也和你一样染上毒瘾，后来也戒掉了，他给自己定下目标，努力创业。每天早上6点多钟起床，从去别人处打工到自己开铺，从一贫如洗到现在有别墅有豪车（**编造法**，编造一个和他身份、遭遇差不多的创业者，来激起他的理想与斗志）。你再看马云，他之前也是一个穷光蛋，怀着理想，天天坚持学英语。之前他到肯德基餐厅应聘都惨遭拒绝，但由于他的努力，不忘奋斗初心，结果他也从清贫奋斗到首富（**列举法**，用名人事例给予他希望，让他看到只要肯努力，成功的奇迹是可以发生在一个贫穷的人身上的）。你连毒瘾都可以戒掉，可见你的毅力，相信你将来一定会成功的。（赞扬他，使他相信他自己也会有一个美好的未来。）

蒋某摇摇头没有说话，像是对自己未来的人生不确定。

我：你这几次都是因盗窃坐牢，你想今后的人生就这样下去吗？你父母是非常正直的人，如果知道你每月交来的生活费是偷来的，他们肯定是非常生气的，是绝对不会收下这些肮脏的钱的。（**亲情打动法**，针对他孝顺父母这个特点去教育他，并且故意说到"偷""肮脏"等字眼，增加他对父母的内疚与羞耻感。）

"唉！"蒋某沉重地叹息了一声。

我知道蒋某的心灵已经被触动了，这证明我的方法可行，于是我继续用亲情打动法进攻：做人就要堂堂正正，就像外国的有罪之人到教堂去悔罪一样，只要你认真悔改，上天是会给你机会的。你是想做现在每天担惊受怕的你，还是做一个在父母眼中有一番事业的你？（**反问法+亲情打动法**，使他想到现在的困境与曾经理想抱负的巨大反差，狠狠击中了他的心扉。）你是想做一个令父母羞耻无颜见人的你，还是做一个让父母引以为傲的你？（继续**反问法+亲情打动法**，表面上是在反问他，但实际上是将他悔恨的情绪推向高潮，因为善良是人的本质，每个人心理上都会自动排斥丑恶、肮脏的行为。我们在审讯过程中找弱点的同时，也要让他良心发现。有时候，良心就是他的弱点。）

蒋某听着听着，情绪再也控制不住，痛哭流涕起来。（彻底打动了他，眼泪是洗涤心灵的源泉，人只要哭出来，就意味着他的心理防线完全被击破了。）

他对我说：我明知交代得越多，我会被判得越重，但我听完你这番话后，我不在乎了，只想将我犯的错彻底讲清楚，重新做人！

我：好！你以后一定会发达的，也会成为你父母眼中值得骄傲的人！（肯定他的选择，鼓励他的志向，使他更加坚定地向我坦白。）

蒋某擦干眼泪说：我们开始吧，只是我作案的地方太多了，忘记了有哪些城市的名字，你将广东省的城市名一一说给我听，我会告诉你，有没有在那里偷过东西。

于是，我就拿出手机，打开搜索，将我省21个地级市及部分县级市一一读给他听。他每听到一个城市就会回答我，将他在这个城市的什么位置、哪一天、晚上还是白天、是小区还是家庭屋、怎么入屋的、屋里面的布置如何、偷了什么东西都详详细细地讲出来，将流窜到我省11个市的23宗盗窃案全部如实交代了。

最后，他微笑着对我说：说出了自己做错的所有事，心里真的好轻松，谢谢你。我这次坐牢出来后，一定痛改前非，做一个堂堂正正的人，再也不会干违法的事了。如果我真的在事业上成功了，赚了钱，我一定会找到你请你吃个饭！

点评：

在这个审讯案例中，首先，我知道他是一个"三进宫"的老手，有着非常丰富的反审讯经验，是个典型的顽固派，常规的方法攻不下他，于是我在审讯前奏的"闲聊"阶段寻找"攻击点"。

我从交谈中发觉他是一个孝子，有坚强的意志。这种人的自尊心非常强，有着对未来美好生活的向往。于是我选了一个使他心理彻底崩溃的战术，从而使他下决心将犯罪事实彻底交代，重新做一个堂堂正正的人。

我认为，要使犯罪嫌疑人对未来美好生活充满希望，要从几方面来说服他：财富、家庭、责任、后代、羞耻感。其实，每个人都有软肋，只有找到了，你才有机会去突破他的心理防线。

| 第三十一节 | 用尽天时、地利、人和等一切因素

天时是指古时作战时的自然气候条件，地利指古时作战时的地理环境，人和指古时作战时的人心向背。

而我在审讯中的天时是指天气、时机，地利是指环境、条件、地域性，人和是指上下左右的人际关系。

下面我列举几个案件来说明天时、地利、人和的运用在审讯中的重要性。

人和

扒窃案犯与盗窃案犯有相同之处，大部分都是胆大心细的惯

犯，有犯罪前科。这类罪犯（尤其是扒窃犯的审讯难度很大），因为盗窃犯通常会留下指纹、DNA等证据，或会被事主现场抓获。

扒窃一般以团伙为主，由于损失的财物价值较小，许多受害人没有来派出所报案。若犯罪嫌疑人当场被事主发现，其他的团伙成员都会一拥而上帮他脱身。可以说，这类案件中，基本没有证据去指证犯罪嫌疑人，都是靠审讯去突破。

民警们对这一类"顽固派"毫无办法，因为这类犯罪嫌疑人在长期的犯罪过程中磨炼了胆量，所以和他们较量要创造机会，抓紧一瞬间的心理良机，毕竟人都是有弱点的。

案例一

2013年的夏季，市公安局接到很多群众在阳江网络问政平台和12345市长投诉热线的投诉，在县区乡镇短途公交车里经常有扒手作案，许多受害群众质疑阳江市的治安。市公安局局长非常重视，专门对此系列案件作出指示，要求江城公安分局限期破案。

经江城刑警大队侦查，有一伙人时分时合，长期活跃在市区汽车总站，且都有扒窃前科，反侦查能力较强，只在车站的监控盲区或车上作案，但目前没有任何证据证实系列案件是这伙人犯下的。经研判分析，只要这伙人出现必定有扒窃案件发生，所以虽然没有确切证据，但由于破案期限将到，专案组民警还是将这5名犯罪嫌疑人传唤到所。

由于没有证据，也没有目击证人作证，又不是在作案现场抓捕的，况且这伙人都是曾经被判过刑的惯犯，知道怎样才能应付我们，所以这伙人在审讯时都矢口否认。眼看传唤时间就要到了，如不能审讯突破就只能放人了。

那个时候，我从南恩派出所调到刑警大队担任教导员才三天，与原派出所同事就一些案件、审计等工作还在交接当中。在新的岗位上，因为许多事情也还在适应当中，所以刑警大队长并没有叫我参与这个案件的抓捕与审讯工作。

记得那天下午，见同事们都在忙着，我就问刑警大队其中一个副大队长发生什么案件了。副大队长满脸愁容地对我说起了这个案件的经过，并说从传唤这伙人起到现在，传唤的时间就要结束了，但还未突破任何一个犯罪嫌疑人。

有这等事？我进入办案区观看民警们的审讯，发觉许多审讯民警都是"程咬金三板斧"后就没有招了，或在审讯室里干坐着不说话，久久唬上一句："你想清楚了吗？"

犯罪嫌疑人回答："就是没有干过！"

于是，民警又在椅子上一言不发地坐着，有的民警甚至在玩手机。

我边走边寻思，怎样才能突破至少其中一个犯罪嫌疑人？这时我发现有一个犯罪嫌疑人比较眼熟（犯罪嫌疑人在审讯室里，就算是咬定不承认他的犯罪行为，但心里都是像热锅上的蚂蚁般焦急，看见熟人都会像溺水者手里要抓紧水面上的稻草一样盼望着生机），于是我就停留在审讯室里和犯罪嫌疑人满脸笑容地打个招呼。

果然，那个犯罪嫌疑人马上对我喊了一声：叶所，你在这里上班？

我：对，我刚调到这里几天，我看你挺眼熟的，就是一下子忘记在哪儿和你认识的。（真实的话让他觉得我不虚假）

犯罪嫌疑人：我是双捷镇人，叫黎某。你之前在双捷派出所当所长时，我就认识你了，只不过和你这种大领导联系少。

我见拉上了关系（人与人之间的关系，就是天时地利人和中的人和），就对他说：哦，怪不得见你有点眼熟，本来你这个事（不说是扒窃、偷东西这种使他听起来不舒服的话语）就不是大事，又不是杀人放火打劫什么的（将他犯下的罪行与杀人放火等恶性案件相比较，减轻他的罪恶感），只是车站里有旅客被你们从包里拿了手机，就去投诉，所以我们必须要向他们交差。

黎某：我真的是没有拿别人的东西，可能是他们拿的吧。

我：你这么说就有点麻烦了。你知道，同时抓了你们好几个人，如果没有证据，我们是不会去抓人的，对吧？现在是从重或从轻处理的问题了。刚才我听局长在商议这件事时提到，有些承认了的，准备从轻处理，但你到现在都没有承认，肯定是从重处理的。（编造法，话中侧面反映了他的同伙已经供认了犯罪事实，侧面的话语比直接说"你的同伙已招认了"更易使人相信，这也是下套问法的铺垫。）

黎某情绪有些不安，但没说话。

我接着说：就算你是现在承认，我想局长也不会对你从轻处理了（兵不厌诈，反常规说出你的口供不重要了，侧面再一次证明有同案犯招供了，相关的证据也确凿了，那么犯罪嫌疑人的压力就来了，这是**下套问法的设置内容**），因为这件事总要找人去承担。

黎某开始紧张了：那怎么办？

我：除非你认识公安内部的领导，他又肯为你出面（**给予生机法**，让犯罪嫌疑人点燃从轻处理的希望）。

黎某：那你帮我和局长讲讲情？

我：说实话，我和你又不熟，我不会帮你和局长说情的（**下套问法设置的内容**，我所说的不帮他，是以退为进，更加证实我刚才对他说的话是真的），只是见你是双捷人，我才和你说这番话，如果你认识其他公安民警，到时我叫办案人员让你打个电话给他，我也只能是帮到这里了。

黎某急忙地说：哦，我认识公安分局的张某、××派出所的赵某。

看来，犯罪嫌疑人已经完完全全相信我的话了，即他已经相信我们不需要他承认都有证据可以处理他，这就是我的策略。

时机到了，我乘胜追击地说：但如果你什么都不承认的话，局长对这种认识不到自己错误的人是不会放过的，谁去说情都没有用（**下套问法的结果**，所有的铺垫与设置的内容都是为了让他承认犯罪行为这个最终目的）。

黎某果然中计说：我真的只是和他们去做了两三次，分的钱又不多。

之后，黎某就将这伙人的分工、如何互相打掩护配合、如何将扒窃的财物销赃等——交代清楚了。

点评：

所谓人和，是审讯当中的一种方法，因为刚被抓的犯罪嫌疑人都希望从法律角度从轻处罚，对可能出现的希望，人人都会抱有幻想，这是人的天性。

所以在审讯中问及他是否认识公安内部的人，并且表示可以让这个内部的人来帮忙时，绝大部分犯罪嫌疑人都会心存希望，从而落入我设下的圈套。

地利

我也试过利用地域性特点（这也算是**地利**的一种）来突破审讯，不管用什么方法，有用就行！

案例二

2016年7月，刑警大队破获了一宗网络诈骗团伙案。除了抓获5名电白县的犯罪嫌疑人外，同时还抓获了阳江市本地犯罪嫌疑人钟某。这个年轻的钟某在犯罪团伙中是专门负责取钱的，即诈骗成功后，他就会收到诈骗分子的指令，利用在网上购买的无记名银行卡到银行的ATM机来提取现金。我们警察内部称这种角色为"车手"。

由于这个团伙作案的每个环节都是单线联系的，证据方面非常薄弱，这就需要在审讯中各个击破。当时主审的刑警汇报说，钟某对当"车手"取钱一事根本不肯承认，请我来审审他。

我了解了整个案情后，心里马上制订了一个审讯策略，那就是利用犯罪嫌疑人钟某是阳江本地人这种特殊的地域性来突破他！

我一入审讯室，故意用阳江话和钟某打了个招呼说：抽烟不？

钟某：抽，谢谢。

我递过去一根烟装作惊讶说：咦，你是阳江人？

钟某：嗯，我是阳江人。

我：哎呀，你怎么帮外地人骗自己阳江本地佬的钱呢？（强调地域性，灌输相对于外地人，我们才是一家人的理念。）

钟某：我又没有去骗钱。

我：我知道，但你帮他们也是不对的，若是我们这次不抓他们的话，始终会骗到你亲人头上，对不？

钟某没有作声。

我：你每个月有没有给父母伙食费？

钟某：有呀。

我：那你的父母知道你给的伙食费是骗阳江本地人得来的吗？

钟某摇摇头，没有作声。

我装作有点激动地教训他：你每次帮电白仔拿钱（不说是取赃款，免得令他反感），报酬才那么一点点，大部分的钱都给了他们，你把阳江本地的钱都给了他们，便宜了这一伙电白仔了，你还配做阳江人吗？你怎么会做这种"手指掰出不掰入"专坑阳江人的事呢？若是被你父母知道的话，肯定被你气死！（用**阳江本地的土话+连续反问法**去骂他，突出他是阳江人的叛徒，从心理上制造犯罪嫌疑人的不安情绪。我故意去冤枉他，夸大他的罪行，使他从心理上有种急于证实自己"清白"的欲望。）

钟某被我的"正义话语"教训得有点着急了，脱口而出：不是全部都是阳江人的钱，阳江本地被骗的只有一两个，大部分都是外地的（只要犯罪嫌疑人一开口，心理防线就随之破了）。

随后，钟某就将当"车手"一事详细地交代了，整个审讯突破用了不到4分钟，这就是刑警队的民警称我为师父的原因了。

有时，面对审讯时的变化，不能按部就班、一成不变，要跟着变化开启新思路，天时地利人和也好，三十六计也好，只要审讯目的达到了就行！现在我再举一个利用地点（地利）来审讯破案的案例。

案例三

2015年秋天的一天深夜，岗列城郊辖区发生了一宗命案。一个16岁的高中生谢某在偏僻的郊区被人砍伤后经送医不治身亡了。经现场调查，报案人是4个学生，也是他们送死者去医院的，和死者是同届不同班的同学。

据这4个报案人在派出所录的口供，当晚死者谢某和其中一个报案人因为在网上群聊时发生矛盾，于是双方约到郊区偏僻处"约架"。这4个报案人被谢某和谢某的几个朋友打了一顿就跑了，过了20多分钟，这4个报案人又回到约架处，发现谢某浑身是血倒在地上，于是不计前嫌送谢某去医院后又打110报警。

后来通过死者谢某的手机找到了死者的两个朋友，印证了的确有约架、打架这回事。当时谢某和朋友持刀棍打跑了报案人后，就各自乘摩托车一起去吃夜宵。途中，谢某对朋友说在打架现场好像掉了家里的一串钥匙，要回去找找。朋友们想要和他一起回去被他拒绝了，于是朋友就先去一处夜宵档等他，后来打电话给他，见他没有接电话，以为他回家睡觉了，于是朋友们吃完夜宵就各自回家了。

报案人是这个案件中最大的嫌疑人，因为只有他们才是死者的仇人，有作案动机。

我看了口供，总觉得有些地方有疑点，为什么这几个报案学生被打后又回到原地？

若是报案人干的，他们赤手空拳又如何用刀将死者砍死？

于是，我在派出所里分别对这4个学生进行短暂的问话调查，都没有进展，但我发觉其中一个姓许的学生明显说话有点急促，语速较快。（**观相法**，这种人的思想未成熟，急于表达他想说的情况，相对其他人来说，心理防线易突破。）

我心想，派出所的办案区里只有两个审讯室，所里办公的地方也不大，可以说，这4个学生说话大声点都能互相听到，那么他们的心理就容易形成一个坚固的气场，不利于审讯突破。我决定分散他们，带离一个人！

将犯罪嫌疑人带到哪里审讯好呢？

为了弄清案件的事实真相，我认为最好的审讯地点莫过于凶案发生地！

于是我和办案民警以指认犯罪现场为理由，将许某一人带离派出所，到了凶案现场。深夜的寒风吹来，带着浓烈的血腥味，面对血迹斑斑的黄泥地（**地利**的作用，独自一人，深夜被带到一个凶杀现场，我相信胆子再大的人也会被吓到，何况是一个涉世未深的学生），果然，孤立无援的许某捂着口鼻开始慌张起来。

我对许某非常严肃地说：我相信不是你砍死他的，但你也逃脱不了干系（从许某表现出来的肢体语言来判断，他是一个性格胆小的人，而且死者是被人用刀砍死的，他并没有携带刀具，应该只是参与人）。你认真看看地上这几摊殷红的血，这里3小时前死了一个人，这个人是你的同级同学，但他以后再也不会笑、不会哭、不会读书上课、不会服侍父母、不会照顾弟妹了！他将化成一具腐烂的尸体，深埋地底了（**心理暗示法**，强调凶杀现场阴森的气氛，使他想到死者由一个活生生的人因他而变成一具腐烂的尸体，让他从心底里害怕起来，从而使他的情绪崩溃）。

许某"哇"的一声马上哭了出来：对不起！对不起！

我乘胜追击：你听听这周边呜呜叫的阴风声，这是死者谢某死不甘心的哀号，你听到他在对你诉说什么吗？（勾起他的恐慌心理，使他产生一种死者因他而死，以后会冤魂不散地缠住他的恐惧感觉。）

许某十分惊恐地用双手捂住耳朵，连声说：我不听！我不听！我说了！我说了！

然后他马上就将案发经过全部交代了。原来，他们被打跑后，就打电话给现场附近居住的朋友赵某说他们被人打了，赵某就从家里拿了两把菜刀约他们回到现场，刚好碰到谢某回现场找钥匙，于是五个人围着谢某追打，以致谢某被他朋友赵某用刀砍死。

点评：

这个案件说明审讯的多样性，根据不同情况，如案件中的学生，他们大多是涉世未深，若在血迹斑斑的现场（**地利**）去审讯，利用犯罪嫌疑人在凶案现场的视觉、嗅觉、听觉全方位刺激他的神经系统，绝对会对他的心灵造成强烈冲击，使审讯效果事半功倍！

像这个案件一样，有些案件难以突破的时候，换一个环境去审讯，会收到意想不到的效果，也有一些犯罪嫌疑人在局里的审讯室未交代的案情，在看守所的审讯室反而会老实交代。

天时

天时，实际利用的是一种心理暗示手法，就像有一个人在街上抬头往天空看去，那么周围的人也会往天空的方向看去，这是一种心理引导。

如果你去探访一个独居的朋友时，当她开门时，你故意躲开她的目光，往她的背后看去，绝对会吓她一跳！接着你若当她的面多次往关上的房间门缝里低头看，尤其是在晚上，你的朋友绝对吓到花容失色。

我在平时空闲时间经常会和同事们讨论案件，讨论审讯，希望

从中可以学到更多的刑侦知识。有一次和老刑警冰姐谈论起审讯方法的多样性时，她说过利用当时的天气（**天时**）审讯成功一个凶杀案中的犯罪嫌疑人。

大约在2011年，当时有一个11岁的男孩在郊区的一个水库里被人发现死亡了，尸身上还套着一个大布袋。通过侦查发现死者的母亲有非常大的嫌疑，因为犯罪嫌疑人是女性，所以冰姐也参与了审讯。在对犯罪嫌疑人的审讯中，她一直都不肯承认自己杀死了儿子。

在审讯中，天空中刚好下起雨来，一时间电闪雷鸣。冰姐马上对犯罪嫌疑人说，你看，你不承认是你杀死你儿子的，上天马上大怒，你敢跪在地上对天发誓吗？小心遭到报应，雷公会打死你，闪电会劈死你，到了那个时候，阎罗王直接抓你落到十八层地狱，每分每秒都惨遭剥皮、火烧等酷刑！

那个犯罪嫌疑人是个农妇，平时就十分迷信，一时间被冰姐吓得惊慌万分，很快就承认了因去算命，算命佬说她儿子是她的克星，所以将儿子杀害的罪行。

在2019年7月，市公安局收网一个以余某为首的犯罪团伙，该团伙在15年前牵涉一宗命案积案，该案件影响恶劣，犯罪团伙人数众多，是一个长期未侦破的恶性案件。市局、分局抽调精干力量组成专案组，我作为专案组成员，任务是对一名重要的犯罪嫌疑人陈某实施抓捕并审讯，也是唯一被抽调去办案的派出所所长。

我带队顺利抓捕了犯罪嫌疑人陈某后，在审讯室里，我了解到陈某未婚，这15年来东奔西走无固定职业，生活十分贫困，于是我利用"**天时**"来审讯他。我说的这个"**天时**"不是天气，而是围绕他这么多年来的生活潦倒做文章，说他当时犯下大错遭到天谴（**天时**），所以运气长期不济，是上天在惩罚他，他听后十分感叹命运安排，心理的防线也随之打开了。

后来在审讯中得知陈某多年来晚晚失眠一事，看来，"失眠"就是他的心理弱点。然后我对他分析当年的案件，是由于他年轻气盛、聚众斗殴犯下的错而导致朋友死亡，从而心里长期内疚不安，继而对夜夜失眠一事进行心理开导，解开他多年来的心结，也顺利地审出了他当年的犯罪行为。正是由于他详尽的供述，使15年前命案发生的起因、经过与结果的案情脉络非常清晰。

审讯，我们最怕遇到的不是狡猾的几进宫的惯偷，而是不开声、不理睬、不应答你的犯罪嫌疑人。

审讯，如同攻城，只要有空隙，就有进攻的机会，但这种连应答都不应答的犯罪嫌疑人心里就像是一个坚固的堡垒，没有缝隙，让人不知如何去攻破。

但进攻的策略是多样性的，要打开审讯对象紧锁的心，一切法子都要用上，包括利用**天时**与**地利**。

案例四

2016年的夏天，一个在市区某酒吧当舞者的年轻女子林某（阳西人）已经好几天没来上班了，薪水没有领，手机也关机了，家人与好友都联系不上她。于是林某的好友兼同事张某就到派出所报警求助。

我和辖区派出所民警来到了林某在阳江市区租住的地方，发觉林某平常穿的衣服都在，旅行箱也在，不像是离家远行的样子，尤其是家里还养着一只宠物狗，在笼子里饿得奄奄一息了。一个爱狗的人身上是绝不会发生这种事的，所以我当场就判断，林某可能遭遇了不测。

记得之前有个男子也是发生类似失踪的情况，他家里人以为他被骗去了传销组织而报案。后来我调查了那几天的交通事故及住房记录都没有信息，直至我查询了违法人员记录才发现他因嫖娼被行政拘留15天，因为羞愧故意报假地址不让我们通知家属。

林某这个失踪事件，我们也同样去查询了相关的公安系统，没有任何发现。通过调查，她没有男朋友，但非常喜欢小狗小猫。同事张某反映曾于四天前的中午打过电话叫她一起吃饭，她说要去见一个养宠物的网友，到下午林某就关机联系不上了，张某还以为她回了阳西老家。

张某还说林某常穿的一双拖鞋也不在屋里，应该就是穿去见网友了。若是如此，她对这个网友毫无戒备心，结合这几天的杳无音信，林某凶多吉少。

我们通过出租屋拐角的监控调取了四天前的视频，发现当天中午约12时，林某穿一件淡蓝色的上衣和一条牛仔短裤，脚上穿一双拖鞋上了一辆营运摩托车。后来我们通过一路上的监控追踪，在市区实验学校的门口，发现她和一个开女式摩托车的年轻瘦弱男子短暂聊天后，上了那男子的车走了，一直追踪到城南新区的一条小路上便不见踪影了。

通过查找到的摩托营运员了解，那天中午的确搭过一个女子到实验学校门口，听到那个男子对女子说要送她一只小狗，后来女子就跟男子上车走了。后来通过辨认，摩托营运员证实他当时搭的就是林某。看来，最后接触林某的这个男子有非常重大的嫌疑，或拘禁或杀害了林某。

通过大量调查，确定了这名男子的身份和住处后，刑警大队民警一天上午将这个只有22岁的男子施某传唤回来。这时离林某失踪已有13天了。

我组织刑警技术中队民警在施某的房屋勘查，在男子住的房间的地上、墙上发现了大量溅射状的微细血迹。后经比对，正是失踪者林某的血迹！

林某遇害的可能性非常大，从血迹的分布来判断，这里应该就是林某遇害的第一现场，但尸体不知道被犯罪嫌疑人施某如何处理了。我们调取了房屋四周的监控，由于这里是城中村，几乎没有监控，走访群众也没有有用的线索。只是了解到他的家庭并不富裕，他的房屋周边都已被征收拆迁了，他的房屋由于赔偿金问题正处于协商当中。

由于没有找到其他的证据，那么审讯就成为关键。

刑警命案中队的民警初期对犯罪嫌疑人施某的审讯可以说是一败涂地，施某什么都不承认，甚至看了他搭着受害者林某的视频都不肯承认视频中的人是他，更多的时候干脆将脸贴在审讯椅的台面上不理睬审讯人员。

现场调查和勘查处理完后我回到刑警大队，了解审讯情况后，知道这个犯罪嫌疑人施某是一个非常狡猾且性格内向的对手，于是我决定亲自去审他。

对于这种性格内向的命案犯罪嫌疑人，我在审讯的态度上、语气上更注意方式方法，不能大声对他吆喝，要在审讯中摸清他的弱点，再适时调整审讯策略！

我到审讯室后，依然例牌式地给他倒水、递烟，争取他对我的好感，简单地关心下他的身体状况与他的家庭情况，他也可能是看在我关心他并可以争取到抽烟的情况下与我聊了几句。

之后我问施某：13天前，即是本月×号中午你的行踪，你还记得吗?

犯罪嫌疑人施某：记得，那天我10点多钟睡醒，在家里吃碗白粥后，从家里乘摩托车出来，在屋后的小路经过一家摩托维修铺，在维修铺里我修调了车的刹车掣，然后再往市场方向驶去。在市场里买了一斤猪肉、两条排骨、两斤小海鱼、两斤芥菜和四根胡萝卜，就原路返回到家，在家里煮午饭，一直到了晚上都待在家里没有出去。

我听后没有直接拆穿他的谎言，而是继续问他：那你再说说一个星期前即本月×号下午和10日前晚上你的行踪?

施某想了想，摇摇头说：这，好像记不起了。

我语气平常地说（对这种性格内向的人，不能激昂地呵斥他讲假话，否则伤了他的自尊心，他又会对审讯人员不理不睬）：你连一个星期前的事都记不起，你怎么会记得起13天前的事呢?证明你刚才说的都是乱说的，是你刻意编造不被怀疑的证词。早些时候，我们的民警已给你看了你接触林某的视频了，后来我们还找到摩托营运员做了辨认，我们也将视频给了你的父母辨认了，他们都证实乘摩托车搭那女孩的人就是你!（犯罪嫌疑人非常清晰、详细地表述了那天中午的行踪，来表明他没有作案时间，从犯罪心理学来说，恰恰说明了他就是凶手。半个月前的一些平常事，谁会记得清楚？除非当天有重大值得记起的事，比如生日，又比如杀人。）

施某想了想说：是的，当天我是搭了她到了我家，她坐了一会儿，但马上就走了。

我：你家的邻居说，你家从来都不饲养小动物的，我们民警到你家里勘查时也没发现有饲养小动物的痕迹，那你为何要说送小狗给林某骗她来你家？（**跳问法+反问法**：你为何要说送小狗骗她来你家？正常问法是：你用什么理由骗她到你家里？用反问的问法是肯定了他骗林某去他家的理由。）

施某想了想说：我又没有说过要送给她小狗。

我：据搭林某去的摩托营运员说，林某在去的路途中曾用电话和你联系，当时还问你穿什么样的衣服、开辆什么车，到了实验学校门口她还与你确认身份，并说"有小狗送，真的吗"，才叫摩托车营运员回去。这说明你与林某是第一次见面，若是你没用送小狗给她这个理由，她又怎么会跟你到你家？（有理有据地指明当时的情景，让他知道我们做了大量的调查工作，才将他传唤回来的。）

施某也不反驳，但也不回答，闭上眼将脸贴在审讯椅上。

为了下一步审讯的顺利进行，我必须纠正他这种挑战审讯人员的不当态度，于是我马上严厉地呵斥他：施某！坐好点！你这样做是对我的不尊重！

他听后抬起头，摆正了坐姿。

我接着说： 你的房间里到处都是林某的血迹，有些血迹还有被擦拭过的痕迹（适时将一些证据挑明告诉他，在他的房里发现大量被害人的血迹，若是一般的犯罪嫌疑人早已投降），林某是被你以送小狗为理由骗到家里，然后在你房里被你杀害了。

犯罪嫌疑人施某还是不作声，神情非常镇定，眼里看不出半点波澜，杀个人就像宰头猪一样。

我见到施某这般冷血的状态，这种性格极度内向，对审讯人员的话爱听不听，稍不如意就将脸贴在审讯椅台上不作声的审讯对象，是最难对付的。我心想，我必须对他说一些刺激他的话，才能引起他的"对话兴趣"。

于是，我换个思路对他说： 由于你的家里只有两层楼，你父母和你同住在二楼，在你的隔壁房间住，而他们房内是没有冲凉房的，你父母每天洗澡都要去你房间里的冲凉房。所以我们领导认为你的父母也知情，将他们也抓到这里了（用**亲情打动法**试探一下，看看犯罪嫌疑人的反应）。

施某还是没有作声，眼神在游离当中。

我接着说： 我知道你家是违章建筑，现在正准备拆迁，之前因为你们还在那里居住，政府从人道方面考虑，准备给你家一点赔偿金。若是我们将你和你父母都抓进监牢了，政府那些人肯定就乘机将你屋拆了，到时你们连赔偿金都没有。你父母肯定比你提前释放出来，到了那个时候，他们就要在街边睡，你想想，他们连谋生的工作也没有了，下半生是十分凄惨的（**编造法+亲情打动法+深入情景法**，让施某看到他父母因他而起的下半生的悲惨下场，来刺激他内心潜在的亲情，有时候，审讯中要利用各种方法才能达到效果）。

施某有点小情绪了： 又不关他们的事，你们抓他们干什么？

我： 我是相信不关他们的事，可是领导不相信呀！（作为一个审讯者，我必须将刺激他的事推给别人，否则审讯对象会视我为敌人，那样会使审讯困难）特别是你父母年纪比较大，进到监牢肯定又会被人打，被人喂屎灌尿，有的人放出来就疯了（继续用**深入情景法**来刺激他）。

施某： 既然你们不信，那就抓他们进去坐牢好了！（看来，这是一个对父母毫不感恩的人。）

我只有再从另外的方法入手： 你知道林某有个大哥吗？是在外面混黑道的，之前因为与人发生口角就将对方砍个半死，判了几年，去年刚出狱，如今扬言要报复你。他知道你有个亲妹妹已经嫁了，你在监牢里，他是砍不了你，但他说也要同样弄死你妹妹，让你也尝尝失去妹妹的滋味（编造法，事实上，林某没有亲大哥，也没有林某亲人说过报复这回事。有时为了审出真相，就要去编造出一些假的故事去刺激犯罪嫌疑人，因为根据生活经验，我知道，对父母没有感情的人往往对亲妹妹都是非常好的）。

果然，施某脸色大变，声音激动起来： 关我妹妹什么事！你们警察要去保护我妹啊！

我接着说： 那你为什么要杀死林某呢？她的大哥失去妹妹也是

很痛苦的呀，她大哥若是知道你还是没有悔改之意，我们是很难保护你妹妹安全的（**亲情打动法+主动引导法**，以他心里最在乎的妹妹的安危来威胁他，引导他要有悔改之意，意思就是要他承认他的犯罪行为）。

施某想了想说：我又不是故意杀死她的。在我家二楼的楼梯口，她要走，我拉着她不让走，她就用力挣开我的手，结果她就从楼梯上跌了下去。在一楼与二楼之间的转角处有一个鞋柜，鞋柜上面放有一把剪刀，她的头就刚好撞到那把剪刀上。

我紧接着问：那她为什么会跟你上二楼，是不是被你骗入了房间里，发觉没有小狗，才想走的？

施某：是的。

我：你骗她到你房间，又没小狗，肯定会被她发现的，你是想和她亲热吧？（这时候，也不能说强奸这种字眼，这种性格内向甚至带点变态的人，从心理学上来说，越是心理变态越是忌讳这种字眼。）

施某：我没有搞她，她一看见没有小狗在我房间就马上要走了。

我：那后来怎样了，你有打120吗？

施某：没有，她都死了，打120有什么用？

我：那后来，你将她的尸体怎么处理了？

施某很平静，像是说一件与他无关的事一样：我用厨房的砍骨刀在我房间的冲凉房里把她剁成几大块，和那把剪刀一起用袋装好，用摩托车运到我家附近的垃圾站扔了。

刑事拘留施某之后，刑警根据他的描述找到了他分尸的那把砍骨刀，在刀柄的缝隙处检测出了林某的血迹。在冲凉房的下水道里却没有找到尸骨碎片。至于尸体，在垃圾站里也没有发现，因为垃圾站是每天都清理垃圾的，根据犯罪嫌疑人所供认的情况，那几袋尸骨早已运到总垃圾场销毁了。

若只有犯罪嫌疑人的供述却没有找到被害人尸体，是无法认定犯罪的，到了逮捕的环节就只能释放他。

回想对犯罪嫌疑人施某的审讯，我总觉得施某的供述有不合常理的地方，按照他的供述，将装有尸块的五个大袋扔到小垃圾站里，保洁员再将它运到总垃圾场，不论袋口缚得多紧，都一定会有血水流下来，应该是会引起保洁员注意的，犯罪嫌疑人是不会冒这险的！

这么一分析，犯罪嫌疑人施某应该懂得法律，故意隐瞒尸体的去向。

看来，对施某的审讯还未结束，这次我一定要找出受害人的尸体。

当晚，我仔细回忆对犯罪嫌疑人施某的审讯细节，认为施某属于性格内向的人，这种性格的人由于各种原因会表现出焦虑、紧张，极其缺乏安全感，常常会做噩梦，这种情况在犯罪后更能表现出来。

于是我脑子里想到了该如何突破犯罪嫌疑人施某的审讯策略，我叫办案民警从网络中找出一些恐怖的女鬼的相片打印好交给我。

第二天是清明节，一早我和办案民警到看守所与犯罪嫌疑人施某进行第二回合的较量。

在看守所里，我挑选了一个光线较暗的审讯室（地利，为这次的审讯想到的环境细节），我依然递支香烟给施某：你知道，这里是不准你们被关押人抽烟的。

施某点点头：多谢多谢！

我问：昨晚在监牢里面，没有人欺负你吧？（关心对方，总是会让对方有点心存感动的）

施某：还好。

转入正题，我拿出昨天晚上打印好的几张女鬼照片走到施某面前说：这是林某的母亲今天一早拿给我们的，她昨夜梦到她的女儿变成了这个模样（**编造法**，编造出通过母亲的梦境，死者因他而变成女鬼含冤的模样，用于观察犯罪嫌疑人见到女鬼图片的反应，这也是**下套问法的前期铺垫**）。

我拿着照片一张张放到犯罪嫌疑人面前，那几张恐怖的披头散发、伸出红舌头的女鬼照片在光线较暗的审讯室里很是吓人，施某看到后也吓了一跳将头转向一边（利用**心理暗示法**，第一步吓他的效果已达到）。

我接着问他：林某今年才19岁，是人品非常好的一个女孩。平时爱小动物，也爱帮助别人，是一个天真爱笑的女孩，她本应该有着灿烂的未来（生前的美好人生与死后成了女鬼的对比，使犯罪嫌疑人产生强烈的不安与后悔感），但却因为你变成了幽灵野鬼，你觉得林某生前漂亮吗？性格好不？（**下套问法设置的内容**）

施某完全不敢再面对审讯台上的照片，连续点头回答说：好好，人也漂亮。

我：那你觉得她应该投胎做回人吗？

施某继续点头说：应该（被我的问题牵着走了）。

我：今天是4月5日，是清明节，是一年中阴气最重的日子，也是拜祭亲人的日子（**天时**！因为性格内向的人，内心都比较敏感，利用清明节这种拜祭离魂的传统节日，使心神不安的犯罪嫌疑人更加心慌），她家里人请了一个法师为她超度，但法师说没有她的骸骨做不了法事，若错过了今年清明节，她要等到明年的清明节才能投胎做人（**编造法**，继续编造一些鬼故事，配合之前的**心理暗示法**，使犯罪嫌疑人入我设下的局，这也是**下套问法设置的内容**）。

施某在听着，没作声，但他的神情开始变得慌张了。

我继续说：若过了今年这个清明节还是找不到她的骸骨，她就会变成孤魂野鬼在人间游荡，每晚也会到你梦中披头散发地伸着红舌头去纠缠你，用利爪捏紧你的脖子，问你为什么不让她去投胎（**深入情景法**，女鬼照片加上我有声有色的形容，**心理暗示法**也起了作用，并描述女鬼每晚会出现在他梦中问他为什么不让她去投胎，将犯罪嫌疑人紧张的思想吓到极限，促使他说出藏尸体的位置，这是**下套问法设置的目的**）。相信你这段时间晚晚会做她纠缠你的噩梦吧（推理，人做了坏事，尤其是杀了人这种大事，一定是夜夜做噩梦的）。

施某听后，神情变得非常害怕起来，顿时冷汗直流，央求我说：求求你，你快去找到她的尸体吧，让法师帮她投胎做人，不要

再到梦里找我了，我把尸块分别用几个塑料袋包好，抛在我家附近那条小河道里了。河上面布满了水浮莲，一袋在电线杆位置下面，一袋在小桥旁边，一袋在……（**下套问法的最终结果**）

我：你说的地点是真的吗？

施某对着我又是点头，又是作揖苦苦哀求：是真的，我求求你，领导，我真的求求你！你快去找到她的尸体吧，我求你了！

就这样，我们在犯罪嫌疑人施某说的小河道里找到了被害人林某五大包被分割的尸块。

点评：

纵观这次审讯，当中用了许多法子却都未能将犯罪嫌疑人的嘴撬开。但后来我还是从了解的人性入手，编造出死者的哥哥要报复他至亲妹妹的事情，才打开了审讯的缺口。

通过第一次与犯罪嫌疑人交手的经验，我知道了他的性格缺陷，因为像他这种性格内向的人，内心都比较敏感。所以第二次审讯，我尝试新方法，准备几幅凄厉的女鬼图片，挑一个昏暗的审讯室（**地利**），利用当天是清明节（**天时**）去编造一个令犯罪嫌疑人害怕的故事，最终将这个坚固的堡垒攻陷。

之后，刑警大队的同事笑我成了有史以来第一个犯罪嫌疑人告诉藏尸地点后苦苦哀求去找尸体证物的刑警！

我们的民警常常认为审讯是一件非常难的事，总是认为，虽然犯罪嫌疑人被抓了，但又有哪个会承认？

若连自己都没树立起必胜的信心，又谈何突破别人？又如何会积累经验，开拓新思维？

我们在审讯中要多想办法，要坚信每个人都是有弱点的，我们也一定能将其找到！

后　记

　　《刑侦心理战》一书以通俗的写作手法，适当运用本地区方言，根据我多年侦办案件积累的经验和教训，在破案、勘查取证、抓捕罪犯、审讯等方面，探索并总结出一些方法、技巧，供大家参考。

　　本书主要围绕犯罪分子的心理、犯罪现场勘查细节、罪犯抓捕技巧、审讯策略及罪犯心理评估等方面来写，分为破案篇、抓捕篇、审讯篇。这本书文字通俗易懂，每一步都单刀直入，提出了在实际工作中具体的解决方法与技巧，可以帮助广大基层办案民警解决在侦办案件过程中遇到的实际问题。

　　限于本人的水平，本书的缺点和错误一定还不少。恳请广大读者批评指正，多多提出宝贵意见，以便不断提高书稿质量，促进交流学习，使这本书在案件侦办及审讯等方面起到应有的作用，更好地为公安事业尽一份绵薄之力！

叶松青